바닥에서 왕좌까지

다윗의 의자

THE MAKING OF A MAN OF GOD
by Alan Redpath

Copyright ⓒ 1962, 1990 by Mrs. Marjorie Redpath
Originally published in English under the title
The Making of a Man of God
by Revell, a division of Baker Book House Company,
Grand Rapids, Michigan, 49516, U.S.A.
All rights reserved.

Korean Edition published by Word of Life Press, Seoul 2014
Translated and published by permission.
Printed in Korea.

다윗의 의자

ⓒ 생명의말씀사 2014

2014년 9월 20일 1판 1쇄 발행

펴낸이 | 김재권
펴낸곳 | 생명의말씀사

등록 | 1962. 1. 10. No.300-1962-1
주소 | 서울시 종로구 경희궁1길 5-9(110-062)
전화 | 02)738-6555(본사) · 02)3159-7979(영업)
팩스 | 02)739-3824(본사) · 080-022-8585(영업)

기획편집 | 유선영, 장주연
디자인 | 박소정, 최윤창
인쇄 | 영진문원
제본 | 정문바인텍

ISBN 978-89-04-16474-5(03230)

저작권자의 허락없이 이 책의 일부 또는 전체를
무단 복제, 전재, 발췌하면 저작권법에 의해 처벌을 받습니다.

바닥에서 왕좌까지

다윗의 의자

■ 프롤로그 _6

PART 1
하나님의 사람은
어떻게 만들어지는가?

1. **택하심을 받을 때** 하나님은 아무것도 아닌 자를 사용하신다 _11
2. **승승장구할 때** 이김의 원리를 깨달으면 백전백승이다 _24
3. **기회가 찾아올 때** 몰락의 길을 버리고 발전의 길을 붙잡아야 한다 _37
4. **사랑받을 때** 기이한 하나님의 사랑을 받아들이면 인생이 바뀐다 _50
5. **불행을 만날 때** 믿음의 기도만이 비탄을 승리의 노래로 바꾼다 _61
6. **상처받을 때** 인생의 고비에서 하나님이 화살을 쏘시거든 기다려야 한다 _73
7. **범죄할 때** 죄의 처참한 결과 앞에서 할 일은 숨기지 않고 드러내는 것이다 _85
8. **전환점을 돌 때** 잠잠히 하나님의 때를 바라면 하나님이 상 주시는 날이 온다 _96
9. **함정에 빠질 때** 절체절명의 순간에도 하나님은 구원의 손길을 내미신다 _108
10. **유혹당할 때** 미혹하는 손길이 다가오거든 하나님의 날개 아래 피해야 한다 _120
11. **앙갚음하고 싶을 때** 하나님의 손에 문제를 맡기면 비극이 해피엔딩이 된다 _132
12. **중압감을 느낄 때** 하나님을 사랑하는 자에게는 모든 것이 합력해 선을 이룬다 _141
13. **한계에 부딪칠 때** 사람의 한계가 하나님이 시작하실 기회다 _153
14. **회개할 때** 영적인 비전, 열정, 행동을 되찾는 것이야말로 진정한 회개다 _163

PART 2

하나님의 사람은
어떻게 사는가?

1. **행하라** 하나님의 사람은 더 이상 머뭇거리지 않고 행동에 옮긴다 _175

2. **귀 기울이라** 하나님의 사람은 언제나 깨어 기도하며 주님을 찾는다 _187

3. **따르라** 하나님의 사람은 하나님이 정하신 방식을 그대로 따른다 _199

4. **붙들라** 하나님의 사람은 하나님에게 거절당했을 때 약속을 붙들고 기도한다 _211

5. **바르게 하라** 하나님의 사람은 말씀에 진심으로 순종하는 마음자세를 가진다 _223

6. **절제하라** 하나님의 사람은 말, 행동, 외양에 있어서 절제된 삶을 산다 _233

7. **책임지라** 하나님의 사람은 죄의 대가로 주어지는 사랑의 채찍을 달게 맞는다 _246

8. **승복하라** 하나님의 사람은 십자가를 바라보며 하나님의 엄한 용서를 받아들인다 _258

9. **순종하라** 하나님의 사람은 자발적인 헌신과 사랑으로 주님을 기꺼이 따른다 _269

10. **고대하라** 하나님의 사람은 그날이 오기를 기다리며 순종한다 _279

11. **싸우라** 하나님의 사람은 각자의 영적 싸움에서 강인한 정신으로 승리를 쟁취한다 _289

12. **구하라** 하나님의 사람은 언제나 성령 충만을 간구한다 _301

13. **이해하라** 하나님의 사람은 하나님의 세월을 받아들이고 할 일을 다한다 _309

프롤로그

　성경에는 수많은 하나님의 사람에 관한 이야기가 나온다. 그러나 성경은 존경의 대상이자 믿음의 영웅인 그들을 조금도 미화하지 않는다. 오히려 인간의 타락과 실패를 배경으로 하나님의 모습을 뚜렷이 보이게 한다. 또한 인간의 한계에도 불구하고 기쁘게 역사하시는 성령을 바로 알리기 위해 추악한 하나님의 사람들의 참모습을 하나도 빼지 않고 있는 그대로 기록하고 있다. 성경에 나오는 그런 인물들의 행적을 묵상할 때 우리는 거울에 비친 우리 자신을 본다. 죄에 넘어졌던 숨기고 싶은 수많은 과거가 하나도 남김없이 다 발가벗겨진다. 우리의 완악함도 대단하지만, 그런 우리를 버리지 않으시고 계속 감싸시고 안아주신 하나님의 사랑은 얼마나 더 대단한가! 다윗의 일생에서 그러한 진실들은 가장 극적으로 나타난다.
　나도 예외가 아니다. 돌아보면 돌아볼수록 나의 연약했던 모습이 부끄럽게도 이루 헤아리지 못할 만큼 많이 드러난다. 그리고 그때마다 감싸주신 주님의 자비가 무한했음을 고백한다. 이 책을 준비하는 동안 나에게 길을 인도해 주신 성령께서 이 책을 읽는 당신의 인생에도 마찬가지로 길을 비추어주시기를 진심으로 기도한다.

영혼을 하나님에게 돌아서게 하는 기적은 순간에 일어나지만 하나님의 사람을 만드는 작업은 평생이 걸린다. 주 예수 그리스도의 복음의 능력은 쓰레기 더미 속에 빠져 허우적거리는 인생을 건져내어 고귀한 신분의 왕자로 세운다. 수렁의 밑바닥까지 떨어진 인생이 "아, 하나님, 내 속에 깨끗한 마음을 새로 지어주시고 내 안에 정직한 새 영을 넣어주십시오. 주님 앞에서 나를 쫓아내지 마시며, 주의 거룩한 영을 나에게서 거두어 가지 말아주십시오. 주께서 베푸시는 구원의 기쁨을 내게 돌려주시고, 너그러운 영을 보내셔서 나를 붙들어주십시오"(시 51:10-12, 표준새번역)라고 부르짖게 하여 타락에서 중생을 이루어낸다.

비록 부족하지만 주께서 이 책을 기쁘게 쓰셔서 하나님이 보통 사람을 어떻게 하나님의 사람으로 만드시는지 바르지 이해하는 계기가 되기 바란다. 이 책을 만드는 데 애써주신 여러 분들과 아내에게 고마운 마음을 전한다.

1962년 알란 레드파스_ 시카고 무디기념교회

택하심을 받을 때 하나님은 아무것도 아닌 자를 사용하신다

승승장구할 때 이김의 원리를 깨달으면 백전백승이다

기회가 찾아올 때 몰락의 길을 버리고 발전의 길을 붙잡아야 한다

사랑받을 때 기이한 하나님의 사랑을 받아들이면 인생이 바뀐다

불행을 만날 때 믿음의 기도만이 비탄을 승리의 노래로 바꾼다

상처받을 때 인생의 고비에서 하나님이 화살을 쏘시거든 기다려야 한다

범죄할 때 죄의 처참한 결과 앞에서 할 일은 숨기지 않고 드러내는 것이다

전환점을 돌 때 잠잠히 하나님의 때를 바라면 하나님이 상 주시는 날이 온다

함정에 빠질 때 절체절명의 순간에도 하나님은 구원의 손길을 내미신다

유혹당할 때 미혹하는 손길이 다가오거든 하나님의 날개 아래 피해야 한다

앙갚음하고 싶을 때 하나님의 손에 문제를 맡기면 비극이 해피엔딩이 된다

중압감을 느낄 때 하나님을 사랑하는 자에게는 모든 것이 합력해 선을 이룬다

한계에 부딪칠 때 사람의 한계가 하나님이 시작하실 기회다

회개할 때 영적인 비전, 열정, 행동을 되찾는 것이야말로 진정한 회개다

1
PART

하나님의 사람은
어떻게 만들어지는가?

1

택하심을 받을 때
하나님은 아무것도 아닌 자를 사용하신다

삼상 16:1-13

다윗의 시대에 그러셨듯이 주께서는 지금도 하나님의 마음에 맞는 사람을 찾고 계신다. 어떤 사람이 합당한 사람일까? 왕 중의 왕이신 하나님이 일할 사람을 선택하시는 기준에는 양면이 있다. 한 가지는 하나님이 선택하신 사람이 부르심을 받는 것이고, 다른 한 가지는 부르심을 받은 자가 그 부르심에 응답하는 것이다. 창세전에 하나님의 선택을 받은 자가 하나님이 부르실 때 예수 그리스도를 주님으로 모시고 자신의 인생을 바치겠다는 결심을 한다면, 이 사람이 곧 주께서 찾으시는 사람이다.

누가 하나님의 선택을 받은 자인지 알아내려는 것은 인간의 한계를 넘어서는 짓이다. 이는 창세전부터 하나님의 다음에 감추어 있는 비밀이다. 그러나 하나님의 선택을 받은 자를 알아보는 방법은 있다. 하나님의 선택된 자에게는 뚜렷한 표적이 나타나기 때문이다. "예수님을 의지하고 구원을 받으십시오"라고 하늘 아래 있는 피조물들에게 말씀을 전하면 복음은 큰 선풍기 역할을 해서 쭉정이는 날려버리고 알곡만 남긴다. 쓸데없는 것들은 사라지고 소중한 것이 드러난다. 이처럼 성령의 능력으로 변화된 말과 행동에서 하나님의 선택된 자임을 알아볼 수 있다.

오직 성령의 증거하심으로 우리는 선택된 자라는 확신을 갖게 된다. 우리가 참으로 하나님의 자녀라는 확신이다. 비록 완전함과는 거리가 멀지만 하나님의 은혜로 그리스도 안에서 태어난, 하나님을 사모하는 새로운 영혼이요, 새로운 피조물이다. 이것을 깨닫게 하시는 분은 성령이시다. 그렇게 우리는 우리 이름이 생명책에 기록되어 있음을 알게 된다.

하나님의 선택 기준

다윗에게 기름 부으신 사건에는 하나님이 사람을 선택하시는 세 가지 원리가 잘 나타나 있다. 첫째, 하나님이 사람을 선택하시는 기준은 인간적인 판단과 크게 다르다.

그날 베들레헴에서 일어난 드라마를 보고 있던 사람 중 어느 누가 이새의 아들들 가운데 하필 다윗이 하나님이 선택하신 자라고 예상할 수 있었겠는가! 형제들조차 다윗을 우습게 알았다. 이후에 일어난 일이지만 다윗이 이스라엘의 하나님을 모욕하는 골리앗과 싸워야 한다고 말했을 때 큰형 엘리압은 다윗에게 양이나 지키지 않고 뭐하러 전장에 왔느냐고 조롱했다. 이러한 사건만 보아도 형들에게 그가 얼마나 우스운 존재였는지 여실히 드러난다.

다른 가족들에게도 마찬가지였다. 다윗은 양을 치는 하찮은 목동에 지나지 않았다. 다들 세상일에 바쁘고 세상 즐거움에 빠져서 이 십 대 소년이 하는 일들은 무시해 버렸다. 하나님을 먼저 생각하라고 충고하는 다윗을 세상 물정 모르는 철부지로 치부해 버렸고, 밤이나 낮이나 주님을 묵상하는 다윗을 광적인 믿음이라고 못마땅해하며 거들떠보지도 않았다. 아들을 가장 잘 알아야 할 아버지까지 다윗을 "막내"(삼상 16:11)라고 가볍게 불렀다. 여기서 막내라는 말의 의미는 문맥으로 볼 때 단순히 나이가 어리다는 뜻이나 애칭이 아니다. 아버지의 눈으로 보아도 그는 형제들 가운데 가장 부족한 아들이었다. 그래서 하나님의 선지자가 제사를 드리자고 불렀을 때 빼도 괜찮다고 생각할 정도로 대단치 않은 존재였다. 다윗은 그런 의미의 '막내'였다.

사무엘도 다르지 않았다. 다윗이 하나님의 선택받은 자라고는 생각하지 못했다. 그는 하나님이 기름 부어 세우실 자는 엘리압이라고 믿었다. 그러자 주님의 질책이 내려왔다. "내가 보는 것은 사람과 같지 아니하니 사람은 외모를 보거니와 나 여호와는 중심을 보느니라"(삼상 16:7).

그런데 이 대목에서 납득하기 어려운 점이 있다. 사무엘 선지자는 사울이라는 자기 뜻을 앞세우는 방자한 왕에게 실망하고 그로 인해 마음고생을 많이 했음에도 불구하고 왜 또 사울과 비슷한 사람에게 만족했을까? 우리는 선지자나 목사도 인간이라는 사실을 잊지 말아야 한다. 인간이기 때문에 사람에 대해 잘못 판단하는 일이 많다. 좋은 교육을 받고, 지적이며, 영민한 많은 사람들이 하나님을 따르겠다고 말하지만, 외적인 조건만으로 사람을 판단하는 것은 경솔하다. 주님의 일을 맡기기에 탐나는 재능이 있어 보이던 사람들 중에 결국 하나님이 택하신 사람이 아니라는 것을 깨닫게 되는 가슴 아픈 경우가 종종 있다.

하나님의 사람으로 만들기 위해 사람을 택하시는 하나님의 기준은 그런 것이 아니다. 하나님은 우리가 생각하는 것과 다른 재목을 찾으신다. 이는 사도 바울이 고린도교회에 보낸 편지에서 밝힌 바와 같다. "그런데 하나님께서는 지혜 있는 자들을 부끄럽게 하시려고 세상의 어리석은 것을 택하셨으며, 강한 자들을 부끄럽게 하시려고 세상의 약한 것을 택하셨습니다. 하나님께서는 세상에서 비천한 것과 멸시받는 것을 택하셨으니, 곧 잘났다고 하는 것들을 없애시려고, 아무것도 아닌 것들을 택하셨습니다. 그것은, 아무도 하나님 앞에서는 자랑하지 못하게 하시려는 것입니다"(고전 1:27-29, 표준새번역).

부르심에 응답하는 사람

사무엘 앞에 서 있던 위풍당당한 이새의 일곱 아들들의 모습을 상상해 보라. 외관상으로 대단한 친구들이었다. 성경에서 일곱은 완전을 뜻하는 숫자다. 이새의 아들들은 육신으로 말한다면 완벽했던 것으로 보인다. 그러나 완벽한 육신만으로는 천국에서 용납되지 않는다. 하나님의 사랑받는 자가 되려면 반드시 알아야 할 힘든 교훈이다. 이 교훈을 배우지 않고, 이 원리를 이해하지 못한다면 아무리 그리스도인으로서 상당한 위치의 지도자가 되었다고 해도 육신으로 한 일이기 때문에 하나님에게 유익이 되지 않는다. 따라서 하나님의 백성이라 불리더라도 하나님이 선택하신 사람은 아니다.

하나님의 계획은 육신을 교육하고 훈련해서 하나님을 바르게 섬기게 하겠다는 것이 아니다. 하나님은 우리 안에 있는 모든 것에 사형 선고를 내려야 한다고 말씀하신다. 중생의 순간 하나님의 은혜로 받은 것 이외의 다른 일체의 것은 아무리 지적이고, 자랑거리가 되고, 현명하고, 좋은 것이라 할지라도 하나님의 심판에 맡겨야 한다. '자아'가 있을 곳은 한 곳밖에 없다. 갈보리 언덕이다.

세상 물정을 모를 수 있고, 가족에게 높은 평가를 받지 못할 수 있으며, 하나님에 대한 믿음으로 인해 다른 사람들로부터 조롱당할 수도 있다. 그래서 다윗처럼 부모의 사랑을 제대로 받지 못하는 경우도 생길 수 있다. 그러나 우리는 세상에서 배척당하는 사람이 하나님의 사랑을 넘치게 받는 일이 자주 있음을 기억해야 한다. 주님을 향한 당신의 믿음이 아직은 미약하고, 그리스도께서 목적하신 존귀함을 깨닫지 못하고 있어도 당신을 위한 하나님의 생각은 하늘에 별을 심으시기 전부터 시작되었다. 하나님은 우리 이름을 마음에 적어두셨고 손바닥에 새기셨는데, 그것도 창공에 하늘을 만드시기 전에 있었던 일이다.

한숨을 쉰 다윗처럼 자신이 커다란 조직에 묻혀 눈에 띄지도 않고 보잘것없는 존재라고 생각하는가? "나는 우둔하여 아무것도 몰랐습니다. 나는 다만, 주님 앞에 있는 한 마리 짐승이었습니다"(시 73:22, 표준새번역)라고 한숨 쉰 다윗은 한 걸음 더 나아가 "나는 벌레요 사람이 아니라"(시 22:6)고 탄식했다. 그러나 하늘나라의 가장 높은 곳에서 영광 중에 빛나시는 하나님은 무한한 자비로 쓰레기 더미에 묻혀 사는 거지를 들어 왕자의 반열에 세우신다.

"나는 다윗의 뿌리요 자손이니 곧 광명한 새벽 별이라"(계 22:16). 이는 주 예수께서 마지막으로 하신 말씀 중 하나다. 다시 말하면, 다윗은 창세 전부터 예수님 안에 뿌리를 두었다. 그리고 하나님의 부르심에 다윗이 응답한 순간, 또 다윗이 하나님의 뜻에 전적으로 자신을 맡긴 순간, 다윗의 인생에는 변화가 일어났다. 그 변화가 그리스도께서 그의 자손으로 태어나시는 역사를 가능하게 했다. 다윗은 예수님이 베들레헴에 오시어 인간에 대한 하나님의 사랑을 전하시는 하나님의 계획의 한 부분이 되었다.

다윗에게 일어났던 일들은 우리에게도 해당된다. 우리 인생도 창세전부터 예수님에게 뿌리를 두었다. 그러나 이는 하나님의 측면에서 본 시각이다. 인간적 측면에서는 우리가 하나님의 항복하라는 부르심에 응답할 때 지적 능력이나 재능이나 훈련과 관계없이 하나님의 계획 안에 있게 된다. 그런 인생에서 사람들이 주 예수의 모습을 보게 되기 때문이다. 그러므로 사람을 선택하시는 하나님의 기준은 인간의 기준과는 근본적으로 다르다.

마음 중심을 보시는 하나님

둘째, 하나님의 선택은 다윗의 예에서 보듯이, 인간이 마음 중심으로 하는 응답을 조건으로 한다.

그렇다면 하나님이 다윗의 마음에 처음 말씀하신 때는 언제였을까? 사무엘상 16장을 읽으며 이때가 처음이라고 상상한다면 이 이야기의 중요한 의미를 놓친 것이다. 공개적인 기름 부으심은 오래전 다윗과 하나님 사이에 은밀하게 이루어졌던 만남의 결과일 뿐이다. 모든 사람의 마음 중심을 살피시는 하나님은 다윗의 충실한 섬김과 다른 사람과 크게 다른 그의 마음을 오래전에 보셨다. 즉 이스라엘 왕의 직분을 잘 수행할 준비된 마음을 다윗이 가졌다는 것이다. 다윗은 어떻게 그런 마음을 갖게 되었을까?

다윗은 사무엘이 설립한 '선지자 학교'의 영향을 받았을지 모른다. 아니면 하늘이 하나님의 영광을 빛내고, 땅이 하나님의 솜씨를 뽐내던 별이 총총한 어느 날 밤 하나님을 만났을지 모른다. 또한 언덕에서 양을 치다가 하나님의 마음을 알아보았을 수도 있다. 언제였는지 확실치는 않지만, 사무엘이 베들레헴에 가서 그에게 기름 붓기 오래전에 하나님이 다윗을 알아보신 때가 있었다. 또 하나님의 부르심에 다윗의 중심이 기쁘게 응답한 때가 있었다. 비록 어렸지만 마음을 새롭게 하여 시편 23편 같은 놀랍도록 아름다운 시를 쓰게 만든 응답이었다.

이 목자의 노래에는 하나님의 부르심에 응답한 다윗의 마음이 구체적으로 어떤 상태에 있었는지 잘 표현되어 있다. 그의 위대한 시의 아름다운 첫 구절을 보라. "여호와는 나의 목자시니 내게 부족함이 없으리로다"(시 23:1). 다윗에게는 믿음의 중심이 있었다. 그는 자신의 악함을 알았고, 자신이 치는 양에게 보호가 필요하듯이 자신에게도 인생을 굽어살피시는 하나님의 은혜와 인도가 반드시 필요함을 알았다. "여호와는 나의 목자시니"라는 고백은 믿음 가운데 하나님에게 자신을 던져 전적으로 맡긴다는 의미를 함축한다.

"그가 나를 푸른 풀밭에 누이시며 쉴 만한 물가로 인도하시는도다"(시 23:2). 하나님에게 자신을 맡긴 이 젊은이의 삶은 한마디로 평화요, 평안이었다. 묵상의 마음을 가졌던 그는 하나님과 교통하는 기쁨을 누렸다.

"의의 길로 인도하시는도다"(시 23:3). 다윗은 완전한 사람이 아니었다. 그러나 그의 마음은 경건을 지향했으며, 무엇보다도 자신의 인생에 그 하나님의 속성이 구현되기를 바라는 소망이 간절했다.

"내가 사망의 음침한 골짜기로 다닐지라도 해를 두려워하지 않을 것"

(시 23:4)이라고 다윗은 노래했다. 자신을 넘어뜨리려는 극악한 적의 면전에서 그는 언제나 자신만만하고 두려움이 없었다. 후에 골리앗을 만났을 때 보여준 용감하고, 담대하고, 씩씩했던 그의 모습을 마음에 그려보라.

"주께서 내 원수의 목전에서 내게 상을 차려주시고……내 잔이 넘치나이다"(시 23:5). 마귀가 보고 있는 앞에서 필요를 채워주시고, 영적으로나 물질적으로 공급해 주시는 주님을 향한 감사가 다윗의 마음에 가득했다.

"내 평생에 선하심과 인자하심이 반드시 나를 따르리니 내가 여호와의 집에 영원히 살리로다"(시 23:6). 다윗은 언젠가, 또는 기회가 되면 가까이 가고 싶어하는 소극적인 자세로 하나님을 그리워하는 사람이 아니었다. 시편 57편 7절에서 그는 결연히 선언했다. "하나님, 내 마음은 흔들림이 없습니다. 진실로, 내 마음은 확고합니다"(시 57:7, 표준새번역). 이것이 다윗의 마음이었다. 믿고, 묵상하고, 경건과 의를 바라보고, 용감하고 담대하며, 감사가 가득한, 흔들리지 않는 그의 마음이 하나님을 향해 확정되어 있었다.

삶과 마음으로 응답함

다윗의 이러한 성품은 타고난 것이 아니다. 다윗 자신이 이렇게 고백했다. "실로, 나는 태어날 때부터 이미 죄인이었고, 어머니의 태 속에 있을 때부터 죄인이었습니다"(시 51:5, 표준새번역). 하나님이 어느 날 이 젊은이를 만나 새 마음을 주셨던 것이다. 그러므로 하나님의 일을 하는 능력이 되며, 성령의 기름 부으심을 받는 자격이 되는 선한 마음은 바로 하나님에게서 오는 것이다. 우리도 마찬가지다. 우리에게 천국에 들어갈 자격이 생긴다면, 그것은 오로지 하나님의 은혜일 뿐이다.

하나님의 사람으로 선택받는 것은 하나님의 사랑에 응답하는 마음에 달려 있다. 구원을 확신하는 사람들도 자만하지 말고 겸손히 성경 말씀으로 자신을 살펴보아야 한다. 하나님의 말씀이나 약속을 의심하라는 말이 아니라 다음과 같은 자아성찰이 필요하다는 말이다. '내가 하나님의 소유라는 나의 확신은 충분한 근거가 있는가? 나의 삶에서 그 증거가 나타나고 있는가? 하나님의 사랑과 은혜에 대해 나는 어떻게 응답하고 있는가?' 혹시 다윗과 마찬가지로 "하나님이여 나를 살피사 내 마음을 아시며 나를 시험하사 내 뜻을 아옵소서 내게 무슨 악한 행위가 있나 보시고 나를 영원한 길로 인도하소서"(시 139:23-24)라고 하며 스스로를 돌아보기가 두려운가? 자신의 마음을 검사해 보지 않고 맹목적인 구원의 확신으로 산다면 부질없는 망상에 그칠 위험이 있다. 사실이 아닌 것을 사실로 착각하는 것이다.

전능하신 하나님과 그분의 약속, 그분의 말씀을 믿는다는 것은 특권이다. 또 구원의 근거로 십자가를 제대로 보는 것과 하나님이 버리시지 않기 때문에 우리가 안전하다는 사실도 특권이 아닐 수 없다. 우리는 예수님이 죽으셨다가 다시 사셨기에 우리가 의롭다 함을 얻었고 구원받았다는 믿음의 확신을 가져야 한다. 그러나 추정과 확신은 같지 않다는 것을 명심하자. 특권만 강조하다 보면 규율을 소홀히 해서 하나님의 백성이 일종의 혼수상태에 빠지게 된다. 오늘날 우리에게 필요한 것은 성령의 잣대로 자신을 엄격하게 검사해 보는 것이다. 비록 아프겠지만 그렇게 함으로써 하나님의 은혜가 삶에 나타나지 않음에도 자신이 그리스도인이라고 잘못 생각하는 위험에서 깨어날 수 있다.

하나님이 사람을 선택하실 때 보시는 것은 마음의 응답이지 머리로만

하는 반응이 아니다. 그렇다고 우리 마음이 완전해야 하고, 다른 길로 간 일이 없어야 한다는 것은 아니다. 하나님도 우리가 얼마나 자주 길을 잃고 헤매며 죄짓기 쉬운 존재인지 아신다. 그렇다 하더라도 성령께서는 우리에게 이런 질문들을 던지신다. "예수님에게 마음을 전적으로 의지하고 있는가? 믿고자 하는 마음이 있는가? 말씀을 묵상하고 말씀 안에서 위안을 얻는가? 경건을 바라고 찾는 마음이 있는가? 하나님에게 항상 감사하는 겸손한 마음, 고마움을 아는 마음이 있는가? 하나님을 향해 영원히 확정된 마음인가, 아니면 세상 유혹에 흔들리는 불안정한 마음인가?"

성령께서 우리 발밑에 있는 구원의 확신에 대한 거짓 근거를 제거해 주시도록 기도하자. 단순히 우리 마음이 믿는 바가 아니라 예수 그리스도의 은혜와 품성에 기초한 마음의 확신을 갖게 될 때까지 성령께서 내버려두시지 않도록 기도하자. 자비, 사랑, 온유, 겸손 같은 우리 안에 사시는 하나님의 증거가 밖으로 나타나지 않는 삶을 사는 사람은 자신을 그리스도인이라고 말할 근거가 없다. 하나님의 선택은 어떤 인간적인 이유와 다르며, 사람의 마음의 응답에 기초한다.

기름 부으심의 표시

셋째, 하나님이 선택하시는 하나님의 사람에게는 하나님의 인정을 나타내는 표시가 있다. 우리는 사람의 마음을 알 수 없다. 그러나 하나님이 특별한 품성을 부여하셨기 때문에 하나님이 선택하신 사람에게는 그 증거가 나타나기 마련이다.

다윗에게 나타난 증거를 보자. "사무엘은 기름이 담긴 뿔을 가져와 그

형제들 앞에서 다윗에게 기름을 부었습니다. 그날 이후로 여호와의 영이 크게 다윗에게 임했습니다"(삼상 16:13, 우리말성경). 기름 부으심을 옆에서 보고 있던 아버지나 형, 또는 마을 사람들 가운데 아무도 무슨 일이 일어나고 있는지 이해하지 못했다. 만약 알았더라면 당장 사울에게 달려가 고발하지 않았겠는가? 다윗의 일곱 형들도 일어나고 있는 일의 심각성을 알았더라면 옆에 서서 조용히 보고만 있었겠는가? 그들은 사무엘이 하는 일을 이해하지 못하고 있었음이 틀림없다. 그러나 다윗은 알았다. 왕위에 오르기 위해 자기 스스로는 손가락 하나 움직이지 않았고, 오히려 시기심에 불타 자신을 살해하려는 사울의 목숨을 여러 번 살려주었지만, 언젠가 자신이 왕이 될 것이라는 확신이 생겼다.

사무엘이 부은 기름은 그날 이후로 능력을 주시는 하나님의 영으로 다윗에게 임했다. 전능하신 하나님의 영을 눈으로 볼 수 있는 증거였다. 우리 주 예수님의 경우에는 기름이 아니라 하늘에서 내려온 비둘기가 그 증거였다(마 3:16). 또한 성령강림절에 모인 제자들의 경우에는 하늘에서 "불의 혀처럼 갈라지는 것들이"(행 2:3) 각 사람 위에 내려왔다.

유감스럽게도 오늘날에는 능력을 보이는 증거도 없고, 행복이 넘쳐 얼굴에 흐르는 광채도 없고, 본받을 만한 인격도 없고, 영적 삶에 현실성도 없는, 무늬만 그리스도인이 많은 것이 현실이다. 성령께서 마음속에 내주하시기는 하지만 아직 기름 부으심을 받지 못한 것이다. 성령을 알기는 하지만 그분이 아직 능력이나 현실로 임하시지는 않은 것이다. 하나님의 영이 당신의 마음을 감찰하실 때 그리스도를 닮은 자비, 사랑, 온유가 부족하다고 나무라시지는 않는가? 삶에 하나님을 닮은 진실한 증거가 없어서 현실성과 기쁨이 없다는 것을 아는가? 겸손하고 깨어진 마음으로 하나님 앞에 고백하며 깨끗이 씻어달라고 부르짖는가? 그렇다면 하나님의 기름 부으심을 받았다고 주장할 자격이 있다. 왜냐하면 성령의 불꽃이나 불타는 사랑은 언제나 육신에 대한 자신감을 버리고 경건과 의로 하나님이 새롭게 해주시는 마음을 갈망하는 항복한 인생 위에 내리기 때문이다. 하나님의 인정은 선택된 자로서 예수님에게 속해 있음을 세상에 알리는 표시다. 당신에게 그와 같은 기름 부으심의 표시가 있는가? 영적 삶에 그런 실질적 표시가 있는가?

그 후에 다윗에게 일어난 일은 사울과의 충돌이었다. 이로써 다윗이 선택된 자임이 누구에게나 명백해졌다. 하나님이 선택하신 사람이 마귀의 자녀와 평화롭게 공존하는 것은 불가능한 일이다. 성령의 기름 부으심을 받은 자는 곧 사탄의 표적이 된다. 뱀의 씨와 여인의 자식은 예수님이 다시 오시기 전까지는 언제나 적대 관계 속에 싸운다. 물론 다윗처럼 마귀의 귀에 수금을 연주하여 기쁘게 해줄 수는 있다. 그러나 당신의 실체가 세상에 알려지고 하늘의 증거가 밝혀지면 마귀는 창을 던지기 시작할 것이다. 다윗의 예에서 보듯이 마귀에게 배척을 당한 장소가 바로 하나님의 포옹을 받는 장소가 된다.

다윗이 받은 가장 큰 상은 마침내 왕으로 즉위한 것이었다. 이스라엘 모든 백성들 앞에서 그는 왕관을 썼으며 충성의 맹세를 받았다. 우리에게도 역시 왕관을 쓰는 날이 다가오고 있다. 사랑의 주 예수께서 우리를 위해 기도하셨다. "아버지여 내게 주신 자도 나 있는 곳에 나와 함께 있어 아버지께서 창세전부터 나를 사랑하시므로 내게 주신 나의 영광을 그들로 보게 하시기를 원하옵나이다"(요 17:24). 사도 바울도 우리가 쓸 면류관을 확신했다. "이제 후로는 나를 위하여 의의 면류관이 예비되었으므로 주 곧 의로우신 재판장이 그날에 내게 주실 것이며 내게만 아니라 주의 나타나심을 사모하는 모든 자에게도니라"(딤후 4:8).

　당신은 하나님의 백성인가, 아니면 거짓을 믿는 사람인가? 자신의 삶을 엄격한 잣대로 살펴보는가? 하나님이 주신 은혜의 증거가 삶에 나타나 있는가? 만약 하나님의 소유라면 성령의 기름 부으심을 받았는가? 아니면 어디에 서야 할지 몰라 두렵고 불확실한 인생을 살고 있는가? 하나님은 당신을 만나고 싶어하신다. 사랑하시기 때문에 성령께서 인 치시고 기름 부으신, 선택된 자인 당신이 하나님의 마음을 닮은 사람이 되기 원하신다.

2

승승장구할 때

이김의 원리를 깨달으면 백전백승이다

|

삼상 17:28–18:4

    구약성경은 단순한 역사책이 아니다. 신약성경의 진리를 그린 그림으로 가득하다. 단순히 역사를 기술하는 데 그치지 않고 인류의 구원이라는 하나님의 원대한 계획의 씨가 되는 이야기들을 기록하고 있다. 구약은 또한 신약에서 구체화하는 위대한 진리들을 생생하게 보여준다. 모든 사건을 사실 그대로 묘사하여 우리 마음에 각인시키고 일상생활에 적용하게 한다.

    다윗과 골리앗의 싸움에는 중요한 영적 진리가 담겨 있다. 그러나 우리는 너무 익숙해져서 이 이야기가 내포하고 있는 의미를 제대로 깨닫지 못하고 지나쳐버리고 만다.

    먼저, 이스라엘군 앞에 진을 치고 있는 거인, 적군의 선두에 선 골리앗을 상상해 보자. 그는 엄청난 거인이라고밖에 달리 표현할 길이 없는 괴물이었다. 그는 놋쇠로 만든 갑옷으로 온몸을 감싼 채 팔레스타인의 이글

거리는 햇빛 아래서 번쩍거리고 있었다. 공격할 틈을 찾을 수 없는, 그야 말로 커다란 놋쇠 덩어리였다. 그런 골리앗이 기고만장해서 어슬렁거리는 모습은 장관이기도 했지만, 이스라엘 백성에게는 멀리서 보기만 해도 간담이 서늘해지는 공포의 대상이었다. 제아무리 용감한 용사라도 그 모습 앞에서는 기가 죽을 수밖에 없었다. 도저히 싸워볼 엄두조차 낼 상대가 아니었다. "그 창 자루는 베틀 채 같고 창날은 철 육백 세겔이며 방패 든 자가 앞서 행하더라 그가 서서 이스라엘 군대를 향하여 외쳐 이르되 너희가 어찌하여 나와서 전열을 벌였느냐 나는 블레셋 사람이 아니며 너희는 사울의 신복이 아니냐 너희는 한 사람을 택하여 내게로 내려보내라"(삼상 17:7-8). 괴물 같은 이 거인은 오만하고 방자했다. 그는 40일 동안이나 매일 아침저녁 나타나서 하나님과 하나님의 백성을 조롱하고 모욕했다.

그가 한 사람을 내보내라고 소리친 점을 주목해야 한다. "그가 나와 싸워서 나를 죽이면 우리가 너희의 종이 되겠고 만일 내가 이겨 그를 죽이면 너희가 우리의 종이 되어 우리를 섬길 것이니라"(삼상 17:9). 말하자면 블레셋의 대표로는 자신이 결정되었으니, 이제 이스라엘 쪽에서 대표를 뽑아서 두 사람의 대결 결과로 전쟁을 끝내자는 말이었다. 골리앗의 승패가 블레셋의 승패이고, 이스라엘 대표의 승패가 하나님의 백성의 승패라는 것이었다.

골리앗이 사울 왕의 군대를 능멸하는 동안 골짜기 이쪽에는 하나님에게 속한 하나님의 백성이 거인의 기세에 눌려 두려움에 떠는 애처로운 광경이 벌어졌다. 더욱 황당한 것은 싸움이 벌어지고 있는 지역이 유다 땅(삼상 17:1)이라는 점이다. 블레셋군은 하나님의 백성이 소유한 땅을 불법으로 점령하여 진을 쳤다. 그뿐 아니라 골리앗을 내세워 모욕적인 언사를 내뱉고 있는 어처구니없는 상황이었다.

겁에 질린 이스라엘 군대는 어찌할 바를 몰랐다. 고작해야 전열을 가다듬는 것이 전부였다(삼상 17:2). 그나마 싸울 태세를 갖추었으니 다행이라고 해야 할지 모르겠다. 그러나 적군이 나타나고 거인의 모습이 보이기만 하면 뒤로 숨기에 바빴다. 성경은 당시 상황을 "이스라엘 모든 사람이 그 사람을 보고 심히 두려워하여 그 앞에서 도망"(삼상 17:24)했다고 기록하고 있다. 하나님과 언약 관계 아래 사는 백성들이었으나 골리앗 앞에서 공포의 노예가 되고 말았다. 여기서 골리앗의 의미는 거인 골리앗 한 사람만이 아니라 그가 대표하는 악의 무리를 통칭하는 것이었다.

현대판 골리앗

오늘날 우리는 어느 곳을 가든지 저항하기 힘든 현란한 외형을 갖춘 현대판 사탄을 만난다. 속아 넘어가기 쉬운 사탄의 이론 가운데 하나는, 인간은 근본적으로 죄인이라는 성경의 진리를 부정하고 훈련과 교육을 통해 얼마든지 고결하고 완전해질 수 있다는 설명이다.

저질 문학도 사탄이다. 문학이라는 매력적인 의상을 입고 언제든지 공격하려고 채비를 갖추고 있다. 서점이나 인터넷에서 쉽게 접근할 수 있는 육체와 육욕을 자극하는 구역질 나는 쓰레기들 말이다. 또 사탄은 무책임한 사고와 육체의 탐닉으로 대표되는 젊은이들의 해이한 도덕관념과 그 문화 속에 있다. 그 속에서 남녀 간 성의 자유라는 화려한 옷에 숨어 공격의 시기를 노린다. 사탄은 쉽게 거부하기 어려운 강렬한 수단을 동원하여 하나님의 백성에게 항복을 받으려고 쉬지 않고 공격을 퍼붓는다. 현대 문화에서 사탄은 온갖 사악한 형태로 나타난다. 사탄의 존재를 믿지 않는다는 사람들이 있는데, 그것 또한 사탄의 장난이다. 성경에는 이 세상의 신, 즉 사탄의 위력에 대한 말씀이 나온다. "이 세상의 신이 그 믿지 않는 자들의 마음을 어둡게 하여서, 하나님의 형상이신 그리스도의 영광을 선포하는 복음의 빛을 보지 못하게 한 것입니다"(고후 4:4, 표준새번역).

사탄은 존재한다. 존재할 뿐만 아니라 우리 힘만으로 싸우기에 벅찬 막강한 힘을 소유하고 있다. 그리고 그 힘으로 마치 국가나 도시를 물리적으로 지배하듯이 우리 영혼을 지배하려 든다. 다윗 시대와 마찬가지로 오늘의 골리앗도 우리의 힘으로는 이기지 못한다.

사탄이 상대하는 골짜기의 이쪽 편에는 누가 있는가? 하나님의 교회, 즉 십자가의 피로 말미암아 전능하신 하나님과 언약 관계에 있고 마음속에 삼위일체의 한 분이신 성령께서 사시는, 주 예수 그리스도께 속한 사람들이 있다. 그렇지만 이스라엘 백성과 마찬가지로 그들은 앞에 펼쳐진 어둠의 세력과 감히 싸울 엄두를 내지 못하는 가련한 처지다. 부끄럽지만 인정해야 한다. 감추지 않고 진실을 바로 본다는 것은 칭찬받아야 할 일이다. 오늘날의 교회는 대체로 체제나 조직에서 보면 나무랄 데가 없다. 그러나 싸움을 대비하여 전열을 정비했다고 해서 막상 적이 나타났을 때 싸워 승리한다는 이야기는 아니다.

그런데 골리앗과 대치하고 있던 이스라엘군의 지도자는 어떤 사람이기에 꼼짝도 하지 않는 것인가? 그는 불순종함으로 성령의 기름 부으심을 박탈당한 사람이었다. 영적 권위를 세워주는 능력의 원천이신 하나님과 이제는 소통이 불가능하게 된 사람이었다. 그런 사람이 왕이었으므로 백성들은 방향을 찾지 못한 가운데 공포에 떨어야 했다.

오늘의 교회는 강력한 사탄의 힘으로 무장한 이 시대의 골리앗을 상대할 때 기본적인 문제인 죄를 처리하는 데 무력하다. 영적 권위가 사라졌기 때문이다. 사울이 그랬듯이 불순종과 불신앙으로 인해 영적 능력의 원천에 접근할 수 없게 되었다. 그래서 마귀의 도발에 우리가 할 수 있는 대항이란 고작 전열을 가다듬고 계획을 세우는 데 그치고 마는 것이다. 사실 지금처럼 교회가 조직화된 때는 이제껏 없었다. 그러나 막상 주님의 이름으로 공격을 개시할 때는 승리를 가져오는 결정적인 힘이 빠져 있다.

대적은 오만하고 불손하게 거들먹거리고 있는데, 안타깝게도 교회는 전투 대열만 갖추고 있는 것이 오늘의 참모습이다. 에베소서 6장 12절에서 사도 바울은 예리하게 지적한다. "우리의 씨름은 혈과 육을 상대하는 것이 아니요 통치자들과 권세들과 이 어둠의 세상 주관자들과 하늘에 있는 악의 영들을 상대함이라"(엡 6:12). 악의 세력이 우리 주위에서 빠르게 확장해 나가고 있는데, 우리는 핵심 문제를 해결할 능력이 없다.

우리의 대표이신 예수님

여기서 우리는 이 이야기의 또 다른 중요한 주제인 하나님의 백성의 놀라운 구원을 읽어야 한다. 골리앗은 이스라엘 진영에게 대표를 뽑아 현안을 해결하자고 제의했다. "한 사람을 택하여 내게로 내려보내라"(삼상 17:8).

이제 성경이 말하는 실체를 어느 정도 짐작할 수 있지 않겠는가? 이것은 하나님을 믿는 백성을 타도하려는 마귀의 이야기가 아니다. 하나님에게 대항하는 마귀의 이야기이며, 사탄과 예수님의 대결이다. 그리고 문제는 근본적으로 정리되었다. 우리의 대표이신 예수님에 의해 교회와 그분을 믿는 신자들의 생명이 구원되었다. 어둠의 세상 주관자에게 일어난 일은 그의 추종자들에게도 해당되며, 다윗의 자손인 우리 주님에게 일어난 일은 예수님을 따르는 우리 모두에게도 효력을 미친다. 골리앗과 싸우는 다윗의 모습은 주 예수 그리스도의 모습 그대로다. 갈보리에서 사탄을 물리치신 예수님의 모습이며, 믿음과 순종으로 하나님과 하나 된 하나님의 자녀의 모습이다. 하나님은 머리이시고 우리는 그 지체다. 그러므로 하나님이 사탄을 이기고 승리를 거두셨다면 우리도 사탄을 이기고 승리한 것이다.

정리하자면, 다윗은 하나님의 영으로 정당성을 인정받았다. 살아 계신 하나님의 이름으로 싸움을 시작하기 전에 성령으로 기름 부으심을 받았다. 사무엘이 다윗에게 기름을 부은 후 다윗에게는 어떤 일이 일어났는가? "그날 이후로 여호와의 영이 크게 다윗에게 임했습니다"(삼상 16:13, 우리말성경). 예수님도 마찬가지셨다. 예수님은 우리를 대신해서 싸움을 시작하시기 전에 세례를 받으셨다. 그날 예수님 위에 성령께서 비둘기처럼 내려 임하신 것이 그분이 기름 부으심을 받은 증거였다.

사무엘상 17장 17절에는 다윗의 아버지가 다윗을 싸움터로 보냈다고 기록되어 있다. 다윗이 양을 치며 머물던 외딴곳에서 아버지가 다윗을 불러 이스라엘 민족이 집결해 있는 전장으로 보낸 것이다. 예수님은 어떠셨는가? 성경은 "아버지가 아들을 세상의 구주로 보내신 것"(요일 4:14)이라고 선언한다. 즉 아버지가 보낸 것이라는 공통점이 있다.

다윗이 이스라엘군 진영에 도착했을 때 형들은 그를 비웃었다. 큰형 엘리압의 말을 들어보자. "네가 어찌하여 이리로 내려왔느냐 들에 있는 양들을 누구에게 맡겼느냐 나는 네 교만과 네 마음의 완악함을 아노니 네가 전쟁을 구경하러 왔도다"(삼상 17:28). 조롱 조의 말은 그렇다 치더라도 전쟁을 구경하러 왔다니? 골리앗이 싸움을 걸어왔을 때 누가 나가 싸웠단 말인가! 왕이고 병사고 다들 숨기 바빴는데 전쟁은 무슨 전쟁이란 말인가!

주 예수께서 우리를 위하여 마귀와 싸워주시기 전까지 싸움은 없었다. 주 예수의 이름으로 공격을 시작하지 않았는데 무슨 싸움이 일어났단 말인가! 그러나 사람들은 전열을 갖추는 것만으로 싸운다고 상상하고, 한 걸음 더 나아가 자기는 싸우는데 남들은 구경만 한다고 착각하곤 한다. 다윗이 받았던 형제들의 조롱보다 우리 주님이 당하신 조롱과 멸시는 더욱 심했다. 이사야 선지자는 주께서 당하신 곤욕을 이렇게 기술했다. "사람들이 그를 보고서 얼굴을 가릴 만큼 그는 멸시를 당했으니 우리마저도 그를 무시해 버렸다"(사 53:3, 우리말성경). 예수님은 자기 백성들의 배척까지 당하셨다. "그분이 자기 땅에 오셨지만 그분의 백성들이 그분을 받아들이지 않았습니다"(요 1:11, 우리말성경).

승리의 비결

또 한 가지, 다윗은 목동 시절에 하나님의 능력을 경험했기 때문에 강할 수 있었다. 사울은 다윗의 외모를 보고서 "네가 가서 저 블레셋 사람과 싸울 수 없으리니 너는 소년이요 그는 어려서부터 용사임이니라"(삼상 17:33)라고 하며 도저히 블레셋 사람과 싸울 상대가 되지 않는다고 말했다. 그러나 다윗은 사자나 곰이 양을 물어가면 쫓아가서 그 사자나 곰을 죽이고 양을 구해 내곤 했던 일들을 이야기했다. 그가 정작 말하려던 것은 이것일 것이다. "제가 강한 적을 만나는 것은 이번이 처음이 아닙니다. 주께서 구원해 주신다는 것을 증명해 보이는 것 역시 이번이 처음이 아닙니다."

주님도 그런 경험을 하셨다. 갈보리로 가셔서 죄와 지옥에서 인간을 구원하시는 큰 싸움을 하시기 전에 먼저 광야에서 마귀와 일대일로 싸워 격퇴하셨다.

다윗은 오로지 하나님의 말씀에 의지했다. "너는 칼과 창과 단창으로 내게 나아오거니와 나는 만군의 여호와의 이름 곧 네가 모욕하는 이스라엘 군대의 하나님의 이름으로 네게 나아가노라……또 여호와의 구원하심이 칼과 창에 있지 아니함을 이 무리에게 알게 하리라 전쟁은 여호와께 속한 것인즉 그가 너희를 우리 손에 넘기시리라"(삼상 17:45, 47). 참으로 아름답고 우리에게 힘이 되는 말이 아닌가!

경험으로 강해지고 하나님의 말씀에서 힘을 얻은 다윗은 적과 싸우러 나아갔다. 예수님도 광야에서 혼자 하나님의 말씀의 능력으로 사탄의 공격을 물리치셨다. 그리고 이 경험을 가지고 갈보리로 나아가 빈 무덤으로써 사탄에게서 승리를 거두셨다. 예수님은 "기록되었으되"라는 말씀으로 간단하게 사탄의 공격을 몇 번이나 막아내셨다.

골리앗을 이긴 승리의 근거는 믿음이었다. 믿음이 다윗을 이기게 했다. 물매와 돌멩이로 블레셋 용사를 넘어뜨리지는 못한다. 칼로도 괴물 같은 골리앗을 이기지 못한다. 사울이 다윗을 전사답게 무장시켜서 골리앗과 대등하게 보이려고 했으나 다윗은 거절했다. 만군의 여호와께서 말씀하신 승리의 비결을 그는 알고 있었다. "이는 힘으로 되지 아니하며 능력으로 되지 아니하고 오직 나의 영으로 되느니라"(슥 4:6).

거듭 말하거니와, 다윗의 승리는 이스라엘의 승리였다. 다윗의 승리(삼상 17:51-52)로 말미암아 그날 이스라엘 한 사람 한 사람이 모두 승리자가 되었다. 그들 모두가 이겼다. 나는 주님이 당신의 영혼에 이 기쁨을 알게 해주시기를 기도한다.

경험으로 강해지는 능력

이제 우리가 당면한 근본적인 문제를 생각해 보자. 주님의 교회가 주님의 이름으로 현재의 사회적 문제, 도덕적 문제, 청소년 문제를 해결하는 데 무능력한 이유는 무엇인가? 우리가 올바르고, 싸움에 대비해 전열을 가다듬었고, 합리적인 조직을 갖추었고, 뛰어난 전략과 진리에 대한 지식을 가졌음에도 불구하고 사회의 병폐를 도려내지 못하는 이유는 도대체 무엇인가?

우리는 다윗에게서 주님에게 생명을 완전히 바친 사람의 모습을 본다. 승리의 원리가 여기 있다. 다윗은 비록 집에서 인정받지 못했지만, 믿음이 신실했기에 시험에 합격했고 하나님의 기름 부으심을 받았다. 주님의 이름으로 서는 공개적인 장소로 나오기 이전에 이미 아무도 모르는 가운데 하나님의 영이 다윗에게 내려왔다.

성령의 기름 부으심과 하나님의 권위, 하나님의 능력에 가까이할 수 있는 권리를 빼앗긴 사람은 어둠의 세력과 싸울 때 도저히 이기지 못한다. 하나님이 계시지 않은 자리에 인간의 계획이나 조직, 전략, 기술이 무슨 소용이 있겠는가! 대적은 우리보다 월등한 능력을 갖췄으므로 아무리 애를 써도 이길 수가 없다. 성령께서 우리에게 기름 부으시고, 주님이 우리를 보내신다. 온갖 압박으로 둘러싸인 상황에서 굳게 서는 용기의 근거는 하나님이 그 자리에 우리를 보내셨음을 아는 것뿐이다. 다윗이 형제들에게 비웃음을 샀던 것처럼 다른 사람들에게 조롱당한다 하더라도 우리 뒤에는 주님의 주권이 있다.

하나님을 모르는 부모님이나 사랑하는 사람, 혹은 배우자나 가족에게 주님의 이름으로 이렇게 선언했다고 치자. "그리스도를 위해 싸우겠습니다. 하나님이 사랑하시는 사람이 되고 싶습니다. 주님의 이름으로 싸우려고 합니다." 어떤 대답이 올 것 같은가? "엉뚱한 생각 좀 하지 마! 무슨 일을 할 수 있을 것 같은데? 제발 주제넘은 짓 하지 말고 네 할 일이나 잘해!" 이처럼 우리는 주님에게 헌신할 때 사랑하는 사람들에게서 조롱을 받는다.

그러나 다윗은 경험으로 강해졌다. 사자와 곰을 때려잡던 날들을 돌아보며 힘을 얻었다. 우리가 지금 세상에 나아가 주님의 이름으로 살며 자신감을 가져야 할 이유도 마찬가지다. 절대적으로 불가능해 보이는 상황에서 주님의 도우심으로 승리했던 지난날의 경험을 기억하기 때문이다. 우리가 골리앗과 같은 악의 화신을 만난 것이 이번이 처음이 아니지 않은가! 이것이 경험으로 강해지고, 말씀에 의지해서 산다는 의미다.

전쟁을 벌이고 있는 동안 사울의 마음에는 하나님이 계시지 않았다. 그러나 다윗의 마음에서 하나님은 모든 것 가운데 가장 큰 실체이셨다. 지금 우리 마음에 하나님이 그런 실체이신가? 그분은 우리의 과거에 계셨던 어제의 하나님이시자 우리 미래의 소망이신 내일의 하나님이시다.

또한 오늘 우리에게 자아의 죽음과 완전한 승리를 주시는 하나님이시기도 하다.

말씀과 성령의 무기

하나님의 말씀에 의지하여 산 다윗은 강해졌고, 싸움에서 믿음으로 이겼다. 다윗은 골리앗을 흉내 내어 무장하거나 사울의 갑옷을 입는 것이 아무 소용이 없음을 알았다. 그것은 그야말로 쓸데없는 짓이었다. 그날에 다윗이 입은 것은 믿음에 굳게 서서 싸워 이기게 하는 하나님의 전신 갑주였다. 안타깝게도 많은 그리스도인이 마귀가 하는 짓을 그대로 흉내 낼 뿐만 아니라 그것이 주님을 증거하는 최고의 방법이라고 믿고 있다. 사탄에 대항하기 위하여 그들은 사탄이 사용하는 것과 같은 종류의 프로그램이나 기법, 능력과 조직을 사용한다. 그러나 진정한 승리를 얻는 길은 오직 한 가지, 다윗이 찾은 이 길뿐이다. 당신과 나는 주 예수의 능력을 절대적으로 믿고 의지한 다윗을 따라야만 승리한다. 이것이 유일한 길이다.

다윗 이야기에서 우리가 흔히 간과하는 것이 하나 더 있다. 다윗이 골리앗과 싸울 때 옆에서 지켜본 사람이 있었다는 것을 아는가? 사울의 아들 요나단이다. 그는 지대한 관심을 가지고 이 싸움을 처음부터 끝까지 지켜보았다. 그는 골리앗과 싸우러 나갈 용기를 내지 못한 사람들 가운데 하나였다. 그러나 다윗이 주님의 이름으로 나아가 골리앗과 싸우는 것을 보고 난 후 그의 영혼은 다윗의 영혼과 하나가 되었으며, 자신의 영혼을 사랑하는 만큼 다윗을 사랑하게 되었다.

갈보리에서 우리를 위해 싸우시고 승리하신 다윗의 자손, 무덤에서 일어나 넉넉히 이기심으로써 진정한 승리자임을 증명하신 다윗의 자손의 모습을 오늘 우리가 잠시라도 볼 수 있다면 얼마나 좋을까? 십자가 위에서 우리를 속량하기 위해 피를 흘리셨고 죄의 세력과 싸우신 그분에게 우리가 할 말은 이것뿐이다. "예수님, 주님을 사랑합니다. '너는 내 것이라'라는 말씀을 제가 믿습니다." 당신은 자기 자신을 위해서가 아니라 당신을 위해 그처럼 힘든 싸움을 싸우신 분을 따르고 싶지 않은가?

이제 요나단은 "자기가 입고 있던 겉옷을 벗어서 다윗에게 주고, 칼과 활과 허리띠까지 모두 다윗에게 주었다"(삼상 18:4, 표준새번역). 이것은 그날 요나단이 승리의 원리를 깨달았으며, 다윗이 의지한 그 원리를 전폭적으로 수용했다는 의미다. 다윗이 가진 믿음에 자신도 의지하겠다는 마음의 표시로 세상적 무기를 버린 것이다.

다윗에게 일어난 일은 그의 백성에게 일어난 일이며, 다윗의 승리는 그의 백성의 승리였다. 이것이 이 이야기에서 묵상하며 맺어야 할 기쁨의 결론이다. 왕 중의 왕께 일어난 일, 즉 십자가 위에서 죽으시고 무덤에 묻히신 일과 다시 살아나셔서 하늘로 올라가신 일들은 그분에게 오는 사람들 모두에게 일어나는 일이다. 요나단의 항복의 의미는 다윗을 지배한 바로 그 삶의 원리를 받아들였다는 것이다.

하나님과 언약의 관계에 사는 사람이라면 자신이 싸우는 싸움의 무기가 세상의 무기와는 다르다는 진리를 깨우쳐야 한다. 주께서 칼이나 창으로 싸우시지 않는다는 진리를 어째서 깨닫지 못한단 말인가! 사탄이 사용하는 것과 같은 무기, 사탄이 입은 것과 같은 갑옷을 입고서는 사탄과 싸워 이기지 못한다는 진리를 아직도 모르겠는가! 하나님의 말씀과 성령의 능력을 빼면 우리가 사탄을 이길 수단이 무엇이 있겠는가! 육신에서 오는 오만을 모두 하나님에게 던져버린 삶에 하나님이 내리시는 성령의 기름 부으심만이 사탄을 이길 수 있다. 참으로 영광이 넘치는 승리의 수단이 아닌가!

하나님의 자녀라 하더라도 골리앗의 괴력과 엄청난 모습을 보면 겁부터 집어먹게 되는 것도 무리는 아니다. 그러나 요나단처럼 마음을 다해 주님을 사랑하고, 자신이 가진 모든 무기와 재능, 계획에 대한 모든 믿음을 주님의 발아래 던지면 된다. 싸움은 힘으로나 무기로 이기는 것이 아니라 오직 하나님의 영으로 이기는 것이다. 이 진리를 깨닫는다면 반드시 승리한다. 주님의 승리는 우리의 승리이며, 그리스도께 일어난 일은 모두 하나님의 지체인 우리에게 일어난다. 하나님이 요구하시는 것은 그 원리를 받아들이는 것 한 가지뿐이다.

3

기회가 찾아올 때
몰락의 길을 버리고 발전의 길을 붙잡아야 한다

삼상 16:14-23, 18:5-12

하나님이 다윗의 품성을 다듬어 하나님의 사람으로 만드신 과정을 보면서 우리가 반드시 기억해야 할 것이 있다. 우리도 다윗이 만났던 것과 같은 기회를 만나고, 다윗이 마주쳤던 것과 같은 문제에 마주친다는 소중한 진실이다.

사울을 보자. 그는 다윗과 마찬가지로 지도자로 선택받았고, 기름 부으심을 받았다. 그러나 거기까지였다. 그 후부터 사울과 다윗의 인생은 정반대의 길을 걸었다. 한 사람의 인생에는 해가 떠오르기 시작했고, 한 사람의 인생에는 해가 지기 시작했다. 한 사람에게는 은혜와 하나님을 아는 지식 가운데 지속적인 발전이 있었고, 한 사람에게는 비극적 쇠락과 불순종에서 오는 절망, 좌절, 죄악이 따랐다.

사울도 시작은 좋았다. 사울은 다윗이 이룩한 모든 것을 이룰 수 있는 위치에 있었다. 두 사람을 나란히 놓고 비교해 보면서 우리는 하지 말아야 할 일에 대한 경고와 해야 할 일에 대한 격려를 동시에 얻는다. 똑같은 하나님의 사랑, 똑같은 하늘의 축복을 두 사람 다 가질 수 있는 입장이었지만 한 사람은 계속 떠올랐고, 한 사람은 계속 가라앉았다. 한 사람은 인생을 승리로 마치고, 한 사람은 비극으로 마친 이야기다. 이 이야기에서 나는 당신이 믿음 가운데 자신의 인생이 어떤 방향으로 발전할지 말씀하시는 하나님의 음성을 듣기를 소망한다. 또 당신의 영원한 인생을 결정하는 운명은 일순간의 결심으로 이루어지는 것이 아님을 상기하기 바란다. 그리스도를 바라고 구하는 결심이 단지 결심으로 끝나고, 그리스도의 영이 가르치는 삶으로 증거되지 않는다면 무슨 소용이 있겠는가!

다윗은 수금을 타서 사울의 악령 들린 영혼을 위로한 후 고향으로 돌아가 상당 기간 양을 친 것으로 보인다. 다윗은 고향에 돌아가 양을 치면서도 하나님의 손이 자기 위에 머물러 있음을 굳게 믿었다. 또한 하나님이 다시 말씀하시어 대중 앞에 불러내실 때를 준비하고 있었다. 이것이야말로 하나님의 때를 기다리는 위대한 인내의 표본이며, 사울의 몰락과 대비되는 다윗의 영적 발전을 보여주는 예다.

다윗에게 발전을 가져오고 사울에게 쇠퇴를 가져온 원인을 보면서 과연 우리는 우리의 인생에서 얼마나 실천하고 있는가를 돌아보아야 한다. 그리고 하나님이 다윗에게 하신 것처럼 우리에게도 말씀해 주시기를 기도해야 한다.

영적 쇠퇴의 증상

사울에게는 영혼의 쇠퇴라고 불러야 할 증상들이 나타났다. 이런 증상들은 남들에게는 분명히 보이는데 정작 본인은 인정하지 않는다. 잠시 동안은 자신의 양심도 속일 수 있다. 그러나 영적 쇠퇴의 증상들은 얼마 가지 않아 밖으로 노출되고 만다. 이 증상들은 하나님과 함께하는 삶을 멀리하고, 하나님과의 친교를 게을리하며, 믿는 사람으로서 살아야 할 삶의 원리를 거부하고, 영적 활력을 유지하기 위해 하나님이 주시는 명령을 무시하는 등의 현상으로 나타난다. 사울이 다윗에게 가졌던 시기심도 바로 이러한 증상 중 하나다.

다윗이 승리하고 돌아오자 수많은 백성이 "사울이 죽인 자는 천천이요 다윗은 만만이로다"(삼상 18:7)라고 노래했다. 사울은 이를 견디기 힘들었다. 사울은 이미 사무엘의 경고를 통해 자신이 하나님으로부터 왕의 자리를 거부당했음을 잘 알고 있었다. 그래서 자기 대신 왕위를 차지할 사람이 누구일지 촉각을 곤두세우고 찾던 중이었다. 군중이 다윗을 칭송하자 사울은 다윗이 바로 자신의 왕국을 차지할 사람이라는 불길한 예감이 들어 격노하고 말았다. "다윗에게는 만만을 돌리고 내게는 천천만 돌리니 그가 더 얻을 것이 나라 말고 무엇이냐"(삼상 18:8).

다윗을 칭송하는 백성의 노래를 들은 사울의 마음에는 질투심이 불붙기 시작했고, 마침내 그는 살의를 갖기에까지 이르렀다. 사무엘상 18장 10-12절에 기록된 바와 같이 사울은 다윗의 생명을 노렸고, 여러 해 동안 산과 들로 추격했다. 살인까지 하려는 생각을 일으킨 질투심은 사울의 인생에 어둠의 세력이 들어와 있다는 확실한 증거였다.

사무엘상 17장에 묘사된 사울의 애처로운 모습도 이러한 사실을 내포하고 있다. 한때 이스라엘을 대표한 용사였던 그가 골리앗의 도전 앞에 꼼짝도 하지 못하고 막사 안에서 두려움에 떨고 있었다. 이스라엘의 전군은 총사령관의 전투 명령을 기다렸으나 사울은 어둠 속에 웅크린 채 누구도 만나려고 하지 않았다. 나팔 소리 하나로 전군을 자유자재로 부리던 그가 지금은 전혀 다른 사람으로 변해 있었다. 그러나 골리앗과 싸우러 나가는 다윗에게 자신의 갑옷을 입혀주며 "여호와께서 너와 함께 계시기를 원하노라"(삼상 17:37)고 말한 것을 보면 사울이 그래도 믿음의 공식은 잊지 않고 있었던 듯하다. 하지만 그는 이론은 알았지만 실존하시는 하나님을 잃어버렸기 때문에 엄청나 보이는 적과 싸워볼 엄두도 내지 못했다. 하나님을 잡고 있던 손을 놓자 백성을 잡고 있던 손도 풀어지고 말았다. 그리고 사울의 영혼에는 좌절, 어둠, 질투, 그리고 살의가 채워졌다.

그러면 다윗은 어떠했는가? 사무엘상 18장 14절에 그의 모습이 간결하지만 명료하게 그려져 있다. "다윗이 그의 모든 일을 지혜롭게 행하니라 여호와께서 그와 함께 계시니라"(삼상 18:14). 젊은 목자에게 하나님은 사울과는 반대로 살아계신 실체이셨다. 어떻게 이런 차이가 벌어졌을까? 혼자 있을 때 무엇을 했느냐가 문제다. 그것이 두 사람의 차이를 이토록 크게 벌어지게 했다. 다윗은 하나님을 예배했다. 양을 치며 홀로 있을 때 주야로 자신의 주님을 깊이 묵상했다. 그러나 사울은 그렇지 않았다. 자기중심적으로, 자기 좋을 대로 살았다. 혼자 있을 때 어떤 생각을 하느냐가 다른 사람과 함께 있을 때 어떤 행동을 하느냐를 결정한다. 제멋대로의 삶은 인격 파탄을 가져오며, 자기 수양의 삶은 훌륭한 품성을 만든다.

하나님과 단둘이 있으면서 다윗은 주님을 묵상하고 주님 안에서 영혼을 살찌웠다. 그래서 후에 골리앗과 싸우러 갔을 때 형제들이 보인 조롱을 조용히 참아내는 덕을 쌓았다. 비난을 온유하게 받아들이고, 험담을 점잖게 받아넘기고, 사람들의 신랄한 비평에 대범해지는 인격이 형성되었다. 이는 마음을 하나님에게 맞출 때만 가능한 변화다. 그 변화 속에서 다윗은 도발을 당했을 때 온유해야 강해지고, 주께서 싸움에 필요한 힘을 주신다는 진리를 터득했다.

대조적인 두 인격이다. 한 사람은 죄, 질투, 비통, 증오, 그리고 살의에 불탔던 반면, 한 사람은 온유와 부드러움이 넘쳤다. 한 사람은 죄와 증오로 말미암아 전쟁에서 싸울 힘을 잃어버린 불쌍한 모습이었으나, 주님의 법을 묵상하여 온유하고 부드러운 영혼을 갖게 된 한 사람은 거대한 어둠의 세력을 이기는 막강한 힘을 가진 당당한 모습이었다. 극명하게 대조적인 두 그림에서 당신은 어느 쪽인가? 당신의 영혼은 쇠락하고 있는가, 아니면 발전하고 있는가? 당신의 인생은 자기도취에 빠져 패망의 길로 가고 있는가, 아니면 인생의 뿌리를 주님에게서 찾아 성장하고 있는가? 혼자 있을 때 무슨 생각을 하는가? 마귀가 마음을 지배하고 있지는 않은가? 하나님의 영이 마음 깊이 살아계시기를 기도하자.

하나님을 떠난 영혼

"여호와께서 사울을 떠나"(삼상 18:12) 사울의 영혼이 황폐해졌다. 이 구절을 마음에 새겨 주님이 당신을 떠나시는 일이 일어나지 않기를 바란다. 주께서 사울을 떠나셨다. 하나님이 떠나신 인생보다 더 끔찍한 삶이 어디 있겠는가! 골리앗이 자기 진영에서 우쭐거리며 걷고 있을 때 40일이나 자신의 군막에 처박혀 무서움에 떨고 있던 사울의 가련한 몰골이 그런 인생이다. 밖에서는 전군이 총사령관의 전투 명령을 간절히 기다리고 있었으나 사울은 침묵했다. 싸울 의욕은 물론이거니와 식욕도 잃고, 모든 일에 흥미를 잃었던 것이 틀림없다. 주께서 손을 떼셨기 때문에 그의 영혼은 텅 빈 폐허가 되고 말았다.

하나님의 임재하심이 중지되거나, 하나님의 정죄하시는 능력으로 성령께서 떠나시면 그 사람은 주위의 모든 도발에 저항할 힘을 잃고 절망적인 상태가 되고 만다. 비통한 마음이 들고, 사람을 만나거나 이야기하기가 두려워지며, 어디를 가기도 겁이 나서 혼자 칩거한다. 성경을 묵상하거나 기도할 생각이 사라지고 모든 일에 의욕을 잃는다. 인생에 절망한 나머지 죽음으로 삶을 마감하기도 한다. 하나님이 떠나신 사람은 그렇게 비참해진다.

그런데 여기에 그치지 않고 "하나님이 보내신 악한 영"(삼상 18:10, 표준새번역)이 내리덮은 사람이 있다. 사울이다. 그러나 '하나님이 보내신 악한 영'이라니 이게 무슨 소리인가? 우리가 아는 하나님은 감찰하시고, 질책하시고, 사랑하시고, 예비해 주시는 성령을 보내시는 분이 아닌가? 그런 분이 '악한 영'도 보내신단 말인가? 그렇다. 전능하신 분의 목소리에 발을 구르고 등을 돌리는 자, 예수 그리스도 안에서 하나님의 계명을 거부하는 자, 천국의 규례에 반항하는 자에게 하나님은 적이 되신다. 그들은 처음에는 축복의 강물에서 주님을 마음속에 모시고 그 능력으로 인해 승리의 물결과 구원의 감격에 빠져 기쁨으로 주님을 섬기던 자들이다. 그러나 이제는 하나님에게 등을 돌리고 사탄에게 사로잡힌 것이다. 그들은 회개를 모르며 죄를 인정하지 않는다. 이렇게 하나님을 대항해서 싸우는 영혼은 절망적인 위기에 빠진다.

하나님은 사악한 자에게는 그에 따른 매서운 모습을 보이신다(시 18:26).

성경은 타락한 인생에 다가올 보응을 가르친다. 하나님에게 등을 돌린 인생, 즉 마귀의 세력 안에 사는 자는 하나님이 천사를 동원하시어 천국의 모든 힘으로 벌하실 것이다. 종국적으로 그가 영생을 잃는다면 그것은 오로지 예수 그리스도께서 흘리신 피를 짓밟고 십자가와 용서의 진리를 받아들이지 않은 잘못 때문이다.

지옥으로 가는 길은 하나님이 갈보리에서 빗장을 지르셨다. 그러나 자신의 길을 스스로 찾아가겠다고 고집하거나, 교회의 도움 없이도 혼자서 해결하겠다고 버티는 사람 앞에는 하나님이 우리 눈에 보이지 않는 천국의 군사를 배치해 놓고 계신다. 그렇게 시간이 흐르면 양심이 끊임없이 그에게 잘못된 길로 가고 있음을 깨우쳐주고, 점차 하나님과 화목했던 지난날의 행복을 그리워하게 된다. 그런 날들을 다시 돌이킬 수 없고 하나님과 함께하지 못한다는 후회가 그 영혼에 점점 깊어간다. 그래서 하나님을 떠나 사는 삶이 역겨워진다. 이것이 파멸로 가는 내리막길을 막도록 하나님이 '악한 영'을 보내어 역사하시는 과정이다.

이 이야기에 우리를 대입해 보자. 우리도 경계심을 가지지 않으면 유다가 그랬듯이 예수 그리스도의 지극한 권유에도 우리의 멸망을 되돌릴 수 없을지 모른다. 하나님이 떠나신 영혼이 얼마나 비참할 것인가! "생명을 주는 나의 영이 사람 속에 영원히 머물지는 않을 것이다"(창 6:3, 표준새번역)라고 하신 하나님의 말씀을 기억해야 한다.

천국의 삶을 사는 노래

그런데 신기하게도 사울의 불안한 마음과 내적 갈등을 진정시키는 데 도움이 된 것은 음악이었다. 놀랍게도 찬송가나 음악이 전도에 큰 역할을 한다. "끊어진 줄이 다시 울리네"라는 감동적인 구절이 있는 곡, 〈죽어가는 자를 구하고〉는 패니 크로스비 여사가 작사한 곡이다. 현재도 자주 불리는 찬송인데, 이 아름다운 믿음의 노래를 듣고 많은 사람들이 하나님을 찾았다는 이야기는 유명한 실화다. 사회의 밑바닥까지 떨어져서 갈 곳을 몰라 방황하던 사람들이 교회에서 흘러나오는 성스러운 찬송가 소리에 영혼의 감동을 받고 구원을 얻은 예는 수없이 많다. 그들은 찬송 소리를 듣고 성전 안으로 들어가서 예수님의 발아래에 갈가리 찢어진 더러운 자신의 육신을 던져 구원을 얻은 것이다. 이처럼 찬송가가 전하는 메시지는 우리 마음을 움직여서 우리로 하여금 생각하고 기도하게 한다.

어째서 그런 일이 일어나는 것일까? 성경이 가르치는 대로 천국이 찬양의 노래와 음악으로 가득하기 때문이다. 천국의 삶을 표현하는 것이 바로 찬양이고 음악이며, 그러므로 황폐한 영혼과 소통하는 데 찬양의 노래가 효과가 있는 것이다. 사울의 불쌍한 영혼을 어루만져줄 수 있는 것은 아무것도 없었다. 유일하게 음악이 일시적으로나마 평안을 주었다.

다윗은 사울과 달랐다. "다윗이 그의 모든 일을 지혜롭게 행하니라 여호와께서 그와 함께 계시니라"(삼상 18:14). 그는 하나님과 함께 살았으며, 하나님과 함께 걸었다. 그는 어떻게 하는 것이 전능자의 그늘 아래 사는 것인지, 또 어떻게 하는 것이 지존자의 은밀한 곳에 사는 것인지 알았다. 그것이 그가 적을 만나도 마음에 두려움이 생기지 않는 이유였고, 주를 위하여 싸우러 나아가는 그의 손이 떨리지 않는 이유였다.

다윗은 하나님과 함께 걷고 대화했기 때문에 목표를 정확하게 알았다. 그가 들고 있던 수금은 그가 살아가는 삶의 상징이었으며, 수금으로 탄

노래는 주님이 그의 기쁨이심을 나타낸 멜로디였다. 천국에 삶이 맞추어져 있었기 때문에 다윗은 엄청난 힘을 갖고 다른 사람들에게 영향을 미칠 수 있었다.

하나님은 자신이 소망이 없는 죄인이며 부족한 존재임을 깨닫고 깨어진 존재로 하나님 앞에 온 사람, 십자가의 피로 정화되고 예수 그리스도의 수난상 아래 자신을 던져 하나님 앞에 거리낄 것이 없는 사람을 붙잡아서 큰 능력의 사람이 될 때까지 변화시켜주신다. 그리고 그가 가진 재능과 능력을 사용하신다. 이것이 부족한 사람을 하나님의 사람으로 키우시는 진리다. 그러나 그렇게 되기 위해서 우리는 오만의 사다리에서 내려와 십자가 아래 무릎 꿇어야 한다.

사울은 그 반대의 경우였다. 사울을 떠나신 하나님은 다윗과 함께 계셨다. 사무엘상 18장 12절과 15절에는 사울이 다윗을 두려워했다는 말씀이 반복되고 있다. 성경에서 반복하는 이유는 그것이 중요하기 때문이다. 단언하거니와, 하나님을 섬기는 삶을 사는 사람, 갈보리의 피를 통하여 하나님 앞에 바로 서서 마음에 기쁨의 노래가 넘치는 사람, 자신의 구원을 믿는 사람은 믿지 않는 사람에게 두려움의 대상이다. 그래서 함께 있기를 꺼리게 된다. 나도 하나님을 영접하기 전에는 하나님의 사람과 같이 있기가 두려웠음을 고백한다.

지속적인 불순종의 결과

이처럼 영광 가운데 발전하는 영혼과 쇠락과 황폐 가운데 신음하는 영혼이 있다. 하나님은 공평하신 분인데 어째서 누구에게는 이런 일이 일어나고, 누구에게는 저런 일이 일어나는 것일까? 여기에는 영혼의 불순종이라는 근본적인 뿌리가 있다.

사무엘상 15장을 오래 묵상해 보기 바란다. 23절에 선지자가 와서 사울을 꾸짖는 장면이 나온다. "왕이 여호와의 말씀을 버렸으므로 여호와께서도 왕을 버려 왕이 되지 못하게 하셨나이다"(삼상 15:23). 하나님이 지나치시다고 생각하는가? 그렇지 않다. 사울의 문제는 어떤 한 가지 잘못된 행동이 아니었다. 삶을 살아가는 기본적인 마음의 자세가 문제였다. 불순종은 여러 해 전부터 시작되었다.

사무엘이 사울에게 자신이 올 때까지 기다렸다가 제사를 드려야 한다고 지시했지만, 사울은 참지 못했다. 그도 그럴 것이 사울은 다윗처럼 한가한 시간에 무슨 일을 해야 하는지 분별하지 못했다. 평소에 하나님을 기다리지 못했듯이 사무엘을 기다리지 못하고 자신이 제사를 드리는 잘못을 저지른 것이다. 또한 사무엘상 15장에 기록된 대로 하나님의 말씀에 순종하지 않고 일부 아말렉 사람들을 살려주었다. 한두 번이 아니라 그는 계속 하나님의 말씀을 따르지 않았고, 결국은 돌이키지 못할 몰락의 과정을 걸었다.

하나님의 말씀에 순종하지 않는 사람에게 성경은 말한다. "주 예수를 믿으라 그리하면 너와 네 집이 구원을 받으리라"(행 16:31). 그럼에도 불구하고 "못하겠습니다. 희생이 너무 커요. 또 저는 자신이 있단 말입니다. 인생은 그렇게 단순하지가 않답니다"라고 말하며 거역하는가? 주님은 우리에게 주 예수님에게 항복하고 성령을 충만하게 받으라고 명령하신다. 그런데 성령께서는 주께 전적으로 순종하는 존재이시다. 그러므로 하나님은 우리에게 순종하시는 성령을 보내주신 것이다. 그런데도 주께 "못하겠습니다!"라고 대답한다면 얼마나 어리석은 짓인가! 당신이 하나님의 말씀을 거부한다면 하나님도 당신을 거부하신다. 불순종하는 사람에게서 하나님의 보호는 사라진다. 하나님의 자녀로서 하나님의 영이 함께 계셨다 하더라도 하나님은 보호의 손길을 거두어들이신다. 그런 사람에게는 하나님의 인도하시는 능력도 없어지고, 고린도전서 5장 5절, "이런 자를 사탄에게 내주었으니 이는 육신은 멸하고"라는 말씀처럼 육신이 멸망하도록 사탄에게 넘겨진다.

계속되는 불순종의 결과로 사울의 마음은 온갖 악의 먹이가 되었다. 이것이 질투의 뿌리이며 다윗을 죽이려는 생각의 근원이다. 아말렉을 진멸하라는 하나님의 명령을 듣지 않았을 때 그 불순종이 씨가 되어 끝내 사람을 죽이려는 마음으로 발전할 줄은 그도 예상치 못했을 것이다. 그것이 무슨 큰 문제가 되겠느냐고 생각했던 것 같다. 밝고 찬란한 미래가 약속되었던 사울이 그처럼 허망하게 끝을 보아야 한다니 얼마나 안타까운 노릇인가! 그가 하나님을 기다리지 못하고 하나님의 명령에 순종하지 않자 그의 인생에 어둠이 깔리기 시작했다. 이 불쌍하고 황량하고 외로운 영혼에게 하나님의 사랑과 보호의 능력이 떠나가고 격정, 광기, 질투의 거센 파도가 몰아쳤다. 지는 해의 마지막 햇살이 수평선 너머로 사라지자 모든 것은 암흑으로 변했다. 그것이 사울이었다.

다윗은 달랐다. 싸우려고 달려가며 외쳤다. "나는 만군의 여호와의 이름 곧 네가 모욕하는 이스라엘 군대의 하나님의 이름으로 네게 나아가노라"(삼상 17:45). 이 말은 다윗이 하나님의 능력 안에서 싸운다는 의미다. 다윗의 유일한 무기는 '하나님의 이름'이었다. 하나님의 이름이 그가 하나님을 증거하는 유일한 힘이었으며, 자신의 본분을 다하기 위해 가진 유일한 능력이었다. 그 이름을 외쳤다는 의미는 그 이름과 하나가 되는 밀접한 관계를 맺었다는 뜻이다.

우리는 주 예수의 이름으로 믿지 않는 사람들과 맞서거나 전도의 현장에서 이교도와 맞서게 된다. 또는 믿음이 없는 사업상의 동료와 맞서기도 한다. 이때 우리가 비록 아무 무기 없이 빈손으로 선다 하더라도 사실은 절대적인 승리의 무기를 가지고 싸우는 것이다. 주님과 한 몸이 되어 주님의 이름으로 선다는 것은 그리스도의 품성을 그대로 받고, 그분의 권능을 얻었다는 의미다. 그러므로 주님의 이름으로 선 우리가 하는 말은 주님이 말씀하시는 것이며, 우리 입술과 인생을 통해 주께서 역사하기 시작하신 것이다.

우리는 두 가지 대조적인 인생을 살펴보았다. "온 땅으로 이스라엘에 하나님이 계신 줄 알게 하겠고"(삼상 17:46)라는 말씀에 나타나 있듯이 다윗은 오직 하나님만 위하는 순수한 동기가 있었기에 승리할 수 있었다. 그는 자신의 영광에는 관심이 없었다. 오직 온 세상이 하나님을 알기 원했다. 그는 자신이 단지 하나님의 도구임을 알았다. 그래서 하나님을 마땅히 계셔야 할 지고한 자리에 모시고자 했다. "전쟁은 여호와께 속한 것인즉 그가 너희를 우리 손에 넘기시리라"(삼상 17:47). 다윗은 그의 인생에서 주님이 계셔야 할 존귀한 곳에 주님을 모시고 살았다. 그러므로 하나님의 이름을 말할 자격이 있었다. 반면 사울은 하나님을 거역했기 때문에 극도의 공포와 고독 가운데 살았다.

당신은 어떤가? 하나님 앞에 영적으로 쇠락하고 있는가, 아니면 살아있는 믿음 가운데 성장하고 있는가? 당신의 신앙은 정형화된 형식뿐인가, 아니면 언제나 살아있는 실체인가? 영적으로 황량하게 버려졌는가, 아니면 순간순간 성령과 긴밀한 교제 가운데 사는가? 하나님의 말씀에 불순종하는가, 아니면 하나님의 양이 인도하시는 대로 어디든 따라가는가?

당신의 대답에 달려 있다. 인생의 몰락을 여기서 막을 수 있는지, 내리막길에서 당장 멈출 수 있는지, 마음의 허무가 이제 그칠 수 있는지는 당신에게 달려 있다. 하나님의 아름다우심과 향기로 삶을 채우며 하나님의 축복으로 인도하시는 예수님이 지금 바로 오실 수 있는지 아닌지는 오로지 당신이 불순종한 인생을 지금 바로 끝내느냐 아니냐에 달려 있다.

4

사랑받을 때

기이한 하나님의 사랑을 받아들이면 인생이 바뀐다

|

삼하 1:17-27

   다윗은 계속 발전했으나 사울은 몰락의 길을 걸었다. 다윗을 향한 사울의 증오심은 점점 더 거세게 타올랐다. 다윗은 하나님이 자신의 형상을 닮도록 빚고 다듬으시는 과정 중에 있었다. 그러한 그에게 요나단 같은 친구는 큰 격려와 도움이었다. 다윗에 대한 요나단의 참으로 아름답고 경건한 우정은 우리를 향한 그리스도의 사랑을 연상하게 한다.

   요나단의 사랑은 시작부터 순수한 우정이었다. 첫눈에 반한 사랑이라고 할 만하다(삼상 18:3-4). 요나단은 골리앗의 머리를 손에 들고 싸움에서 돌아오는 다윗의 모습에 감동했다. 용사가 용사를 알아보았다고나 할까? 그는 깊은 사랑의 감정을 갖게 되었다. 요나단은 이미 전장에서 용사임을 증명한 사람이었다. 오래전 적의 침략을 막아서 이스라엘 백성에게 신임과 인기를 얻은 처지였다. 그런데 왜 요나단은 자신이 직접 골리앗을 상대하여 싸우려 하지 않았을까? 요나단은 자신의 아버지가 하나님에게 순종하지 않고 뒷걸음치며 지도력과 왕권을 상실한 모습을 보며 형언하지 못할 절망에 빠져 있었을 것이다. 그렇다고 왕자의 신분으로서 총사령관인 아버지의 명령 없이 전쟁에 나갈 수도 없는 노릇이었다.

이런 상황에서 골리앗과 싸우겠다고 담대히 나서는 다윗을 보고 요나단이 품었을 감정은 쉽게 짐작할 수 있다. 요나단은 다윗의 품성에서 사랑과 존경을 느꼈고, 다윗을 위해서라면 기꺼이 자기 생명도 내놓을 마음이 되었다. "요나단의 마음이 다윗의 마음과 하나가 되어 요나단이 그를 자기 생명같이 사랑하니라"(삼상 18:1).

요나단의 순결한 사랑

사람들의 마음이 하나가 되는 것은 우연히 일어나는 일이 아니라 하나님의 계획 안에서 이루어지는 일이다. 아담과 하와의 하나 됨도 마찬가지다. 그런데 죄가 그 하나 된 영혼들을 갈라놓는다. 믿지 않는 사람들이나 믿는 사람들이나 똑같다. 죄가 치명적인 영향을 미쳐서 하나 된 마음을 갈라놓는다. 그 결과 인간은 인생이라는 외로운 여정을 홀로 걸어가게 되고 만다. 요나단이 다윗과 하나가 되고, 아담과 하와가 하나가 되었듯이 인간에게는 다른 사람과 합쳐지기를 바라는 마음이 있다. 그러므로 진정한 우정, 진정한 그리스도인의 교제, 진정한 하나 됨이 이루어지는 결혼은 하나님이 창세전에 세우신 목표인 신성한 결합의 재현이다.

당신이 지금 하고 있는 교제는 어떤가? 순수한 동기에서 시작한 것인가? 사랑하는 상대의 인격에서 그리스도의 향기를 맡고 첫눈에 사랑하게 된 것인가? 상대방에게서 주 예수의 어여쁘심과 부드러우심을 발견하고 사랑하게 된 것인가, 아니면 그보다 낮은 가치의 것들에 매력을 느낀 것인가? 바른 기초 위에서 시작한 우정, 교제, 결혼은 어떤 시험에도 견디지만, 바르지 못한 기초 위에서 시작한 관계는 모래 위에 지은 집과 같다.

다윗을 향한 요나단의 사랑은 자신의 이익을 생각하지 않은 순결한 사랑이었다. 얼마나 값진 사랑인가! 왕자로서 왕국의 후계자인 그가 자신의 경쟁자라고 해야 할 다윗을 위해 왕족의 신분을 상징하는 의복과 무기를 모두 던져버렸다. 상식적으로 본다면 질투심에 불탔어야 할 사람이었는데, 그는 사랑에 불탔다. 사울을 피해 숨어 있던 다윗을 찾아가 그가 한 말을 보라. "사울의 아들 요나단이 일어나 수풀에 들어가서 다윗에게 이르러 그에게 하나님을 힘 있게 의지하게 하였는데 곧 요나단이 그에게 이르기를 두려워하지 말라 내 아버지 사울의 손이 네게 미치지 못할 것이요 너는 이스라엘 왕이 되고 나는 네 다음이 될 것을 내 아버지 사울도 안다 하니라"(삼상 23:16-17).

당시의 상황은 다윗의 믿음조차 흔들리고 있던 시기였다. 다윗은 모든 것을 다 포기하고 싶은 마음이 들었을지도 모른다. 만약 그랬다면 요나단에게는 다윗이라는 강력한 왕권 경쟁자가 사라지는 좋은 기회였다. 그러나 요나단은 다윗을 찾아가 하나님 안에서 굳건한 용기를 갖도록 격려해 주었다. 하나님을 더욱 힘 있게 의지하라는 말은 다윗에게 가장 필요한 충고였다. 요나단은 사랑하는 친구가 왕좌에 오르기만 한다면 자신은 기꺼이 무대에서 내려와도 좋다고 생각했다. 친구를 위하여 이처럼 자신이 뒷자리로 물러서는 우정이란 얼마나 귀한 것인가!

또한 요나단의 사랑은 핍박 가운데서도 변함이 없었다는 점에서 더욱

값지다. 그리고 놀랍게도 요나단은 하나님에게 등을 돌려서 왕국을 거부당한 아버지에게도 전과 다름없는 충성심을 보였다. 사울에 대한 요나단의 충성은 다윗도 칭송해 마지않았다. "사울과 요나단은 살아 있을 때에도 그렇게 서로 사랑하며 다정하더니, 죽을 때에도 서로 떨어지지 않았구나!"(삼하 1:23, 표준새번역).

아버지가 다윗을 향해 무서운 질투와 증오를 품고 공개적으로 살해하려고 할 만큼 싫어했지만, 다윗에 대한 요나단의 사랑은 조금도 흔들리거나 변하지 않았다. 그는 언제나 다윗 편에 서 있었다. 그러나 요나단은 다윗을 자신의 영혼과 같이 사랑했음에도 블레셋과의 싸움에서 가련하고 힘없는 아버지 옆을 함께 죽기까지 지켰다.

요나단보다 더 크고 기이한 사랑

성경에서 이 이야기를 읽을 때마다 나는 내 인생에 요나단 같은 친구를 만났으면 하는 욕심이 든다. 이기적인 생각이지만 얼마나 든든하겠는가! 요나단을 못 만난다면 다윗 같은 사람을 만나서 내가 요나단이 되어도 좋겠다. 나는 항상 성령께 그러한 친구를 주셔서 사심 없고 변함없는 우정을 오래 향유하게 해달라고 간구한다.

누군가를 예수 그리스도의 형상으로 다듬고 빚는 일에 우리가 작은 역할이라도 할 수 있게 주께서 허락하시기를 기도하자. 요나단처럼 형제보다 더 가까운 친구를 주시기를 기도하자. 그리스도의 몸 안에서 우리를 하나로 묶으시는 하나님의 큰 목적이 이루어진 예가 바로 그와 같은 우정이다. "아버지여, 아버지께서 내 안에, 내가 아버지 안에 있는 것같이 그들도 다 하나가 되어 우리 안에 있게 하사 세상으로 아버지께서 나를 보내신 것을 믿게 하옵소서"(요 17:21).

다윗은 요나단의 사랑에 대해 "그대가 나를 사랑함이 기이"(삼하 1:26)하다고 묘사했다. 이 말씀이 우리 마음에 깊이 새겨져 자주 말할 수 있게 되기 바란다. 또한 나는 예수 그리스도의 임재하심 가운데 "주님, 주님이 저를 사랑하심이 기이합니다!" 하고 외칠 일이 우리 인생에 수없이 많음을 증거할 수 있다.

다윗에 대한 요나단의 세 가지 사랑의 특성을 묵상하면서 나는 주님의 사랑이 떠오른다. 먼저, 우리를 향한 그리스도의 사랑이 처음부터 순수했다는 점이다. 주님이 우리를 사랑하신 것은 언제부터였을까? 정확하게 알 수는 없지만 "빛이 있으라"(창 1:3)고 말씀하시기 훨씬 전이었음이 분명하다. 인간과 같은 피조물이 있기 훨씬 전이었다. 주께서 먼 영원의 시간에 주의 미리 아심과 통찰과 전능하심으로 그분의 사랑과 기쁨을 우리에게 두셨다. 주님의 사랑은 시작이 없었으며 당신이나 나를 사랑하시지 않은 시간은 없었다. "내가 영원한 사랑으로 너를 사랑하기에 인자함으로 너를 이끌었다"(렘 31:3).

요나단이 다윗을 보고 첫눈에 사랑하게 된 이유는 무엇일까? 다윗의 인생에 나타난 품성과 온전함과 우러러볼 만한 사건들 때문이었을 것이다. 그렇다면 주님이 나를 보실 때는 어떨까? 주님이 나를 완전히 무시해 버려도 좋을 이유가 수천 가지도 넘지 않을까? 만약 그것이 하나님이 그리스도 안에서 내 영혼을 향하신 사랑의 기초가 된다면 나는 영원토록 소망이 없는 자다.

"그러나 우리가 아직 죄인으로 있을 때에, 그리스도께서는 우리를 위하여 죽으심으로써, 하나님께서 우리에게 주시는 사랑을 나타내셨습니다"(롬 5:8, 표준새번역). 그분은 하나님을 모르는 사람들을 위해 죽으셨다. 옳은 분이 옳지 않은 자들을 위해 죽으신 것이다. 이것은 그들을 하나님 앞으로 데려오시려는 목적 때문이었다. 우리에게는 성결하신 구세주의 마음을 쫓아내는 부족함만이 가득할 뿐 그분의 사랑을 받을 만한 사랑스럽고 선한 면이 전혀 없다. 그러나 사랑으로 충만하신 하나님은 인간의 상상을 뛰어넘어 이해를 초월하는 넓고 깊은 사랑으로 우리를 사랑하시고 그 백성을 위해 죽기까지 하셨다. 그것은 기적 중의 기적이며 우리가 이해할 수 있는 한계를 벗어난다. 그분은 우리의 신랑이시고 우리는 그분의 신부다. 따라서 하나님은 우리 없이는 천국이 의미가 없다고 여기신다. 당신이나 내가 없다면 천국은 천국이 아니다. 절대적으로 무가치한 상대에게 이 무슨 엄청난 사랑이란 말인가! "하나님은 사랑이시다"라는 위대한 진리로만 설명이 가능하다.

경이롭고 기이한 주님의 사랑

또한 그리스도 안에 있는 하나님의 사랑은 나를 염두에 두지 않는 사랑, 나의 이익을 구하지 않는 사랑이다. 요나단은 왕자의 신분을 나타내는 상징물을 모두 다윗의 발아래 던졌다. 그는 사랑하는 사람이 높아지고 명예롭게 된다면 자신은 고통을 받아도 행복하고, 남의 눈에 띄지 않는 곳에 머물러 있어도 행복하다고 여겼다.

그런데 요나단의 사랑보다 더 큰 사랑이 여기 있다. 그분은 아버지 하나님과 함께 누리던 그 큰 영광도 버리셨다. 그분은 이렇게 말씀하셨다.

"인자가 온 것은 섬김을 받으려 함이 아니라 도리어 섬기려 하고 자기 목숨을 많은 사람의 대속물로 주려 함이니라"(마 20:28).

십자가 밑에 앉아서 거기 달리신 주님을 가만히 바라보라. 가시관이 씌워진 이마, 못 박힌 손과 발, 그리고 흘리신 피를 보라. 찢긴 심장, 물과 피, 벌어진 옆구리의 상처를 생각해 보라. 이것이 인간을 구원해 주려고 오신 영광의 주님이 구원받아야 할 인간에게 고난받아 죽어가신 모습이다. 그분은 천국에서 무한한 권능을 행사하고 천군을 부리시던 분이었다. 쓰레기와 같은 하찮은 존재에 불과한 인간이 비웃음을 띠고 있을 때 십자가에 달리신 그분을 보라. 그분은 내 죄, 내 인생의 구역질 나는 때와 더러움을 자신의 것인 양 거두어서 동이 서에서 먼 것과 같이 닿을 수 없는 망각의 그늘로 쏟아버리시는 분이다. 그분의 은혜를 깨달을 때 내 입에서는 나도 모르게 "주님, 주님이 저를 사랑하심이 기이합니다!" 하고 감사의 탄식이 나온다.

요나단의 사랑과 감히 비교할 수 없는, 더 위대하고 더 큰 사랑이 지금 바로 이곳에 있다. 당신을 위해 계획하시고, 지극한 정성을 쏟고 계시는 분이다. 감당하기 힘든 일이 있는가? 살기가 어려운가? 마시기에 쓴 잔이 있는가? 요나단과 달리 상처를 주고 괴롭게 하는 친구가 있는가? 성경은 아침이면 기쁨이 온다고 말한다. 아침이 되면 우리는 아름다움으로 빛나는 왕을 만날 것이며, 피곤도 모르고 죄도 없이 그분을 섬길 것이다. 그러면 그분은 넘치는 기쁨으로 하나님의 임재 앞에 흠이 없는 우리를 보실 것이다. 그분의 사랑이 얼마나 기이한가!

그분의 사랑은 자신의 이익을 위해 바라는 것이 아무것도 없는 사랑이다. 요나단처럼 친구에게 양보하고 뒷전으로 물러서는 사랑에 비할 바가 아니다. 그분은 기꺼이 나아가 우리가 져야 할 십자가를 대신 지셨다. 하나님 안에서 우리를 위로하고 우리 손을 강하게 해주셨을 뿐만 아니라 우리를 대신해서 수치와 조롱을 당하셨다. 그분은 사랑하는 사람들, 그토록 죄 많고 무가치한 자들을 높이고 명예롭게 하려고 낮고 낮은 곳으로 내려오셨다. 그리고 마침내 죄를 스스로 뒤집어쓰심으로써 당신이나 내가 천국에 갈 수 있는 길을 내주셨다. 예수님의 사랑이 얼마나 기이한가!

하나님의 사랑은 핍박 가운데서도 변하지 않았다. 요나단은 다윗 때문에 받는 사울의 미움을 견뎌냈으며, 아버지의 엄청난 증오에도 불구하고 하나님 안에서 강하게 서도록 다윗을 격려해 주었다. 그런데 그 요나단의 사랑보다 더 위대한 사랑이 있다. 우리 주 예수께서 대적의 증오를 어떻게 참아내셨으며, 우리에게서 어떤 대접을 받으셨는지 돌이켜보라. 나는 주님을 내가 원치 않는 분이라고 말하며 거부한 때가 있었다. 당신은 어땠는가? 나는 마귀가 내 마음을 붙잡고 내 인생을 흔들어서 주님의 말씀을 듣지 않은 때가 있었다. 그러나 예수님은 단념하지 않고 찾아오시고, 또 오셨다. 성경으로 말씀하셨고, 설교로 말씀하셨다. 증거와 예비, 고난과 역경 등 모든 방법을 동원하셨다. 나에게 계속해서 찾아오시면서, 못하겠다는 내 대답을 대답으로 듣지 않으셨다.

예수님의 사랑이 참으로 기이하지 않은가! 그분이 내 마음을 사로잡아 그분에게 데려오신 다음에도 내가 등 돌리고, 세상에 눈을 돌리며 죄를 범한 적이 어디 한두 번이었던가? 오해와 중상을 받은 시기도 있었고, 두렵거나 아프고 슬픈 시기도 있었다. 그런 시기들을 거치며 사는 동안에도 주님의 사랑은 잠시도 나를 떠나지 않았다.

우리가 요나단이 되어

내가 그 위대한 예수님의 사랑을 몇몇 사람이 아닌 우주의 수많은 지각 있는 영혼들에게 이야기할 생각이라고 하면 지나친 욕심일까? 그들을 위해 죽기까지 하신 구세주의 사랑을 듣지 못한 수많은 피조물에게 말이다. 하나님이 창조하신 우주는 매우 넓다. 그러므로 많은 사람이 구원받아야 한다. 무가치한 인간들을 구원하시기 위해 지구라는 이 작은 행성에 하나님이 오셔서 피 흘리고 죽으셨다가 다시 살아나셨다. 이 이야기를 한없이 넓은 곳에 흩어져 사는 수많은 피조물에게 전하기 위해 우주 곳곳을 다닐 것이다.

이런 상상을 하다 보면 이 세상에서 운행되고 있는 달이나 다른 행성을 탐험하는 일은 그리 놀라운 일도 아닌 것처럼 여겨진다. 구속받은 집단의 일원으로서 나는 하나님이 창조하신 온 우주에 구원의 역사를 전하는 사역을 펼치고 싶다. 그것은 목적이 있는 환상적인 우주여행이다. 성경도 이렇게 말한다. "하나님께서는 이제 교회를 시켜 하늘에 있는 통치자들과 권세자들에게 하나님의 갖가지 지혜를 알게 하려고 하시는 것입니다"(엡 3:10, 표준새번역).

그리스도 안에서 얻은 구원을 전파해야 할 대상이 얼마나 넓게 퍼져 있는가는 우리의 상상을 초월한다. 에베소서 1장 19-23절 말씀이 조금이나마 이해하는 데 도움이 되기 바란다. "하나님의 힘의 능력의 역사하심을 따라 믿는 우리를 위해 베푸신 하나님의 지극히 크신 권능이 어떠한지 여러분으로 알게 하시기를 기도합니다. 하나님께서는 그리스도 안에서 그 권능을 행하셔서 그리스도를 죽은 사람들 가운데서 살리셨고 하늘에 있는 그분 오른편에 앉히셔서 모든 권력과 권세와 능력과 주권과

이 세대뿐 아니라 오는 세대에서 일컫는 모든 이름들보다 뛰어나게 하셨습니다. 그리고 하나님께서는 만물을 그리스도의 발아래 복종하게 하시고 그리스도를 만물 위에 교회의 머리로 삼으셨습니다. 교회는 그리스도의 몸이요, 만물 안에서 만물을 충만하게 하시는 분의 충만입니다"(엡 1:19-23, 우리말성경).

또한 천국이 어떤 모습일지 궁금해하는 우리의 마음에도 이 말씀이 도움이 되기를 바란다. 당신과 나는 이 작은 행성에서 있었던 신비스럽고 경이로운 하나님의 구원 역사를 영원토록 증언하는 일에 동참해야 한다. 진실로 주 예수의 사랑이 경이롭지 않은가? 당신도 그렇게 말하게 되는가?

다윗과 요나단의 우정이 우리에게 주는 메시지가 무엇인가? 주님의 사랑에 감사와 찬양이 넘쳐서 "주 예수님, 저를 향한 주님의 사랑이 참으로 기이합니다!" 하고 외치게 되는가? 그러면 하나님의 사랑이 우리 마음에 들어와서 성령께서 우리를 요나단으로 만드시는 놀라운 역사가 일어난다. 앞에서와 뒤에서의 행동이 같지 않은 사람이 있다면, 그는 그리스도의 사랑을 아는 자가 아니다. 주께서는 갈보리에서 보이신 그분의 사랑에 대한 우리의 진실한 반응을 알고 싶어하신다. 친구들에게 어떻게 처신하는가? 또 적에게는 어떻게 행동하는가? 하나님의 사랑은 동기가 순수하고, 자신의 이익을 생각하지 않으며, 핍박에도 변하지 않는다. 이러한 하나님의 사랑이 우리 마음에 담겨 있다면 성령의 인도하심으로 요나단과 같은 사랑을 하게 된다.

고린도전서 13장에서 볼 수 있듯이 사랑은 너그럽고, 온유하며, 시기를 모르고, 자랑하지 않는다. 교만하지 않고, 예의를 지키며, 상대방의 이익을 먼저 생각한다. 성내지 않으며, 원한을 품지 않는다. 불의를 기뻐하지 않으며, 진리와 함께 기뻐하고, 잘못을 덮어주며, 믿음과 소망 가운데 인내한다. 사랑은 결코 실패하지 않는다. 당신은 그런 사랑을 하고 있는가?

5

불행을 만날 때

믿음의 기도만이 비탄을 승리의 노래로 바꾼다

|

삼상 19:10-11, 18 / 시 59:1-17

시편 59편의 저작 연대와 내용에 대해서는 많은 성경학자들의 연구가 있었다. 어떤 학자들은 이 시가 이사야 시대에 쓰인 것이며, 본문에서 적은 시리아군을 지칭한다고 말한다. 반면 이 시가 느헤미야 시대에 쓰였으며, 본문의 적은 도비야와 산발랏이라고 보는 견해도 있다. 그러나 히브리어 원본과 70인역에 나오는 시편 59편은 모두 흠정역본과 같은 다음의 제목을 붙이고 있다. "사울이 사람을 보내어 다윗을 죽이려고 그 집을 지킨 때에 (다윗이 한 기도)."

나는 개인적으로 성경에 표시된 연대를 존중한다. 그러므로 다윗 이야기와 시편 59편을 함께 연구해 보고자 한다. 먼저 다윗이 처한 상황을 보자. "사울이 전령들을 다윗의 집에 보내어 그를 지키다가 아침에 그를 죽이게 하려 한지라"(삼상 19:11). 다윗의 생애에서 불행한 시기가 시작되는 때였다. 어둡고 괴로운 시기였지만 이때 일어난 사건들은 그의 인격 형성에 매우 큰 영향을 미쳤다. 시편 59편은 다윗의 인생에 몰려들고 있던 검은 구름과 함께 보아야 한다. 다윗과 사울의 관계가 어떻게 변하고 있는지 사무엘상의 기록을 통해 살펴보자.

"다윗이 사울에게 이르러 그 앞에 모셔 서매 사울이 그를 크게 사랑하여 자기의 무기를 드는 자로 삼고"(삼상 16:21). 이처럼 시작은 좋았다. "여인들이 뛰놀며 노래하여 이르되 사울이 죽인 자는 천천이요 다윗은 만만이로다 한지라 사울이 그 말에 불쾌하여 심히 노하여 이르되 다윗에게는 만만을 돌리고 내게는 천천만 돌리니 그가 더 얻을 것이 나라 말고 무엇이냐 하고 그날 후로 사울이 다윗을 주목하였더라"(삼상 18:7-9). 이 일 후로 점차 관계가 악화된다. "여호와께서 사울을 떠나 다윗과 함께 계시므로 사울이 그를 두려워한지라"(삼상 18:12). "사울이 다윗을 더욱더욱 두려워하여 평생에 다윗의 대적이 되니라"(삼상 18:29). 그리고 마침내는 최악의 상황이 되었다. "사울이 단창으로 다윗을 벽에 박으려 하였으나 그는 사울의 앞을 피하고 사울의 창은 벽에 박힌지라 다윗이 그 밤에 도피하매 사울이 전령들을 다윗의 집에 보내어 그를 지키다가 아침에 그를 죽이게 하려 한지라"(삼상 19:10-11).

검은 구름에 휩싸일 때

압력은 점차 강해지고, 구름은 지평선 위에 뭉게뭉게 떠올라 폭발 지점에 이르고 있었다. 사울이 격한 질투심을 기도의 물로 다스릴 줄 알았더라면 이야기는 전혀 다르게 전개되었을 것이다. 마찬가지로 우리가 인생에서 일어나는 어떤 감정의 소용돌이를 기도의 바다에 던져버릴 줄 안다면 인생을 살아가는 자세가 많이 달라질 것이다. 사울은 유감스럽게도 그렇게 하지 못했다. 질투심이 극에 달했고 사람을 죽이는 일 외에는 진정할 방법이 없어지고 말았다.

다윗을 죽이려는 사울의 시도는 여러 번 있었다. 병사가 1,000명이나 되는 군대의 지휘자로 삼아 격렬한 전투에 내보내기도 하고, 딸과 결혼하는 조건으로 블레셋 사람 100명을 죽이라는 명령을 내리기도 했다(다윗은 그 두 배나 되는 블레셋 사람을 죽였다). 사울은 여기에 그치지 않았다. 두 번이나 다윗을 죽이려고 자신이 직접 창을 던졌으나 실패로 돌아가자 부하를 그의 집에 보내 살해하려 했다. 다윗은 아내 미갈의 도움으로 다행히 창문으로 도망쳐 생명을 보존할 수 있었다.

다윗은 사울의 미움을 받고 고통을 당할 아무런 잘못도 하지 않았다. 그러나 다윗에게는 견디기 힘든 일들이 연속적으로 일어났고, 결국은 집을 떠나 숨어야 하는 상황에까지 이르렀다. 핍박받을 만한 잘못을 저지른 적이 없던 다윗은 부르짖었다. "그들이 나의 생명을 해하려고 엎드려 기다리고 강한 자들이 모여 나를 치려 하오니 여호와여 이는 나의 잘못으로 말미암음이 아니요 나의 죄로 말미암음도 아니로소이다"(시 59:3). 이 말은 자신이 근본적으로 죄인이 아니라고 주장한 것이 아니다. 다만 당시의 상황에서 자신이 죽임을 당할 만한 잘못을 저지르지 않았다고 애절하게 하소연하는 것이다.

혹시 지금 다윗이 당했던 것과 같은 어려운 상황에 빠져 있지는 않은가? 당신을 짓누르고 무너뜨리려는 압박이 시시때때로 다가오지 않는가? 그런 고난을 받아야 할 이유나 잘못을 도저히 찾을 수 없는데, 왜 검은 구름은 몰려온단 말인가! 다가오는 구름을 피하려고 아무리 애를 써도 폭풍의 한가운데에서 도망할 방법은 없다.

신자들의 사역에도 심한 심적 압박이 있다. 혹독한 비난, 경제적 어려움, 해도 해도 끝이 없는 자질구레한 일들에서 받는 스트레스는 감당하기 쉽지 않다. 가정생활에 구름이 끼기도 하고, 슬픔이나 괴로움, 고통이나 핍박이 오기도 한다. 인간은 누구나 다가오는 구름을 보면서도 피하지 못하는 경험을 한다. 얼마 전까지 밝고 빛나던 하늘이 갑자기 어둡고 음산하게 변해 버리고, 원하지 않던 폭풍의 한가운데 서 있는 자신을 발견한다.

이럴 때 우리는 어떻게 해야 하는가? 우리는 불행에 대응한 다윗의 자세에서 교훈을 얻어 어떻게 승리하는지 배워야 한다. 특히 강조하고 싶은 것은 기도다. 기도는 믿음을 길러준다. 그리고 다른 한편으로는 하나님이 검은 구름을 허락하신 이유를 이해하는 데 도움이 된다.

도우심을 구하는 기도

다윗은 찬양의 노래를 간구로 시작한다. 하나님에게 자신을 던지며 구원해 주시기를 구한다. 자신의 무력함을 깨닫고 시작한 기도는 그를 확신으로 인도했다. 상황은 아무것도 달라지지 않았고 적은 아직도 가까이 있었으나 그의 입에서는 승리의 노래가 나왔다. 하나님에게 구원해 달라는 깊은 울부짖음에서 시작한 기도였다. 그런데 하나님이 지금도 우주를 다스리고 계신다는 확신을 갖게 되자 그 믿음이 승리의 노래가 되어 자신도 모르게 터져 나왔다. 함정과 올무가 주위에 가득했지만, 다윗은 두려움에서 벗어나 주 안에서 평안을 얻었다.

"주님은 만군의 하나님 여호와, 이스라엘의 하나님이시오니 일어나 모든 나라들을 벌하소서 악을 행하는 모든 자들에게 은혜를 베풀지 마소서"(시 59:5). 이 말씀에서 다윗이 하나님을 어떻게 불렀는지 주의해서 보라. 하나님의 모든 호칭을 동원해서 불렀다. 그가 얼마나 하나님의 도우심을 간절히 바랐는지 알 수 있는 모습이다. 이 구절을 다르게 표현하면 이런 기도가 될 것이다. "주님, 주 여호와, 만군의 여호와여, 제가 처음 당하는 이 어려움을 이기기 위해서는 하나님의 능력이 필요합니다. 주님, 주님의 능력과 자비, 신실하심과 힘이 필요합니다. 주님, 날카로운 바람이 저를 향해 불고 검은 구름이 저를 삼키려 하는 지금 이 순간, 제게 전능하신 하나님의 도우심이 반드시 필요합니다."

다윗은 아무 잘못도 없는 자신을 핍박하는 적들에 대해 악을 행하는 자, 이교도, 악한 반역자라고 불렀다. 이유는 간단하다. 사울이 하나님에게 대항하여 싸웠기 때문이다. 사무엘은 사울에게 그가 왕국에서 거부당했으며 이제 기름 부으심을 받은 왕은 다윗이라는 하나님의 말씀을 전했다. 그러므로 다윗을 핍박하는 자는 하나님의 뜻을 거역하는 자이며 적이 되는 것이다. 다윗을 살해하려는 사울의 시도는 사실상 의도적으로 하나님의 계획을 무너뜨리려는 행동이다. 사울은 하나님을 능멸하는 인생을 살았기 때문에 멸망할 수밖에 없었다. 안타까운 일이지만 하나님을 대항해서 싸우다가 멸망에 이르는 사람은 사울만이 아니다.

"여호와여 주께서 그들을 비웃으시며 모든 나라들을 조롱하시리이다"(시 59:8). 이 구절은 자신의 적이 하나님의 적이라는 다윗의 확신을 보여준다. 또한 여기에서 다윗이 자신의 적만 지칭하지 않고 모든 이교도를 총칭한 점을 유의해서 보아야 한다. 그는 이 상황을 자신의 편에서만 보지 않고 하나님의 편에서 보았다. 따라서 그의 기도는 이런 말이다. "주님,

이 상황에서 저를 구원하시는 것은 온 세상에 진리와 의를 세우시는 하나님의 위대한 계획의 일부입니다."

아침이면 꽃에 작은 이슬을 내리시는 하나님과 하늘에 있는 모든 별을 제자리에 있게 하시고 운행을 정하시는 하나님은 같은 분이시다. 만약 여호와께서 그 모든 일을 관장하시는 분이라면 분명 그 가운데 하나인 내 운명도 살뜰히 돌보시지 않겠는가 하는 것이 다윗의 주장이었다. 하나님 앞에서 우리가 책임질 일이 아닌데도 불구하고 그 일 때문에 압박의 구름이 몰려든다면 우리도 다윗처럼 당당히 주장해야 한다. 우리가 처한 상황은 모두 하나님이 만들어주신 것이다. 그러므로 그 상황을 이기기까지 하나님의 능력을 잡고 매달려야 한다. 예수 그리스도 안에서 하나님에게 몸을 바쳤다는 것은 한편으로는 어떤 고난에서도 하나님의 구원을 보장받았다는 의미다. 우리의 구원은 모든 백성을 구원하시는 하나님의 큰 계획 안에 있는 작은 부분이다. 하나님이 온 우주를 돌보실 능력이 있는 분이시라면 우주 안의 아주 작은 부분에 지나지 않는 당신이나 내가 원하는 필요 역시 당연히 돌보아주신다는 것이다.

하나님의 종에게 냉혹하게 굴거나, 거짓 소문을 퍼뜨리거나, 비방하는 사람에게 꼭 하고 싶은 한마디가 있다. 사울이 한 것처럼 하나님에게 대항해 싸우지 않도록 조심하라는 것이다. 돌이켜보면 하나님을 영접하기 전에는 나에게도 그런 시절이 있었다. 그때 나를 만난 분들이라면 "세상에, 어떻게 저런 사람이 다 있담. 구원받지 못할 사람이 있다면 바로 저 사람이야!"라고 탄식했을지도 모른다. 나처럼 남을 개의치 않고 제멋대로이고, 불경스러운 사람은 찾기 어려웠다.

오늘 당신이 그때의 나처럼 어리석은 짓을 하지 않기 바란다. 당신이 공격하는 대상이 누구라도, 즉 주일학교 선생님이나 목사님, 또는 다른 교역자나 성도라 하더라도 사실은 하나님을 공격하는 것이다. 그러므로 비판하고 험담하기 전에 스스로 이런 질문을 해보라. "내가 공격하는 대상이 이 사람인가, 아니면 이 사람이 대변하는 주님, 이 사람이 전하는 메시지, 이 사람이 증거하는 역사인가?"

믿음으로 주를 바라봄

검은 구름 가운데 다윗은 하나님에게 자신의 주장을 펼쳤다. "여호와여 주께서 그들을 비웃으시며 모든 나라들을 조롱하시리이다"(시 59:8). 누구에게서 조롱을 받는 것은 그 자체로 기분 좋은 일이 아니다. 하물며 하나님이 나를 비웃으신다면 얼마나 두렵겠는가! 그러나 다윗은 자신의 적이 하나님의 적이라는 확실한 믿음이 있었기 때문에 놀랍도록 침착한 가운데 계속 기도할 힘을 얻었다. "하나님은 나의 요새이시니 그의 힘으로 말미암아 내가 주를 바라리이다"(시 59:9).

참으로 중요한 이야기다. 처음에 다윗은 두려움과 의심의 상태로 기도를 시작했다. 그러나 이 두 구절에서 분명히 나타나듯이 그는 확신과 자신감을 되찾았고, 마침내는 기쁨의 노래를 부르고 있다. 그를 둘러싸고 있는 외부의 상황은 달라진 것이 없었다. 그러나 구원해 달라는 부르짖음이 하나님을 바라보는 조용한 기다림이 되었다. 적이 사방에서 몰려오고 있었으나 그는 승리의 노래를 불렀다. 어떻게 그의 영혼에 이토록 놀라운 일이 일어났을까?

먼저 주목해야 할 것은 다윗의 마음 자세다. 그는 "내가 주를 바라리이다"(시 59:9)라고 기도했다. 이 말은 목자가 눈을 크게 뜨고 양을 지켜보거나 보초병이 눈을 부릅뜨고 주위를 감시하듯이 주님을 바라보겠다는 뜻이다. 다윗은 시편 121편 1-2절에서 이렇게 노래했다. "내가 산을 향하여 눈을 들리라 나의 도움이 어디서 올까 나의 도움은 천지를 지으신 여호와에게서로다"(시 121:1-2).

물론 하나님은 깊은 관심으로 자기 백성을 지켜보신다. 두말할 필요가 없다. 그렇다면 나도 하나님의 힘과 하나님의 능력이 오는 방향을 주목해서 봐야 하지 않겠는가? 주님이 구름 속에서 나를 돌보시기 위해 보고 계신다면 나 또한 내 필요를 채워주시는 주님을 집중해 바라보아야 한다. 그러므로 구름의 압박에 맞설 힘을 받지 못하고 있다면 그것은 당신이 주님에게 주목하지 않기 때문이다.

이렇게 비유해 보면 어떨까? 밤에 수없이 많은 배가 천국에서부터 은혜와 인내, 힘과 용기, 사랑과 능력, 이해와 긍휼이라는 짐을 싣고 온다. 그리고 '나'라는 이름의 부두에 정박한다. 그러나 그 짐을 내려야 할 '나'는 그 자리에 없다. 하는 수 없이 배는 그냥 떠나고 만다. 많은 사람이 하나님에게 기도한다. 그러나 기다리지는 않는다. 구하기는 하지만 받을 것을 기대하지는 않는다. 하나님을 알기는 한다. 그러나 천국의 문이 열리기 전에 그 앞에서 떠나간다. 우리가 검은 구름에 압도된다면 그것은 하나님의 잘못이 아니다. 우리 손에 다른 것들을 붙잡고 있기 때문에 하나님의 힘을 잡지 못하는 것이다.

"파수꾼이 아침을 기다림보다 내 영혼이 주를 더 기다리나니 참으로 파수꾼이 아침을 기다림보다 더하도다"(시 130:6). 아침을 기다려본 적이 있는가? 이리저리 뒤척여도 잠이 오지 않는다. 일어났다가 눕기를 반복하다가 어두운 창밖을 내다보며 탄식한다. "오, 언제나 날이 밝으려나." 다윗은 괴로운 밤을 보내면서 아침을 애타게 기다렸다. "내 영혼아, 기다려라. 먼동이 트기를 기다리며 바라보자." 이것이 다윗이 하고 싶은 말이었다.

우리가 하나님에게 관심을 기울이지 않을 때 하나님의 도우심은 오지 않는다. 하나님의 도우심은 격렬한 싸움이 벌어지고 있는 와중에도 하나님을 의지하는 사람에게 온다. 믿음 안에서 비전을 기다리는 사람에게 온다. 주님을 바라보는 사람은 당황할 일이 없다는 진리를 믿는 사람에게 온다. 약속의 말씀 안에서 평안하고 흔들리지 않는 사람에게 온다. 구하면 하나님이 응답해 주신다는 진리를 믿는 사람에게 온다. 비록 적이 자신을 둘러싸고 있다 하더라도 자신의 기도에 대한 응답을 이미 손에 쥐고 있는 것처럼 믿는 사람에게 하나님의 도우심이 온다. 믿음만이 비탄을 노래로 바꾼다.

검은 구름 속의 무지개

다윗은 완벽하게 안전한 곳에 닻을 내렸다. 다윗이 의지한 하나님은 어떤 분이신가? 다윗은 그분을 자신과 연관해서 어떻게 생각했는가? 시편 59편 17절에서 그는 하나님을 '나의 힘', '나의 요새'라고 묘사했다. '나의 힘이신 하나님'이란 '내 안에 계신 하나님'이라는 의미다. '나의 요새이신 하나님'이란 '나를 둘러싸고 보호하시는 하나님'이라는 의미다. 구름 속에서 닻을 내린 다윗은 하나님이 소유하고 감싸 안으신 사람이다. "그러니 내가 무엇을 두려워하겠느냐?"고 다윗은 묻는다. "내가 내 구세주이신 하나님을 나와 적 사이에 계시게 했으니 나는 편안하게 쉬어도 되지 않겠는가?"라는 것이다.

여기서 반드시 지적해야 할 것이 있다. 하나님이 내 힘이시라는 말은 하나님으로부터 힘을 받아서 내 힘이 된다는 의미가 아니라 내가 약한 가운데 내 힘이 되시는 하나님을 붙잡았다는 의미라는 점이다. 주님의 이름이나 본질은 강한 요새이기 때문에 의인은 하나님에게 안기어 안전을 얻는다. 그분이 우리가 기다리는 분이시고, 골똘하게 바라보는 분이시다. 그분이 우리가 구름 너머로 오기를 기다리는 분이시다. 우리를 위협하는 모든 폭풍의 압력에도 불구하고 우리는 그분을 바라보며 기다린다.

이제 시편 59편의 마지막 두 구절에 나타나 있는 숭고한 믿음의 찬양을 보자. 다윗은 단순한 평온, 단순한 휴식의 단계를 넘어서서 이제는 기쁨으로 주님을 찬양하고 있다. 놀라운 변화가 아닌가! 원수는 지금도 사방에서 공격하고 있는데 그는 그 검은 구름 한가운데서 절대적 승리의 기쁨으로 환호하고 있다. 고난을 경험한 많은 하나님의 자녀들이 자신과 적 사이에 주 예수님을 모시는 법을 배우고 찬송을 불렀다. 당신도 그것을 배웠는가?

또 하나, 우리가 여기서 놓치지 말아야 할 것은 다윗이 하나님을 새로운 이름으로 불렀다는 점이다. 그는 조용한 가운데 기다리며 하나님을 '나의 방패', '나의 요새', '나의 힘'이시라고 했다. 그리고 마지막에는 "나를 긍휼히 여기시는 하나님"(시 59:17)이라고 노래했다. 참으로 아름다운 발상이 아닌가? 시편 59편을 읽으면 고층 빌딩을 짓는 과정이 연상된다. 시작은 모든 것이 혼란스럽다. 온갖 자재가 여기저기 흩어져 있고, 흙을 파내 생긴 깊은 웅덩이 아래에서 작업하는 불도저를 내려다보면 어지럽기 그지없다. 그러다가 드디어 건물이 완공되어 하늘로 치솟은 위용을 드러낸다. 경탄스럽지 않은가? 시편 59편은 땅속 깊은 곳에서 울부짖음으로 시작하지만, 마침내 주님이 계시는 햇빛 찬란한 높은 곳에서 절정을 이루며 마침표를 찍는다. 그곳은 주님의 영광이 밝고 아름답게 빛나는 곳이다.

여기 검은 구름에 휩싸인 사람이 있다. 그러나 그의 영혼은 하나님과 하나가 되어 있다. 찬양과 기쁨이 넘친다. 그래서 그는 기도한다. "주님, 내가 약할 때 주님을 나의 힘이라고 노래했습니다. 참으로 주님은 나의 힘이 되셨습니다. 내가 적에게 둘러싸여 있을 때 주님을 나의 요새라고 믿었습니다. 참으로 주님은 나의 요새가 되셨습니다. 적이 나를 둘러싸고 있으며, 도울 자가 아무도 없는 지금도 주님은 나의 힘이시고 요새이십니다. 주님은 나를 불쌍히 여기시는 분입니다. 굴려드는 구름 가운데 주님의 그 마음이 드러났습니다. 주님, 주님이 나를 얼마나 사랑하시는지 알지 못했습니다. 이 구름조차 주님이 허락하셔서 나로 하여금 주님을 바라보고 기다리게 해주신 것인 줄 미처 몰랐습니다."

원수가 에워싸고 공격하는 어려운 상황에 빠져 있는가? 그 구름을 사용하여 자녀에게 하나님의 길을 가르쳐주는 사랑과 긍휼의 못 박힌 손이 당신을 잡고 있다고 믿으라. 하나님은 오래전에 주의 백성과 세상에 대한 긍휼의 언약을 맺으셨다. 하나님은 노아에게 이렇게 말씀하셨다. "내가 내 무지개를 구름 속에 두었나니 이것이 나와 세상 사이의 언약의 증거니라"(창 9:13). 하나님의 긍휼은 푸른 하늘 아래서 보이지 않고, 짙은 구름 속에서 보인다.

오늘 당신의 인생에 드리운 검은 구름은 하나님의 손안에 있으며, 하나님의 지배 아래 있다. 그분은 여기가 끝이라고 말씀하실 능력이 있으시다. 기도를 통해 확신과 믿음이 자란다. 항상 이렇게 기도하라. "주님, 주님은 나의 힘이시고, 주님은 나의 요새이십니다!" 당신은 주님의 것이다. 왜냐하면 영으로 그분이 당신 안에 사시며 모든 원수로부터 지켜주시기 때문이다.

비록 지금은 구름 아래 산다고 해도, 언제 주님이 천국 선물이 가득 실린 배를 당신의 부두로 보내어 정박하게 하실지 모른다. 그러므로 잠들지 말아야 한다. 혼자 힘으로 핍박을 감당하려다가 지쳐서 막상 은혜와 인내와 사랑을 실은 배가 왔을 때 맞이하지 못하면 안 된다. 아침을 기다리는 사람처럼 기다리며 바라보아야 한다. 그러면 구름의 압박이 오히려 당신을 십자가에 달리신 구세주의 피난처로 인도할 것이다. 또한 그 검은 구름이 하나님의 자비임을 확신할 때 찬양하게 될 것이다.

6

상처받을 때

인생의 고비에서 하나님이 화살을 쏘시거든 기다려야 한다

삼상 20:11-42

　　다윗은 이미 하나님의 무한한 축복을 받은 사람이었으며 왕이 될 증거로 성령의 기름 부으심을 받은 몸이었다. 그럼에도 불구하고 그는 믿음과 인내의 한계를 시험하는 극한 고난을 받아야 했다. 상식적으로는 이해되지 않는 일이다. 이 시기에 다윗이 처했던 외적 환경은 하나님의 약속이 거짓이라는 의심마저 들 정도였다. 믿음의 사람인 다윗조차 흔들릴 만한 이와 비슷한 일들을 오늘도 많은 그리스도인이 경험하고 있다. 하나님은 자녀 한 사람 한 사람에게 무한한 축복을 주려는 목적을 갖고 계신다. 그 목적은 우리가 그리스도께 나아올 때 이루어지기 시작한다. 그러나 우리가 받은 하나님의 약속에 대한 믿음이 왜 극한의 한계점까지 시험받아야 할까? 성경의 다윗 이야기는 그러한 의문을 가진 우리에게 위로가 되며 영감을 준다.

　　사무엘상 20장에 나오는 다윗과 요나단의 대화에는 실의에 빠진 다윗의 심정이 잘 나타나 있다. 시편 59편에서 다윗은 고난 가운데서도 믿음으로 노래했다. 그러나 하나님 안에서 기뻐하는 것이 닥쳐오는 핍박까지 없애주는 것은 아니었다. 오히려 강도가 더욱 세졌다. 우리는 이 이야기의 행간에서 당시 다윗이 걱정에 휩싸여 거의 절망 상태에 빠져 있었음을 읽을 수 있다.

사무엘상 19장에서 다윗의 아내 미갈은 사울의 전령들이 다윗을 죽이러 온다는 소식을 듣고 다윗을 창문으로 달아 내렸다. 그 덕분에 다윗은 무사히 도망해서 사무엘 선지자에게 피신했다. 그러나 사울은 다윗의 피신처였던 라마의 나욧에까지 암살자들을 보내서 다윗을 죽이려고 했다. 그것도 한 번이 아니라 여러 번 암살자들을 보냈다. 그런데 그들이 실패하자 마지막에는 사울 자신이 직접 나섰다. 하지만 왕이 보낸 암살자들은 물론이고, 사울 본인까지도 끝내 하나님의 영에 사로잡혀 넋을 잃고 다윗에게 손도 대지 못했다. 그러나 막상 다윗은 하나님이 보호해 주고 계신다는 사실을 의식하지 못하고 공포와 두려움에 휩싸였다. 그래서 사울이 없는 틈을 타서 친구인 요나단을 찾아가 애처롭게 매달렸다. 사무엘상 20장 1-9절에는 두 사람 사이의 대화가 기록되어 있다. 쫓기고 시달리는 하나님의 종 다윗의 마음이 어땠는지 알기 위해 당시의 상황을 재구성해 보자.

고난 가운데 의심에 빠질 때

다윗은 급히 요나단을 찾아가 물었다. "이 사람아, 내가 무슨 잘못을 했단 말인가! 내가 무슨 죄를 지었기에 자네 아버지가 날 죽이려 한단 말인가! 아무리 생각해도 나는 책잡힐 짓을 하지 않았네. 도대체 자네 아버지는 왜 그러는 건가?"

 두 사람 사이의 지극히 돈독한 우정에서나 가능한 솔직한 감정의 폭발이었다. 진실을 모르는 요나단은 차분히 대답했다. "내 아버지가 자네를 죽이기로 결심하신 것이 사실이라면 내가 자네에게 벌써 귀띔해 주지 않았겠나? 내게는 무엇이나 털어놓는 분이시니까 무슨 말씀이 있었을 텐데 난 아무 말도 못 들었다네."

 그러나 다윗은 애타게 호소했다. "그렇지 않아. 자네한테 말하지 않았을 수도 있어. 우리가 서로 아끼는 친구 사이라는 것을 아니까 나를 죽이려는 속마음을 털어놓지 않았을 거야. 자네가 괴로워할 줄 알고 말이야. 이것만 알아두게. 나는 지금 자네 아버지한테 언제 죽임을 당할지 알 수 없는 처지란 말일세."

 "그래? 알겠네. 내가 어떻게 하면 좋을까?"

 "내일이 감사절이 아닌가? 그러니 궁에서 열리는 공식 만찬에 참석해야 하겠지만 나는 가지 않겠네. 자네는 내가 버들레헴으로 가서 가족들과 함께 지낸다고 하게. 그때 자네 아버지가 심하게 역정을 낸다면 나를 죽이려는 마음이 있다는 것이지 않겠나? 그렇지만 내가 없는 걸 보고도 평소와 다름없다면 안심해도 좋겠지. 여보게, 우리는 친구의 약속을 한 사이가 아닌가? 그것도 자네가 먼저 제의하지 않았는가? 우정을 지켜주게. 자네 아버지가 꼭 나를 죽여야 한다면 나는 자네 아버지가 아니라 자네 손에 죽고 싶네."

 "걱정하지 말게. 나를 믿게. 만약 아버지가 자네를 정말 죽이려고 하신다면 즉시 자네에게 알려주겠네."

 요나단과의 대화에서 당시 다윗의 심정이 어땠는지 충분히 감지할 수 있다. 그렇다고 다윗을 나무랄 수 있을까? 다윗 같은 믿음의 사람조차 고통이 극심한 단계에 이르면 친구를 의심하고, 나아가 하나님까지 의심할 수 있다는 사실은 우리에게 위로가 된다. 다윗은 자기가 하나님의 영으로 기름 부으심을 받았기 때문에 사울이 죽일 수 없다는 것을 당연히 알고 있었을 것이다. 그렇지만 핍박이 더해지고 목숨이 위급해지자 하나님의 약속이나 말씀이 비현실적으로 느껴지고, 눈에 보이는 요나단의 우정조차 의심스러워졌다.

오늘 당신의 인생에도 다윗의 증상이 나타나고 있는가? 당신이 처해 있는 상황의 어려움, 환경의 고통, 시험의 강도가 하나님의 약속, 하나님의 말씀, 당신의 인생을 향한 하나님의 목적을 의심하게 하는가? 괴로움에 신음하다 보면 아무리 좋은 믿음의 말씀도 공허하게 들리고 자신과는 전혀 관계없는 것처럼 느껴진다. 고통의 짐은 점점 무거워져 하나님을 의심하기 시작하고 친구를 의심하게 된다. 이 두 가지는 상관관계가 있다. 하나님을 잡은 손이 느슨해지면 영적 친구와의 교제도 미지근해진다. 하나님과의 관계가 냉랭해지면 이 땅에서 맺고 있는 관계들도 식어버리는 것이다. 그러면 쉽게 균형을 잃고 그 고난이 하나님이 우리에게 주시는 소중한 교훈임을 잊는다.

하나님이 예비하신 길

하나님이 고난을 통해 우리에게 주시려는 교훈은 무엇일까? 여기서 우리는 다윗이 왕이 될 것을 상징하는 '운명의 돌'에 대해 생각해 보아야 한다. 사무엘상 20장 10절에서 다윗은 요나단에게 사울의 진의를 알게 되면 어떻게 가르쳐주겠느냐고 물었다. 그러자 요나단은 왕궁 안에서 그런 대화를 계속하면 위험하다고 판단하고 다윗을 들로 데리고 나갔다. 들로 나간 요나단은 하나님이 지으신 하늘 아래, 그리고 주님 앞에 엄숙하게 다윗에게 맹세했다. 사울의 생각이 선한 것인지 악한 것인지 아는 대로 사람을 보내어 다윗에게 알려주기로 한 것이다. 이 시점에서 본다면 다윗보다 오히려 요나단이 하나님의 약속에 대해 더 큰 믿음을 보였다. 그리고 그는 다윗에게 자신과 가족들을 잊지 말고, 또 자신이 죽은 다음에라도 자신의 집에 친절을 베풀어달라고 부탁했다. 다윗은 이때의 약속을 잊지 않았다. 그는 사울과 요나단이 죽은 후에 사울의 손자요, 요나단의 아들인 므비보셋에게 은혜를 베풀었다. 이는 두말할 나위 없이 요나단과의 약속을 잊지 않았기 때문이다.

이어서 19절 이하에 요나단의 말이 나온다. "모레까지 기다리다가, 저번 일이 있었을 때에 숨었던 그곳으로 내려가서, 에셀 바위 곁에 숨어 있게. 그러면 내가, 연습 삼아 어떤 표적을 놓고 활을 쏘는 것처럼, 그 바위 곁으로 화살을 세 번 쏘겠네. 그런 다음에, 내가 데리고 있는 종을 보내어, 그 화살을 다 찾아오라고 말하겠네. 그때에 내가 그 종에게 큰 소리로 '너무 멀리 갔다. 이쪽으로 오면서 다 주워 오너라' 하고 말하면, 주께서 살아 계심을 걸고 맹세하겠네. 자네에게는 아무 일도 없을 것이니, 안심하고 나오게. 그러나 내가 그 종에게 '아직 더 가야 된다. 화살은 더 먼 곳에 있다' 하고 말하면, 주께서 자네를 멀리 보내시는 것이니, 떠나가게"
(삼상 20:19-22, 표준새번역).

참으로 운명적 사건이 아닌가! 불과 얼마 되지 않는 거리가 다윗의 미래를 결정하게 되었다. 요나단과 뜨거운 우정을 나눌 수 있는 익숙한 환경의 왕궁으로 돌아가느냐, 아니면 의지할 친구도 없이 오로지 하나님의 자비에 의지해야 하는 추방의 길로 가느냐의 기로였다. 하나님이 다윗을 위해 예비하신 두 길이었다. 그리고 그중의 한 길은 다윗이 이스라엘 왕으로서 왕관을 쓰게 되는 길이었다.

다윗이 어느 길을 좋아했을지는 의문의 여지가 없다. 선택할 수 있었다면 그는 사울의 왕궁, 요나단의 우정이 있는 편안함으로 돌아가고 싶었을 것이다. 수시로 생명을 위협받으며 험한 산속을 헤매고 다녀야 하는 도피 생활을 좋아할 사람이 어디 있으랴! 그러나 그 결정은 다윗의 손에 있는 것이 아니었다. 그가 할 수 있는 일이라고는 그저 에셀 바위 옆에 서서 사울이 사는 왕궁으로 갈지, 아니면 광야로 가야 할지를 결정하는 화살이 정확하게 목표 지점에 떨어지기를 기다리는 것뿐이었다.

운명의 돌

나는 이 장소를 '운명의 돌'이라고 부르고 싶다. 19절에 나오는 이 바위는 '길을 내거나 보여주는 돌'이라고 번역해도 좋을 것이다. 히브리 원어를 문자 그대로 번역한다면 '이별의 돌'이라고 해야 한다. 상황이 주는 압박에 떠밀려 그곳까지 오게 된 다윗이 직면한 것은 '나는 아무런 결정도 할 수 없다'는 넘지 못할 높은 벽이었다.

하나님의 자녀는 인생의 고비마다 운명의 돌을 만난다. 이는 다니엘이 말한 "손대지 아니한 돌"(단 2:34)과 같다. 이것은 살아 있는 돌이며, 곧 영광의 주님, 그분이시다. 그분은 모든 능력을 보유하시고, 우리의 모든 원수를 진멸하시고, 멸망하지 않는 영원한 왕국을 세우실 운명이시다. 내가 진실로 그분에게 속했고, 그분이 성령으로 나를 채워주시며, 그분의 소유로 나를 점찍으셨다면 내 인생에 어떤 위협이 온다고 해도 그것은 내 손을 떠난 문제다.

주께서 말씀하셨다. "보라 내가 한 돌을 시온에 두어 기초를 삼았노니 곧 시험한 돌이요 귀하고 견고한 기촛돌이라"(사 28:16). 연륜이 쌓인 베드로는 첫 번째 편지에서 "사람에게는 버린 바가 되었으나 하나님께는 택하심을 입은 보배로운 산 돌이신 예수"(벧전 2:4)께 나아가야 한다고 설파했다. 또한 우리 안에 주님이 계신 영적인 집을 세우는, 살아 있는 돌이 되어야 한다. 예수 그리스도께서는 예루살렘 밖 푸른 언덕에 뿌리를 내린 우리의 운명의 돌이시다. 상황이 주는 무거운 짐은 무엇이든지 가져다가 그분의 발아래 던지라. 그러면 사라질 것이다. 그 외에 당신이 할 수 있는 일이 무엇이겠는가? 곤경에 빠져서 이러지도 저러지도 못하는 처지가 아닌가? 그러나 그것은 영광의 자리다. 하나님이 다스리시는, 인간이 손대지 못하는 상황이다. 결정하시는 분은 그분이시다. 그러므로 당신이 할 수 있는 일은 다윗이 한 것처럼 운명의 돌 앞에 서서 기다리는 일뿐이다.

서서 기다려야 할 뿐 달리 방법이 없는 그런 위치에 있다는 것은 축복이다. 길은 많다. 그 많은 길 가운데 다른 길보다 더 매력적으로 보이는 길도 있다. 그런데 우리가 스스로 길을 찾는다면 어리석은 결정을 할 위험이 크다. 인간의 안목으로 보면 하나님의 길보다 더 합리적이고, 더 매력적인 길이 수없이 많기 때문이다. 그러나 왕좌로 가는 길은 하나이며, 그것이 당신과 내 인생을 위한 하나님의 계획이다.

지금 그리스도 안에서 원수들에게 포위된 믿음의 사람들에게 진심으로 간곡하게 부탁하고 싶은 말이 있다. "가만히 서서 여호와께서 오늘 너희를 위하여 행하시는 구원을 보라"(출 14:13). 결정은 우리 능력의 범위 밖이다. 전쟁은 우리가 아니라 하나님에게 속한 것이다. 그분이 결정하시게 해야 한다. 베드로전서 2장 7절은 이렇게 말한다. "건축자들의 버린 돌이 모퉁이의 머릿돌이 됐다"(벧전 2:7, 우리말성경). 주 예수님이 운명의 돌이시다. 그분의 상처 안에 숨을 수 있는 우리에게 얼마나 보배로운 돌이신지 모른다.

하나님의 화살

다윗을 떠나게 했던 화살 이야기로 다시 돌아가 보자. 요나단은 비로소 다윗에 대한 사울의 의중을 알고 다윗의 말이 옳았음을 깨달았다. "요나단은 자기 아버지가 다윗을 죽이려고 작정했다는 것을 알게 됐습니다"(삼상 20:33, 우리말성경). 사울은 다윗을 옹호하는 자기 아들 요나단을 거의 죽일 뻔했다. 비통한 심정이 된 요나단은 다윗과의 약속을 지키기 위해 시중들던 소년을 데리고 활을 쏘러 갔다. 화살이 비록 요나단의 손에 있었지만 사실 그는 하나님이 쓰시는 도구에 지나지 않았다. 화살은 목표를 향해 날아갔고, 다윗을 지나서 떨어졌다. "화살이 네 앞쪽에 있지 아니하냐"(삼상 20:37). 이는 "잘 가게. 우리 천국에서 다시 만나세!"라는 요나단의 외침이었다.

에셀 바위 옆에 기다리며 서 있던 다윗을 상상해 보라. 멀리 사랑하는 친구가 오는 것이 보인다. 온 마음으로 사랑하는 친구다. 옆에 데리고 오는 시종도 보인다. 활쏘기 연습을 하는 양 요나단은 화살을 꺼내 쏜다. 다윗은 날아오는 화살을 떨리는 마음으로 본다. 마침내 화살이 자신을 넘어서 떨어진다. 그때 그의 심정이 어땠을지 짐작할 수 있을 것이다.

화살이 다윗의 마음에 전한 메시지는 무엇인가? 그곳을 떠나라는 주님의 말씀이었다. 화살이 그 지점에 떨어진 것은 우연이 아니었다. 그 화살을 쏜 사람은 요나단이었으나 사실은 하나님의 손에서 날아온 메시지였다. 화살은 하나님의 뜻을 상징하는 것이었다. 그 화살이 날아가는 궤적에는 핍박에 시달리는 아들 다윗을 향한 하나님의 아름다운 목적이 담겨 있었다.

만약 다윗이 하늘로부터 온 말씀을 듣고도 현실에 안주하고 싶어서 머뭇거린다면 하나님이 그를 위해 예비하신 생명과 왕관, 모든 것을 잃을 것이다. 한편 그가 말씀을 따른다면 그가 가진 세상 것들은 엎질러진 컵 속의 물처럼 모두 사라진다. 그가 의지하던 기둥들이 하나하나 허물어져 홀로 서지 않으면 안 되었다. 또한 그의 앞에 언제 벗어날 수 있을지 모르는 거친 산과 어두운 계곡만이 놓여 있는 상황이 될 것이다. 우정, 인간적인 사랑, 안락, 심지어 사울과의 화해나 명예를 회복할 가능성이 영영 사라지고 만다. 아무것도 남는 것이 없다. 그에게 남는 것은 하나님밖에 아무것도 없다.

다윗은 잃게 되는 모든 것 중에서 요나단의 사랑을 더는 의지하지 못하게 되는 것이 가장 괴로웠다. 그들이 아는 지식으로 보면 영원한 이별이었다. "요나단이 다윗에게 이르되 평안히 가라 우리 두 사람이 여호와의 이름으로 맹세하여 이르기를 여호와께서 영원히 나와 너 사이에 계시고 내 자손과 네 자손 사이에 계시리라 하였느니라 하니 다윗은 일어나 떠나고 요나단은 성읍으로 들어가니라"(삼상 20:42). 그들은 요나단이 죽기

전에 단 한 번 더 만났을 뿐이다.

요나단은 마지못해 천천히 산에 올라가는 다윗을 뒤로하고 다시 제자리로 돌아가야 했다. 자신을 전혀 이해하려 하지 않고, 자신의 원칙에 조금도 관심을 두지 않는 아버지 사울과 살기 위해 성으로 발길을 돌리는 요나단의 쓸쓸한 모습을 상상해 보라. 하나님의 주권 안에서 헤어져 떠나가는 두 친구의 안타까운 모습이다.

잠잠히 기다리라

남의 이야기로 들리는가? 우리도 그런 경우를 당할 수 있다. 성령께서 우리 마음에 다음의 말씀을 잊지 않게 해주시길 바란다. "아무든지 나를 따라오려거든 자기를 부인하고 날마다 제 십자가를 지고 나를 따를 것이니라"(눅 9:23). 또한 주님의 이 말씀들도 기억해야 한다. "누구든지 나보다 자기 부모를 더 사랑하는 사람은 내게 합당하지 않다. 나보다 자기 아들딸을 더 사랑하는 사람도 내게 합당하지 않다"(마 10:37, 우리말성경). "이와 같이 너희 중의 누구든지 자기의 모든 소유를 버리지 아니하면 능히 내 제자가 되지 못하리라"(눅 14:33).

시련의 무게가 무겁다고 절망에 빠져서 하나님의 약속을 의심하게 되었는가? 당신이 주님의 소유이고, 주님이 당신의 소유라는 사실이 당신이 당한 상황에는 맞지 않다고 생각하게 되었는가? 그러나 갈보리에 선다는 것이 무슨 뜻이고, 운명의 돌 옆에 선다는 것이 무슨 뜻인지 생각해 보라. 가만히 기다려서 그분이 하나님이심을 안다는 것이 무슨 뜻인지 생각해 보라. 그것을 가르쳐주시려고 하나님이 당신을 여기까지 데리고 오셨음을 잊지 말라. 그 밖에 당신이 할 수 있는 일은 없다. 결정은 당신의 능력 밖이다. 당신이 할 수 있는 일이란 하나님이 인도해 주시기를 기다리는 것뿐이다.

왕관에 이르는 길은 오직 하나이며 하나님이 당신을 위해 마련해 놓으신 아름다운 운명이다. 선택할 수 있는 다른 길은 많이 있지만, 이 시점에서 잘못된 행동은 당신을 위해 만들어놓으신 그분의 계획을 송두리째 잃어버리는 비참한 결과를 초래한다. 이런 시기에 혼자 힘으로 일을 처리하려 하고 어려운 상황을 벗어나려고 한다면 결과는 패망이다. 하나님이 당신을 지나가게 화살을 쏘셨다면 가만히 기다려야 한다. 화살이 당신을 지나 떨어졌다. 주위의 것에 매달리는 당신에게 더 멀리 있는 것을 보라는 하나님의 부르심이다. 하나님이 당신을 그저 내버려두시려는 것으로 착각하지 말아야 한다. 당신을 지나간 화살이 주는 메시지는 지리적인 것이 아니라 영적인 것이다.

오늘도 주 예수께서 못에 찔린 손을 내미시며 우리 모두에게 "나를 따르라"고 말씀하신다. 그리고 우리는 그분과 함께 앞으로 나아간다는 말의 의미를 제대로 알아야 한다. 우리가 가진 모든 것, 의지할 모든 것이 사라지고 오직 하나님과 하나님의 말씀만 남은 상태다. 집이나 가족 간의 유대를 우리가 아무리 소중하게 생각한다고 해도 그것은 영구하지 않다. 그러므로 그러한 것을 피난처로 의지하지 말고 경건한 삶을 살아야 한다. 비우지 않으면 하나님이 우리를 영적으로 앞서 나아가도록 하실 수 없다. 하나님은 항상 우리가 아는 것을 넘어 미지의 세계로 들어가기를 원하신다. 왕관이 우리를 위한 하나님의 목적이고, 십자가가 우리를 위한 하나님의 길이며, 믿음이 우리를 위한 하나님의 계획이다.

하나님의 화살은 우리의 마음에 상처를 남긴다. 화살이 내 뒤로 날아가던 순간의 암담했던 마음을 생각할 때 눈물을 참기 어렵다. 그러나 구세주께서 우리를 혼자 있게 하시지 않고 항상 옆에 계셨다. 그리고 우리는 깨닫게 된다. 우리를 위해 흘리신 주님의 피가 언제든지 하나님을 만날 수 있는 장소, 하나님의 계획을 알 수 있는 성막 안으로 우리를 데리고 오셨다는 것을 말이다. 하나님이 당신 너머로 화살을 날리셨고 그 미지의 곳으로 당신을 데리고 가신다.

7

범죄할 때

죄의 처참한 결과 앞에서 할 일은
숨기지 않고 드러내는 것이다

|

삼상 21:1-13 / 시 56:1-13

　그리스도인으로 품성이 형성되는 과정에서 때로는 해가 지고 암흑이 내려앉아 그 사람의 인생이 거기서 끝난 듯 보이는 시기가 있다. 옆에서 보아도 회복의 소망이 완전히 사라진 것처럼 보일 정도다. 이제부터 보려는 다윗의 인생이 그런 시기다. 성경이 등장인물을 미화하지 않은 점은 우리에게 큰 위로가 된다. 굳이 말하지 않아도 될 유쾌하지 않은 진실들을 성경은 낱낱이 밝히고 있다. 그래서 하나님이 그들의 인격을 갈고닦아 하나님의 사람으로 만드시는 과정에서 일어났던 추하고 믿기 어려운 사실이 모두 드러난다.

　다윗은 왕으로 택하심을 받고 넓은 영토와 엄청난 부의 주인으로 예정된 사람이었지만, 지금은 도피 생활을 하며 먹을 양식을 구걸해야 하는 가련한 신세였다. 하나님의 영으로 기름 부으심을 받은 몸이었으나, 생명을 부지하기 위해 의지할 친구도 없이 도망 다녀야 했다.

하나님이 예비해 주신다는 약속이 진실이 아닌 것처럼 여겨지고, 하나님은 오로지 믿음을 시험하시는 분인 것처럼 보이는 경우가 있다. 그러나 오직 그 길만이 하나님이 당신 인생에 세우신 목적을 이루는 길이다. 가는 길이 언제나 평탄하다면 인생의 목적은 이루어지지 않는다. 하나님의 사람은 견디기 힘든 고난과 역경을 거치는 가운데 다른 곳에서 배울 수 없는 소중한 교훈을 얻는다. 하나님과 함께 걷는다는 것은 높은 고도의 길을 걷는 것과 같다. 그러한 곳은 공기는 깨끗하지만, 공기가 희박해서 호흡이 곤란하다. 그러므로 하나님의 자녀가 하나님의 길을 따라가자면 때로 거의 믿음을 버리고 싶을 만큼 허덕이는 경우가 생긴다. 다윗에게 일어난 이상한 이야기, 어쩌면 조금도 이상하지 않은 이 이야기는 모든 인간에게도 일어난다.

두려움으로 시작되는 죄

다윗을 범죄하게 만든 것은 두려움이었음을 주목해야 한다. 그는 "사울을 두려워하여 일어나 도망"(삼상 21:10)하였으며, "가드 왕 아기스를 심히 두려워하여"(삼상 21:12) 미치광이 행세를 했다.

두려움은 언제나 믿음의 적이며 그리스도인이 싸워야 할 싸움터다. 공포와 두려움을 믿음으로 이겨나갈 때 성장하고 승리한다. 하나님을 믿고, 그분의 말씀 안에 살며, 하나님의 약속을 기뻐하는 것이 두려움을 정복하는 비결이다. 하나님을 의심하고 그분의 말씀에 의문을 갖게 되면 믿음이 작아져서 두려움을 이기지 못한다. 그런 사람은 이름만 그리스도인이며 행동이나 생각은 그리스도인이 아니다.

하나님이 쏘신 화살은 또다시 다윗이 서 있는 지점을 넘어가서 떨어졌다. 그가 이런 힘든 상황을 맞게 된 이유는 그의 죄 때문이 아니다. 다윗의 사랑, 헌신, 믿음의 실상을 검증하시려는 하나님의 목적 때문이었다. 그는 이미 선택되어 왕관을 쓰기로 예정된 사람이었고, 그 증거로 영의 기름 부으심을 받았다. 그러나 이 혹독한 시련은 그를 왕으로서 적합하게 준비시키는 하나의 과정이었다. 이 점을 강조하는 까닭은 이러한 사건들이 다윗을 하나님의 사람으로 만드시기 위한 하나님의 뜻이었다는 점을 이해하길 바라기 때문이다. 회심은 순간에 일어나지만 하나님의 사람으로 만드는 과정은 평생이 걸린다.

다윗은 두려워할 필요가 전혀 없었는데 두려워했다. 우리도 마찬가지다. 두려워할 필요가 없는데 두려워한다. 솔직히 말하면 인생이라는 배를 전복시키려는 듯 세차게 불어오는 강한 바람이 살아 계신 주님의 "안심하라 나니 두려워하지 말라"(마 14:27)라는 말씀보다 훨씬 더 생생하게 느껴진다. 서글프지만 인정하지 않을 수 없는 한계다.

다윗이 두려움을 느낀 것은 유감스럽게도 이때가 처음이 아니었다. 하나님의 화살에 순종하여 친구 요나단의 사랑과 보호를 떠나서 불확실한 미지의 세계로 가야 했을 때도 처음이 아니었다. 하나님의 목적과 약속에 대한 의문이 커지면서 마음속의 두려움이 밖으로 배어나와서 요나단에게 이렇게 말했을 때였다. "나와 죽음의 사이는 한 걸음뿐이니라"(삼상 20:3). 하나님의 영으로 기름 부으심을 받은 사실, 왕좌를 계승하도록 택하심을 입었다는 사실은 다윗에게 흐릿한 과거가 되고 말았다. 하나님이 보내신 사랑의 무지개를 통해 자신의 상황을 보아야 할 사람이 적대와 고난의 검은 구름을 통해 하나님을 보았다. 영적인 시력을 잃기는 매우 쉽다.

또한 사물을 잘못된 시각으로 보고 두려움에 빠지는 영적 사시가 되기도 매우 쉽다. 도대체 이런 일은 어떻게 일어나는 것일까? 다윗 같은 사람에게 어떻게 이런 일이 일어난단 말인가!

신약의 진리를 구약의 그림에 대입해 보자. 하나님의 기름 부으심은 한 번 받은 것으로 끝이 아니다. 그 안에 살아야 한다. "너희는 주께 받은 바 기름 부음이 너희 안에 거하나니 아무도 너희를 가르칠 필요가 없고 오직 그의 기름 부음이 모든 것을 너희에게 가르치며 또 참되고 거짓이 없으니 너희를 가르치신 그대로 주 안에 거하라 자녀들아 이제 그의 안에 거하라 이는 주께서 나타내신 바 되면 그가 강림하실 때에 우리로 담대함[두려움 없음]을 얻어 그 앞에서 부끄럽지 않게 하려 함이라"(요일 2:27-28). 주 예수께서 세례를 받으시자 성령께서 내려오시어 그분 위에 머무셨음은 요한복음 1장 32-33절에 기록된 바와 같다. 그 안에 사는 것이 중요하다.

하나님의 뜻 안에 산다면 비록 당혹스러운 일에 둘러싸인다 하더라도 왜 어쩔 줄 몰라 할 수 있단 말인가! 이는 자신의 경험에만 의존하기 때문이 아닐까? 혹은 하나님의 은혜와 능력을 매일 새롭게 해달라는 간구를 잊었기 때문이 아닐까? 하나님이 우리의 믿음을 시험하시려고 불확실과 고난 속으로 밀어 넣으신다고 해서 두려움을 믿음으로 이기지 못해서야 되겠는가? 매일 영혼의 배고픔으로 그날의 필요를 위해 새롭게 기름 부어달라고 간구하는가? 주님과 함께 하늘에 계신 하나님 아버지를 사랑으로 우러러보며 매일 그분의 뜻 안에서 사는지 스스로 깊이 성찰해 보는가, 아니면 지난날의 경험에만 의존하는가?

일상에서 일어나는 작은 일들을 그리스도인으로서 바르게 대처하는지 반성해 보자. 예컨대 우리는 주일날 교회에 가기 전 몸치장을 하는 데 적지 않은 시간을 보낸다. 그런데 마음의 준비를 하는 일에도 그만큼의 시간을 들이는가? 주일학교에서 아이들을 가르치고 말씀을 교육하거나 예배를 드리러 갈 때 어떻게 준비하는가? 하나님의 일에 더 많은 시간을 들이는가, 아니면 치장에 더 많은 시간을 들이는가? 매일 은혜가 필요함을 깨닫고 하나님에게 영혼의 소리로 부르짖는가, 아니면 수십 년 전 하나님을 처음 만났을 때의 유일한 경험을 의존해서 가르치고 섬기는가? 애석하게도 오늘날 많은 신자들의 영혼이 텅 비어 있다. 그러니 두려움이 앞문으로 들어오고, 믿음이 창문으로 날아가 버리고 만다.

죄의 처참한 결과

다시 사무엘상 21장으로 돌아가서 두려움이 다윗에게 어떤 짓을 했는지 살펴보자. 다윗은 이스라엘 북쪽에 있는 베냐민 지파에 속한 놉으로 도주했다. 당시 그곳에는 성막이 세워져 있었고 85명의 제사장이 살고 있었다(삼상 22:18-19). 그들은 경건한 삶을 살고 있었으며, 그곳은 사람들이 하나님 앞에 서원하기 위해 가끔씩 찾아오는 조용하고 외진 곳이었다. 따라서 그들에겐 무기가 필요하지 않았다. 있는 무기라고는 고작 다윗의 위대한 승리를 기념하는 골리앗의 칼뿐이었다.

다윗은 이 한적하고 신성한 곳에서 음식과 무기를 얻고, 또 갈 길에 대한 조언을 듣기 위해 홀로 나아갔다. 이를 본 제사장은 곧 무언가 잘못되었음을 직감했다. "어찌하여 네가 홀로 있고 함께하는 자가 아무도 없느냐"(삼상 21:1). 제사장 아히멜렉은 사울이 다윗을 죽이려고 벼르고 있다는 사실을 몰랐던 것 같다. 그래서 왕의 사위가 시종도 없이 혼자 온 것을 이상하게 생각했다. 다윗이 성막에 들어서자 그가 하나님과 바른 관계를 유지하지 못하고 있음이 분명하게 나타났다. 나는 우리가 성전에 들어갈 때마다 "너는 왜 이런 모습이란 말이냐?"라는 말씀을 듣지 않도록 하나님의 영이 우리 위에 머물러 계시기를 간절히 바란다.

다윗은 자신의 처지를 눈치챈 아히멜렉이 사울에게 밀고할 것이 두려워졌다. 그래서 천연덕스럽게 거짓말을 했다. "사울 왕이 내게 긴급한 밀명을 내렸고 나는 비밀을 지켜야 합니다. 여기서 조금 떨어진 곳에서 부하들이 내가 돌아오기를 기다리고 있습니다. 집을 떠난 지 사흘째입니다. 그동안 먹지 못해 배가 고픕니다. 음식을 좀 주십시오." 그런데 마침 그곳에 머물고 있던 사울의 가축 돌보는 목자장이 눈에 띄었다. 순간, 그의 심장이 멈추는 듯했다. 하나님 앞에 서약하고 있던 도엑은 다윗과 제사장의 이야기를 다 듣고 있었다. 도엑이 사울 왕에게 돌아가 자신의 소재를 알릴 것을 짐작한 다윗은 골리앗의 칼을 가지고 가드 왕 아기스에게 황급히 도망했다.

이 일은 얼마 후 끔찍한 결과를 초래했다. 다윗은 하나님에 대한 믿음이 흔들렸고, 자신에게 나타난 하나님의 계획에 대한 믿음도 사라지고 있었다. 위로와 도움과 인도를 구하기 위해 하나님의 집을 찾았으나 영혼은 잘못된 길을 가고 있었다. 그는 도와주실 유일한 분에게 모든 사실을 털어놓고 간구해야 했다. 또한 거짓말한 잘못도 고백해야 했다. 그러나 그는 생명을 지키기 위해 다시 도망하는 데 급급했다.

"어떻게든 살고 봐야 하지 않겠습니까?"라고 말하고 싶은가? 그렇지 않다. 사는 것이 전부가 아니다. 여기서 그는 지금까지의 경험 중에서 가장 쓰라린 교훈을 배우게 된다. 사무엘상 22장 20-23절을 보라. 다윗이 두려워한 대로 도엑은 다윗이 놉에 있는 제사장을 찾아갔던 사실을 사울왕에게 보고했다. 그러자 사울은 아히멜렉이 자신을 배신하고 다윗 편을 들었다고 생각했다. 그래서 성막에 있던 85명의 제사장은 물론 그들의 아내와 가족들을 모두 죽이라고 명령했다. 결국 그들은 모두 무참히 살해되었고, 겨우 한 사람만이 살아남았다.

숨기지 말고 드러내라

다윗이 아둘람 동굴에서 그를 따라온 도망자들과 함께 지내고 있을 때 살육의 현장에서 살아남은 그 한 사람, 곧 제사장의 아들 아비아달이 와서 일어난 일들을 이야기했다. 다윗은 두려움에 떨며 괴로운 죄책감으로 부르짖었다. "네 아버지 집의 모든 사람 죽은 것이 나의 탓이로다"(삼상 22:22).

다윗의 잘못은 참극을 불렀다. 하나님의 말씀과 약속에 대한 의심과 두려움이 초래한 끔찍한 결과였다. 다윗이 자신에게 있던 두려움과 의심을 하나님 앞에 솔직히 인정하지 않고 거짓으로 일관했기 때문이다. 그의 이러한 잘못이 불러온 무서운 죗값이었다. 죄를 숨기는 자는 번성하지 못한다. 우리도 이런 경우가 있다. 위로를 찾아 하나님의 집에 갔는데 성령께서 우리 죄를 아시고 "이 일은 어찌 된 일이고, 저 일은 어찌 된 일이냐?"고 물으신다. 우리의 마음이 가라앉고, 냉담해지고, 무관심해진 이유를 물으시는 주님의 음성을 듣게 된다. 주님은 이미 아시지만 우리 입으로 고백하는 것을 듣기 원하신다. 하나님의 목적과 계획에 의문이 들고 두려워서 어쩔 줄 모르겠다는 우리의 솔직한 고백을 듣기 원하신다. 우리는 하나님의 말씀과 약속을 의심하고, 기름 부으신 성령으로 우리 영혼을 매일 새롭게 하지 않기에 영적으로 부패한다.

하나님은 아신다. 그러나 당신은 인정하지 않고 숨기며, 모든 일이 잘 되는 양 위장하고 오만을 부린다. "그런 것은 구원받지 못한 죄인에게나 해당되는 것 아닙니까? 목사님은 회심하지 않은 사람들에게나 관심을 가지시고 저 같은 사람은 그냥 내버려두세요. 제 인생에는 관여하지 마세요!" 그래서 사람들에게 감추고, 하나님께 거짓말을 하며, 가지고 있던 두려움과 의문을 떨쳐버리지 않은 채 성막을 떠난다. 그러나 죄는 비싼 대가를 치른다는 진리를 잊지 말아야 한다. 하나님이 당신을 용서하시고 다시 세워주신다 하더라도 죄의 결과는 당신만이 아니라 죄 없는 주위 사람에게까지 피해를 입힌다. 이것은 몇 년에 걸쳐 일어나기도 하고 영원토록 계속되기도 한다. 뿌린 씨는 거둬들이기 어렵다. 살아 있는 믿음과 순종에서 떠난 당신의 행동은 다른 사람의 인생에 참혹한 결과를 줄 수도 있다.

과거의 축복에 의지하는 것으로는 충분하지 않다. 위로를 찾아 하나님의 집에 가는 것으로도 충분하지 않다. 의심과 두려움, 불신을 똑바로 보고 그것이 죄임을 인정하지 않으면 안 된다. 만약 하나님이 당신을 깜깜한 어둠 같은 시련으로 몰아넣으셨다면 그것은 죄짓게 하시려는 것이 아니다. 하나님 안에 살면서 매일 되풀이해서 하나님의 뜻에 항복하고 헌신하게 해서 구원하시려는 것이다. 하나님은 오늘 당신의 살아 계신 구세주가 되기 원하신다. 몇 년 전에 만났던 하나님으로 남아 있기를 원하시지 않는다.

만일 우리가 누구도 기대하지 않는 어두운 상황에서도 믿음으로 산다면, 사람들은 우리에게서 나오는 빛과 향기를 맡고 축복을 받게 된다. 그러나 잘못을 시인하지 않으면 하나님이 우리를 통해 사람들에게 보이실 수 없기 때문에 그들은 영원히 잃어버린 자들이 되고 만다. 불신의 죄는 이처럼 자신만이 아니라 다른 사람들에게도 절망적인 결과를 가져온다.

속임수가 다윗의 하나님을 얼마나 불명예스럽게 만들었는지 살펴보라. 공황 상태에 빠진 다윗이 찾아간 사람은 가드 왕 아기스였다. 선한 사람이 악한 사람을 찾아간 것이다. 하나님의 사람이 어떻게 블레셋의 불신자들과 함께 살러 간다는 말인가! 그러나 인정하지 않을 수 없는 일은, 핍박받는 하나님의 백성이 믿는 친구보다 믿지 않는 사람에게 더 나은 대접을 받는 경우가 있다는 사실이다. 예레미야를 감옥에 가둔 사람은 유다 왕이었고, 그를 석방한 사람은 바벨론 왕이었다. 우리는 구원받지 못한 사람들을 위해서는 사랑과 은혜의 깃발을 들지만, 마귀의 간계에 빠진 성도를 위해서는 복음을 말하지 않는 경우가 많다.

매일 주님을 붙드는 삶

마침내 다윗은 폭풍의 험한 파도를 헤치고 나아와 떨리는 가슴으로 바위 위에 발을 얹었다. "내가 두려워하는 날에는 내가 주를 의지하리이다……내가 하나님을 의지하였은즉 두려워하지 아니하리니 사람이 내게 어찌하리이까……주께서 내 생명을 사망에서 건지셨음이라 주께서 나로 하나님 앞, 생명의 빛에 다니게 하시려고 실족하지 아니하게 하지 아니하셨나이까"(시 56:3, 11, 13).

다윗은 조심스럽게 벼랑 끝을 걷고 있다가 실족하여 돌이킬 수 없을 듯이 보이는 상황으로 떨어지고 말았다. 그때 그는 하나님의 손을 잡으려고 매달렸다. "주님, 제겐 주님밖에 아무도 없습니다. 지금 이곳에서 저는 주님만 믿습니다!" 그러자 그의 발걸음이 가벼워졌다. 무거운 짐이 사라지고 어둠 속에서 하나님의 손을 잡고 안전하게 걷게 되었다.

시편 34편의 제목은 "다윗이 아비멜렉(아기스) 앞에서 미친 체하다가 쫓겨나서 지은 시"다. 이 시편의 노래 가사에 담겨 있는 다윗의 믿음을 보기 바란다. 하나님을 의심하고 두려움에 떨던 사람, 믿음이 흔들리던 사람, 미치광이 행세를 하던 사람이 이런 노래를 할 수 있을까 하는 의문이 들 정도다. 그러나 그는 그렇게 노래했다. 사람들에게는 하나님을 떠나 방황하는 바보처럼, 신앙을 버린 사람으로 보였지만 사실은 그렇지 않았다. 마음 깊은 곳에서 그러한 자신을 혐오했으며, 영혼 깊은 곳에서 하늘을 향해 부르짖고 있었다. "오, 하나님! 그렇다 하더라도 저는 영원히 하나님만 믿겠습니다!"

다윗은 행동을 바꾸어 미친 체했지만, 하나님에게 고정한 마음은 바뀌지 않았다. 다윗은 기브아에서 놉으로, 놉에서 가드로, 그리고 가드에서 미친 척하기까지 고통스러운 시간을 보냈다. 그러한 가운데 자신의 생명의 불꽃이 꺼지는 것이 아닌가, 하나님의 목적이 좌절되는 것이 아닌가 하는 허망한 생각이 들었을 것이다. 그러나 그는 연약한 손을 내밀어 하나님의 손을 잡고 있었다. 다윗은 자신의 이러한 어두운 경험을 통해 우리에게 간절히 간증한다. "너희는 여호와의 선하심을 맛보아 알지어다 그에게 피하는 자는 복이 있도다"(시 34:8).

하나님의 백성을 향한 하나님의 참으심과 자비하심은 인간이 이해할 수 있는 한계를 넘는다. 두려움과 의심이 믿음을 흔들면 하나님을 향해 믿음의 손을 내밀라. 그분을 바라보는 굶주린 영혼이 주님에게 부르짖는다면 주님은 모든 두려움에서 그를 기꺼이 건져주실 것이다.

하나님의 축복은 조건부다. 우리가 해야 할 일을 하지 않음으로 하나님이 우리를 위해 해주고 싶어도 해주지 못하시는 경우가 많다. 영적 상실을 초래하는 두려움이나 의심은 당신이 과거에 의존하기 때문은 아닌가? 하나님이 천국의 신선한 공기를 마시기 위해 새로운 기름 부으심을 간구하는 당신의 부르짖음을 들으신 지 얼마나 되었는가? 주님이 당신이 진심으로 간구하는 마음의 증거를 보신 지 얼마나 되었는가? 지금 이 순간부터 예수님이 오실 때까지 매일 그 간구가 하나님의 귀에 들리도록 하라. 그리고 당신 안에서 성령의 기름 부으심이 날마다 일어나기를 기도하라.

8

전환점을 돌 때

잠잠히 하나님의 때를 바라면 하나님이 상 주시는 날이 온다

|

삼상 22:1-23 / 시 34:1-22

다윗의 일생에 하나의 전환점이 되는 시기가 왔다. 이제 그는 사울의 공격을 피해 피난처를 찾지 않았다. 함께 자리하지 말아야 할 사람들과 같이 지내면서 미치광이 흉내까지 내야 했던 부끄러운 경험을 한 후 선하고 자비로우신 하나님이 그를 구원하셨다. 다윗은 유다 땅으로 돌아왔다. 이 시기에 그는 적어도 세 편의 시를 지은 것으로 추정된다. 시편 34편, 57편, 142편이다. 이 세 편의 노래에는 그의 마음에 어떤 생각이 지나갔는지 잘 나타나 있다. 먼저 142편을 보자. "오른쪽을 살펴보소서 나를 아는 이도 없고 나의 피난처도 없고 내 영혼을 돌보는 이도 없나이다 여호와여 내가 주께 부르짖어 말하기를 주는 나의 피난처시요 살아 있는 사람들의 땅에서 나의 분깃이시라 하였나이다"(시 142:4-5).

다윗의 망명 생활 중 가장 중요하고 흥미로운 시기가 그렇게 시작되었다. 그는 하나님의 기름 부으심을 받은 왕이었으나 아직도 하나님의 때를

기다리며 어두운 동굴 속에 살아야 했다. 다윗이 돌아왔다는 소식은 온 나라에 곧 퍼졌다. 그러자 여러 부류의 사람들이 그에게 몰려들었다. 폭정으로 고통받는 자, 빚에 시달리는 자, 원통한 일을 당한 자들이었다. 다윗은 지휘자가 되어 그들을 훈련하고 단련시켰다. 그래서 이스라엘 역사상 최강 군대의 핵심 역할을 할 병사들로 만들었다. 하나님의 백성들이 일찍이 경험하지 못했던 위대한 승리를 거둘 사람들이었다. 다윗이 도피 생활을 하면서도 왕좌에 오를 하나님의 때를 기다리는 모습을 상상해 보라. 오합지졸로 구성된 그의 군대를 집합시켜놓고 훈시하는 그의 모습을 그려보라. "너희 자녀들아 와서 내 말을 들으라 내가 여호와를 경외하는 법을 너희에게 가르치리로다"(시 34:11).

구약에 나오는 인물을 예로 들어 진리를 설명하는 것은 비현실적인 설교가 되거나 비성경적으로 흐를 우려가 있다. 그러나 이때 다윗의 삶은 진리를 설명하는 데 가장 적합하다. 성경 66권의 저자이신 성령께서는 당신과 나를 구원하는 위대한 하나님의 계획을 설명하시기 위해 다윗의 일생을 집중해서 보기 원하신 것 같다.

세상 임금과 예수님

당시의 환경을 다시 한 번 짚어보자. 하나님에게 왕권을 박탈당한 왕이 아직도 왕좌에 앉아 있었다. 하나님의 심판은 이미 내려졌고, 실행되는 것은 시간문제였다. 사울은 불순종과 반항으로 하나님의 왕좌에서 거부당했다. 새로 기름 부으심을 받은 왕 다윗은 도피 생활 중이었지만 그가 하나님의 선택이라는 사실을 아는 많은 사람이 그를 찾아왔다. 그들은 다윗과 함께 고통을 참으며 그의 화려한 통치가 열릴 하나님의 때를 기다렸다.

이 시기의 다윗 이야기가 무엇을 시사하는지는 명백하다. 당신과 내가 사는 오늘의 환경은 어떤가? 세계 각지에서 일어나고 있는 온갖 사건들이 갖는 영적 의미는 무엇인가? 성경은 이 세상의 죄와 고통 뒤에는 어떤 존재, 즉 하나님이 거부하시고 지위를 박탈하신 왕이 있다고 말한다. 예수 그리스도께서는 그를 "이 세상의 임금"(요 12:31)이라고 부르셨다. '사탄', '마귀', '뱀' 등 어느 것으로 불러도 좋은 존재다. 우리가 현재 사는 이 세상은 그와 같은 악한 자의 손에 잡혀 있다.

창세전에 세워진 하나님의 목적은 하나님의 군사의 일원이었던 사탄을 우주 가운데 작은 행성인 지구에 보내어 다스리게 하시는 것이었다. 그런데 이 피조물이 자신을 창조하신 하나님의 주권에 대항해 반역을 일으켰다. 그는 자만이 넘쳐서 뭇별보다 높은 왕좌를 차지하여 하나님과 동등해지려고 했다(사 14:12-14). 그래서 그는 하나님에게 거부당하고 천국 밖으로 쫓겨났다. 그가 쫓겨난 후 하나님은 자신과 비슷한 형상의 인간을 만드시고 자신을 대신해 지구를 다스리게 하셨다. 이에 대해 시편 기자가 지은 노래를 들어보자. "사람이 무엇이기에 주께서 이렇게까지 생각하여 주시며, 사람의 아들이 무엇이기에 주께서 이렇게까지 돌보아주십니까? ……주께서 손수 지으신 만물을 사람이 다스리게 하시고, 모든 것을 사람의 발아래에 두셨습니다"(시 8:4, 6, 표준새번역).

그러나 사탄은 하나님이 만드신 피조물을 유혹하여 자신과 함께 하나님의 권위에 반항하고 반역하게 했다. 그 결과 지구는 물리적으로 제 궤도를 돌고 물질적으로 우주의 태양계를 따라 움직이고 있으나, 영적으로 보면 궤도를 이탈했다. 인간은 하나님을 향한 탄항과 사탄을 향한 잘못된 충성으로 창조주에게서 멀어졌다. 그러한 인간이 지르는 고통의 비명이 끊임없이 천국의 보좌에 들려왔다.

하나님은 우리 주 예수 그리스도를 통해 사탄에게 결정적 응징의 철퇴를 내리셨다. 우리 주님이 인간으로 이 세상에 오셔서 하나님의 뜻에 온전히 순종하신 것이다. 그분은 완전한 삶을 사셨으며, 인간 반역의 죗값을 치르시고 천국 정의를 이루기 위해 죽으셨다. 그리고 다시 부활하셨다. 인간으로 오셨다가 다시 하나님의 모든 권능과 권위가 있는 곳으로 돌아가신 것이다. 그리고 성령을 통해 히브리서 2장 8-9절에 이를 증거하셨다. "그러나 지금 우리가 보기로는, 아직도 만물이 다 그에게 복종하고 있는 것은 아닙니다. 예수께서 다만 잠시 동안 천사들보다 낮아지셔서, 죽음의 고난을 당하심으로써, 영광과 존귀의 면류관을 받아 쓰신 것을, 우리가 봅니다"(히 2:8-9, 표준새번역).

우리를 구원해 주시는 대장 예수께서 인간에게 거부당하고 십자가에 못 박히셨다. 그러나 하나님이 무덤에서 일으켜 세워 왕좌에 앉히시고, 영광과 권능의 관을 씌우셨다. 능력이 다시 정당한 분의 손으로 돌아갔다. 따라서 이 세상의 왕과 어둠의 세력에 억눌려 괴로워하는 인간에게 하나님의 위대한 목적이 이루어지기 시작했다. 하나님은 예수님을 보내 사탄을 정복하게 하심으로 무서운 징벌을 내리셨다. 언젠가 그분이 지금의 보이지 않는 왕국에서 나와 세상을 통치하시고, 모든 피조물이 그분 앞에 무릎을 꿇을 것이다. 시편 2편 2-3절과 6절의 노랫말이 얼마나 은혜스러운가! "어찌하여 세상의 임금들이 나서고, 어찌하여 통치자들이 음모를 꾸며 주를 거역하고, 기름 부음 받은 쿤을 거역하면서 이르기를

'이 족쇄를 벗어던지자. 동여맨 이 사슬을 끊어버리자' 하는가? …… '내가 거룩한 산 시온 위에 나의 왕을 세웠다' 하신다"(시 2:2-3, 6, 표준새번역).

통회하는 자의 왕

구약의 이 이야기가 그림처럼 생생하게 보여주는 진리를 바르게 보아야 한다. 다윗과 똑같은 상황이 지금도 벌어지고 있다. 한 왕이 추방되셨고 그분 주위에는 고통받는 사람, 빚에 시달리는 사람, 원통한 일을 당한 사람들이 모이고 있다. 그분은 통치하실 그날을 대비해 사람들을 훈련하시며 준비시키고 계신다. 만약 당신이 우리 시대의 영적 심각성을 이해한다면 '지금 누구의 왕국에서 살고 있는가?' 하는 것이 결정적 쟁점이 될 것이다. 자문해 보라. 당신은 과연 어느 왕에게 충성을 서약하고 있는가? 누구의 권능 앞에 무릎을 꿇고 있는가? 어느 주인을 매일 따라가고 있는가?

우리는 동굴에 숨어 있는 다윗을 찾아온 사람들이 어떤 이들이었는지 유의해 볼 필요가 있다. 먼저 압제 받아 고통스러운 사람들이 왔다. 다윗에 대한 소문을 듣고 그의 처지에 대한 동정도 있었겠지만, 그보다 자신의 절실한 필요를 느껴 동굴까지 달려온 것이다. 그들이 사울의 왕국에서 다윗의 왕국으로 피난처를 찾아간 것은 축복이었다.

자신이 처한 상황에 만족하는 사람은 예수 그리스도께 나아가지 않는다. 요한계시록 3장에 나오는 라오디게아교회는 부유하고 재산이 많아 부족한 것이 없었다. 그래서 부활하신 예수님이 문밖에 서서 말씀하셨다. "보아라, 내가 문밖에 서서, 문을 두드리고 있다"(계 3:20, 표준새번역). 자기만족에 빠진 사람이 사는 집 문밖에 그분이 서 계신다. 그러나 그런 조건에 사는 사람이 주 예수께 나아오기란 쉽지 않다. 방탕한 아들이 먼 곳에서 심한 고통에 시달린 후 마침내 부르짖은 말을 기억해야 한다. "내가 일어나 아버지께 가서 이르기를 아버지 내가 하늘과 아버지께 죄를 지었사오니 지금부터는 아버지의 아들이라 일컬음을 감당하지 못하겠나이다"(눅 15:18-19).

시편 34편에는 다윗의 간증이 나온다. "이 곤고한 자가 부르짖으매 여호와께서 들으시고 그의 모든 환난에서 구원하셨도다"(시 34:6). 또한 이 시에는 고통과 근심을 나타내는 표현이 여러 번 나온다. "의인이 부르짖으매 여호와께서 들으시고 그들의 모든 환난에서 건지셨도다 여호와는 마음이 상한 자를 가까이하시고 충심으로 통회하는 자를 구원하시는도다"(시 34:17-18). 왕 중의 왕께 대항하여 싸우는 자와 한편이 된 자신의 심각한 위치를 깨닫고 나면 고통 가운데 하나님을 향한 부르짖음이 터져 나온다. 그러한 자들이 주 예수님을 향하게 된다.

다윗을 찾아온 사람 중에는 빚진 사람들도 있었다. 하나님이 거부하신 그릇된 왕의 통치 아래 부당하게 빚을 지고 파산하거나 가련하게 된 사람들이었다. 이들도 괴로움을 면하려고 다윗에게로 도망갔다. 거부당한 왕과 함께 원수의 진영에 머무는 것은 십계명의 무서움을 모르는 것이다. 이들은 복음서에 기록되어 있듯이 하나님의 법에 따라 질책을 받는다. "그를 믿는 자는 심판을 받지 아니하는 것이요 믿지 아니하는 자는 하나님의 독생자의 이름을 믿지 아니하므로 벌써 심판을 받은 것이니라"(요 3:18).

천국의 정의와 공의는 존중되고 유지되어야 한다. 주님의 자비가 없으면 우리는 파산자이며 지불 불능자다. 빚 가운데 허우적거리는 불쌍한 존재로서 하나님의 심판 앞에 속수무책인 자들이다. 그러나 주님은 인간으로 사신 동안 하나님의 법을 완전하게 지키셨고, 죽임을 당하시어 우리가 저지른 반역의 대가를 대신 갚아주셨다. 그러므로 우리의 유일한 소망은 주님의 상처 입은 옆구리로 도망가는 것이다. "율법이 육신으로 말미암아 연약하여 할 수 없는 그것을 하나님은 하시나니 곧 죄로 말미암아 자기 아들을 죄 있는 육신의 모양으로 보내어 육신에 죄를 정하사 육신을 따르지 않고 그 영을 따라 행하는 우리에게 율법의 요구가 이루어지게 하려 하심이니라"(롬 8:3-4).

또한 사회적으로 억울한 일을 당한 사람들도 다윗에게로 모였다. 사울의 통치 아래서 마음에 쓰라린 상처를 입고 실망하며 좌절한 부류였다. 오늘도 그런 사람들은 많이 있지만, 마음을 달래줄 유일한 분에게서 피난처를 찾는 사람은 적다. 많은 사람이 이 세상의 깨어진 물탱크로 갈증을 해소하려고 한다. 그러나 고통 속에 신음하는 자들을 부르시는 유일하신 그분에게는 가지 않는다. "누구든지 목마르거든 내게로 와서 마시라 나를 믿는 자는 성경에 이름과 같이 그 배에서 생수의 강이 흘러나오리라"(요 7:37-38).

압제로 고통받는 사람, 빚에 시달리는 사람, 원통한 일을 당한 사람들이 모두 다윗에게 왔다. 그리스도께도 바로 이러한 사람들이 온다. 고통받는 사람, 자신의 채무와 지불 불능 상태를 아는 사람, 그리고 억울한 일을 당한 사람들이 그런 사실을 깨닫고 예수님에게 온다. 이 세상의 임금 아래서 살아가며 겪은 쓰라린 좌절이 그들을 위해 흘리신 그리스도의 보혈에서 피난처를 찾게 한다.

행동하는 믿음

그러나 다윗에게 사람들이 모인 이유가 단지 그뿐일까? 편안한 자기 집을 버리고 그 험한 동굴로 찾아온 근본적인 이유는 무엇일까? 그들은 다윗이 기름 부으심을 받은 왕으로서 하나님의 나라를 다스릴 정통성을 가졌다고 믿었다. 사울은 왕위를 횡령한 자이며 그들을 통치할 적법한 권한이 없었다. 이러한 사실을 알았던 그들이 사울을 버리고 다윗을 영접한 것은 자연스러운 일이었다.

당신은 주 예수 그리스도를 믿고 그분이 하나님의 기름 부으심을 받은 왕이심을 인정하는가? 온 세상을 손아귀에 잡고 있는 사탄은 인간에게 속임수를 써서 하나님에게 대항하고 자신의 편에 서게 했다. 그러나 당신은 자신이 옳지 않은 편에 서 있음을 깨닫고 예수 그리스도를 믿게 되었는가? 그렇다면 당신은 마귀를 버리고 하나님을 영접한 것이다.

다윗 주위에 모여든 사람들은 그의 정통성을 믿었고 그를 위해 행동할 결심을 했다. 믿음은 행동하게 한다. 그들은 듣고 따랐다. 우리도 마찬가지다. 다가오는 그리스도의 왕국을 믿는 것에 그치지 말고 그분의 말씀을 증명하며 그분의 가르치심대로 살아야 한다. 예수님은 말씀하셨다. "그러므로 내 말을 듣고 그대로 하는 사람은, 반석 위에다 자기 집을 지은, 슬기로운 사람과 같다고 할 것이다. 비가 내리고, 홍수가 나고, 바람이 불어서, 그 집에 들이치지만, 무너지지 않는다. 그 집을 반석 위에 세웠기 때문이다"(마 7:24-25, 표준새번역).

요한복음 9장에는 눈을 뜨게 된 맹인의 이야기가 나온다. 그는 예수님을 시인했기 때문에 바리새인에게 심한 힐난을 받았다. 그러자 맹인은 지극히 큰 믿음의 사람만이 할 수 있는 아주 현명한 대답을 했다. "그가 죄인인지 내가 알지 못하나 한 가지 아는 것은 내가 맹인으로 있다가 지금 보는 그것이니이다"(요 9:25). 단순히 진리를 아는 것과 만인에게 진리를 당당하게 주장하는 것은 분명히 다르다. 행동이 따르는 믿음이 소중하다.

다윗 편에 서기로 결심한 순간, 그들은 한 왕국에서 다른 왕국으로 옮겨갔다. 히브리서 13장 13절의 표현 그대로다. "그런즉 우리도 그의 치욕을 짊어지고 영문 밖으로 그에게 나아가자"(히 13:13). 이 말씀은 그리스도를 따르기로 결심하고 예수 그리스도께서 통치자이신 새로운 생명의 중심에 들어섰다는 의미다. 한때 어둠의 왕국에 살던 사람들이 믿음과 확신으로 어둠에서 벗어났다는 뜻이다. 또한 자신이 잘못된 곳에 있음을 깨닫고 행동하여 새로운 왕과 새로운 권위에 귀순했다는 의미다. 그리스도를 따르겠다는 결심은 세상과 구별되는 삶을 살겠다는 강력한 의지다. 내가 말하는 구분된 삶이란 그리스도인들이 일반적으로 알고 있는 어떤 일을 그만두는 것이 아니다. 마귀를 섬기던 삶에서 떠나 왕 중의 왕을 섬기는 전인적 전력투구를 의미한다.

그들은 다윗을 믿고 따랐으며, 그에게 몸을 바쳤다. 그 이름의 영광과 그의 정통성을 지키기 위해 그의 지휘에 순종했다. 그들은 다윗의 망명 생활에 동참하여 고통을 함께 나누면서 언젠가 세워질 왕국에 소망을 두었다. 그리스도인도 이와 같은 과정을 거친다. 그렇지 않고 온전히 예수 그리스도를 따르는 믿음의 행동을 하지 않는 사람은 그리스도인이라고 부르기 어렵다.

영광을 위한 고난

마지막으로 우리가 간과하지 말아야 할 것은 다윗에게 있었던 지도력이다. 다윗은 자연스럽게 그들의 대장이 되어 모여든 각양각색의 사람들을 인도하기 시작했다.

그들 인생의 중대한 전환점이었다. 그 순간부터 그들은 모든 것에서 다윗을 바라보았고 훈련도 달게 받았다. 역대상 12장에는 다윗의 부하가 되어 용맹스러운 용사로 변한 사람들의 모습이 그려져 있다. "다 용사요 싸움에 익숙하여 방패와 창을 능히 쓰는 자라 그의 얼굴은 사자 같고 빠르기는 산의 사슴 같으니"(대상 12:8). 그들은 과거에 빚진 자들이었으며 불평하는 자들이었고, 고통으로 허우적거리는 자들이었다. 한마디로 오합지졸이었다. 간절한 소망밖에는 아무것도 없는 사람들이었다. 그러나 다윗은 그들을 다듬고 훈련하여 언제든지 동원할 수 있는 막강한 군대로 만들었다. 이는 또한 그들이 다윗의 훈련을 달게 받은 결과다. 이처럼 우리가 한 왕국을 떠나 다른 왕국으로 들어가는 순간, 예수 그리스도께서는 우리 인생을 즉시 인도하시고 지배하기 시작하신다.

아둘람 동굴에 모여 있던 그들은 다윗을 따르는 순간 사울의 적이 되었기 때문에 위험에 처했다. 다윗이 받는 모든 핍박을 그들도 받아야 했다. 자신만을 의존하는 그들에게 다윗은 보호를 약속했다. "두려워하지 말고 내게 있으라 내 생명을 찾는 자가 네 생명도 찾는 자니 네가 나와 함께 있으면 안전하리라"(삼상 22:23).

이 공식은 당신에게도 그대로 적용된다. 당신이 예수 그리스도를 영접하는 것은 우리 영혼의 적 사탄의 분노를 유발하는 일이다. 어둠의 세력이 공격하는 표적이 되기 때문에 주님에게 안전을 구하지 않을 수 없다. "그러면 이제 우리가 그의 피로 말미암아 의롭다 하심을 받았으니 더욱 그로 말미암아 진노하심에서 구원을 받을 것이니 곧 우리가 원수 되었을 때에 그의 아들의 죽으심으로 말미암아 하나님과 화목하게 되었은즉 화목하게 된 자로서는 더욱 그의 살아나심으로 말미암아 구원을 받을 것이니라"(롬 5:9-10). 매 순간, 매일 당신은 하나님의 깃발 아래 보호받고 있다.

또한 동굴에 있던 다윗의 추종자들은 이후에 받게 될 상도 바라보았다. 다윗이 추구하는 목표는 바로 하나님의 목표였다. 승리는 절대적으로 확실했다. 그러므로 다윗과 함께 고생한 사람들은 언젠가 기쁨을 함께 나누고 그의 왕국에 함께 참여하게 될 것이었다. 거부당하신 그리스도께서 우주 만물의 주로 왕관을 쓰시는 날, 그리고 당신이 주님의 영광에 동참하여 풍성한 상을 받을 날, 그날이 다가오고 있다. "우리가 그와 함께 영광을 받기 위하여 고난도 함께 받아야 할 것이니라"(롬 8:17).

유감스러운 일이지만 그리스도인이라고 자칭하면서 어둠의 세력에 다리를 걸치고 있는 사람들이 많이 있다. 그들은 인생의 목적이 불분명하고, 영적 확신이 불확실하며, 영적 경험이 얕다. 주님이 영광을 받으실 때 주님과 함께 다스리고 싶은 욕망은 있지만, 주님이 배척당하실 때 함께 배척당하기는 싫어한다. 이것은 원수의 왕국을 떠나 하나님의 왕국으로 들어가기 싫다는 것이나 마찬가지다. 동시에 두 진영에 살 수는 없다. 자신이 지금 어느 왕국에 살고 있는지 검증해 보기 바란다. 비록 하나님을 섬기는 일을 일생의 목표로 정하고 학교에서 공부하고 있다고 하더라도, 배운 것을 즉시 실천에 옮기거나 성격이 바로 바뀌기는 어렵다. 지식은 인생에 큰 영향을 미치지 못한다. 신학에 깊은 지식이 있다고 하더라도 이성 관계는 어떤가? 당신의 행동, 도덕성, 마음과 생각, 인생에 어떤 변화가 일어났는가? 신앙이 그저 인생의 한 부분으로 자리 잡아서 교회는 일주일에 한 번 가면 충분한 하나의 관례가 되었는가? 그러고 나면 외투를 벗어버리듯 나머지 6일은 교회를 잊고 살지는 않는가? 머리에 든 것과 실제로 살아가는 인생은 서로 같지 않다.

다시 말하지만 동시에 두 왕국에 살 수는 없다. 머리가 사는 곳과 마음이 사는 곳이 다를 수 없다. 몸은 교회에 앉아 있으나 마음은 어디 있는가? 당신의 마음이 끌리는 그것이 마침내 당신을 고난으로 인도하지 않을까? 지금 가지고 있는 욕망, 바람, 야망은 무엇인가? 당신은 진정 어떤 사람인가? 교육과 훈련을 받고, 또 교회에 출석하지만, 오늘 도대체 어느 왕국에 살고 있는가? 지금 당신의 마음이 살지 말아야 할 왕국에 살고 있지는 않은가? 아니면 주 예수 그리스도의 왕국을 위하여 마귀의 주권을 완전히 던져버렸는가?

간단한 이야기다. 마음에 고통이 있고, 하나님의 법에 빚지고 있으며, 만족이 없고 행복을 느끼지 못한다면 그리스도를 믿고 그 발아래 엎드리라. 그분이 당신을 훈련하시고 보호하시며, 당신에게 상 주시는 날이 올 것이다.

9

함정에 빠질 때

절체절명의 순간에도 하나님은 구원의 손길을 내미신다

삼상 23:1-28 / 시 27:1-14

하나님의 사람인 다윗의 인생에 가장 험난한 시기가 왔다. 사무엘상 22장 5절을 보면, 선지자 갓이 다윗에게 요새를 떠날 것을 권한다. 갓은 도피 중이던 다윗 진영에 합류하여 큰 역할을 했다. 다윗은 갓의 조언을 받아들여 피난처로 삼아왔던 아둘람 동굴을 떠났다. 사실 동굴은 적이 입구를 포위하면 꼼짝할 수 없으므로 전략적으로는 매우 위험한 곳이었다. 결국 다윗은 황량한 광야나 산밖에 갈 곳이 없었다. 불안정한 유랑 생활이었다. 다윗이 스스로 묘사한 대로, 당시의 그는 사냥꾼에게 쫓기는 메추라기처럼 불쌍한 신세였다.

우리가 다윗의 생애를 공부하는 것은 과거에 일어난 사건을 돌아보는 것이기 때문에 전체적인 종합, 분석이 가능하다. 하나님의 목적이 전체적으로 어떻게 아름답게 이루어지는지 조감할 수 있다. 그러나 사건의 현장에 살았던 다윗의 입장에서는 믿음 외에는 무엇으로도 영광스러운 미래를 볼 수 없는 어두운 상황에 빠져 있었다.

우리가 고난의 시대에 사는 것은 분명하지만, 그것을 낙심의 이유로 삼아서는 안 된다. 고통으로 넘어지는 자는 큰일을 도모하지 못한다. 다윗은 기껏해야 한 나라를 통치하게 될 사람이었지만, 당신과 나는 언젠가 하나님과 함께 온 우주를 지배할 사람임을 잊지 말아야 한다. 지금은 준비하고 훈련을 받아야 할 시간이며 주님으로부터 더 많은 것을 배워야 할 시간이다.

여기서 중요한 것은 다윗의 인생과 품성이다. 배경이 되는 이야기들은 부수적인 것에 불과하다. 건물 공사에 필요한 발판이 내려앉았다고 하더라도 하나님의 영광을 나타내는 건물은 그의 마음속에서 착착 올라가고 있었다. 우리가 힘과 위로를 얻고 영혼의 음식으로 삼아야 할 것은 다윗의 내면의 인생이며 하나님과 함께한 경험이다. 이때 겪은 일들을 바탕으로 다윗은 여러 편의 시를 지은 것으로 추정된다. 대표적인 것은 시편 27편, 31편, 54편이다. 다윗을 하나님의 사람으로 만드는 과정에서 일어난 사건들로 인해 그가 겪은 영적 갈등과 발전을 이 세 편만큼 잘 표현한 시는 없다.

승리의 믿음

사무엘상 23장의 첫 부분에는 다윗이 적을 이기고 승리하는 모습이 그려져 있다. 그러나 이어서 믿었던 친구에게 배신당하는 상황이 벌어진다. 상반된 두 사건에서 그는 주님을 바라보아야 한다는 교훈을 배웠다. 주님을 믿어야 한다는 진리, 믿음으로 살아야 한다는 진리를 더욱 절실히 깨달았다.

당시 그일라에는 블레셋군이 쳐들어와 농부들이 추수한 곡식을 마구 약탈해 갔다. 그러나 백성을 보호해 주어야 할 사울 왕은 아무 도움이 되지 못했다. 사울은 다윗을 제거하고 싶은 욕심과 번민으로 다른 일에 신경 쓸 겨를이 없었다. 그러나 다윗은 달랐다. 그일라에서 보낸 구조 요청에 응답하여 적을 격파하고, 잃었던 재산을 찾아주었다. 다윗과 부하들은 그일라 주민들의 열렬한 환영을 받았을 뿐만 아니라 그곳에서 살 수 있는 보상까지 받았다. 다윗의 인생에 한 줄기 햇살이 비췄다고 해야 할까? 그는 비록 추격을 피해 다니는 도망자의 처지였지만 백성들을 위해 적을 물리치고 승리를 거두었다. 그일라에 피난하여 있는 동안 오랜만에 맛본 승리의 경험이었다. 그래서 다윗은 시편 31편의 아름다운 노래를 만들었다. "여호와를 찬송할지어다 견고한 성에서 그의 놀라운 사랑을 내게 보이셨음이로다"(시 31:21).

그러나 이 시를 읽어보면 그가 항상 기쁜 상태는 아니었음을 알 수 있다. 웃을 때도 있었지만, 울 때도 있었다. 어느 때는 파도의 꼭대기에서 "내가 주의 인자하심을 기뻐하며 즐거워할 것은 주께서 나의 고난을 보시고 환난 중에 있는 내 영혼을 아셨으며"(시 31:7)라고 노래했다. 그런가 하면 "내가 잊어버린 바 됨이 죽은 자를 마음에 두지 아니함 같고 깨진 그릇과 같으니이다"(시 31:12)라고 하며 비탄에 잠기기도 했다. 그러나 이 시가 우리에게 보내는 강한 메시지는 승리의 믿음이다. "나의 앞날이 주의 손에 있사오니 내 원수들과 나를 핍박하는 자들의 손에서 나를 건져주소서"(시 31:15).

"나의 앞날이 주의 손에 있사오니"라고 말한 것은 그때 다윗이 고난과 시험을 겪으면서 자기 인생의 모든 의문점이 하나님의 손에 달려 있음을 알았다는 의미다. 또 그는 하나님의 손과 마귀의 손에 동시에 있기는 불가능하다는 것을 깨달았다. 믿음이 눈부시게 아름다운 승리 가운데 떠오르자 어둠이 사라지고 두려움이 떠났다. 하나님을 전적으로 의지함으로 시험과 시련에서 벗어나 일어섰다. 그제야 다윗은 19-20절에서 확신에 넘치는 노래를 불렀다. "오 주의 선함이 얼마나 크신지요! 주를 경외하는 사람들을 위해 예비하신 주의 선하심이 얼마나 크신지요! 이는 주께서 사람의 자손들 앞에서 주를 신뢰하는 이들에게 베풀어주신 것입니다. 주께서 그들을 교만한 사람들에게서 구하셔서 주 앞의 은밀한 곳에 숨겨주시고 쏘아대는 혀들에게서 그들을 구해 조용한 장막에서 보호하실 것입니다"(시 31:19-20, 우리말성경).

다윗은 기쁨에 넘쳐 어찌할 줄 모르는 순간이 있는가 하면, 순식간에 절망의 나락으로 떨어지기도 했다. 그는 쫓기는 산속의 메추라기처럼 광야에서 어두운 고난의 터널을 지나왔다. 그러나 이제는 블레셋을 물리친 승리의 기쁨을 만끽하며 안전한 피난처를 허락하신 하나님의 은혜를 즐거워할 수 있었다. 아마도 그는 이렇게 말하고 싶었으리라. "솔직히 고백하는데, 공포에 질려 한 걸음도 떼어놓기 힘든 때가 있었다네. 그러나 결국 하나님에게 전적으로 의지하지 않을 수 없었지. 그러자 내 인생의 모든 것이 하나님의 손안에 있다는 것을 깨달았다네."

다윗의 마음에 의심이 사라지자 믿음의 승리가 시작되었다. 22절에서 다윗은 "내가 놀라서 말하기를 주의 목전에서 끊어졌다 하였사오나"(시 31:22)라고 하며 하나님을 의심한 잘못을 고백했다. 그러나 나는 "내가 놀라서 말하기를"이라는 구절을 "내가 불안한 마음에서 말하기를"이라고 바꾸고 싶다. 우리가 불안으로 마음의 안정을 잃었을 때는 하나님에게 하는 말을 극히 조심해야 한다. 하나님에게만 아니라 다른 사람에게 하는 말도 조심해야 한다. 무슨 말을 할지 몰라 실수할 수 있기 때문이다. 이때에 많은 이들이 본심과 다른 기도를 하고 진실한 기도를 하지 못한다.

핍박이 다가오자 다윗은 무엇을 해야 할지 몰라 두렵고 당황하기는 했으나 이를 극복하고 마침내 당당하게 나섰다. "주님, 모든 문제가 주님의 손에 있습니다. 주께서 가장 잘 아십니다!" 그렇게 그는 적을 이겼고, 경험을 통해 얻은 산 지식으로 시편 31편 24절에서 우리에게 간곡하게 권면했다. "여호와를 바라는 너희 모든 사람들아, 담대하라. 그분이 너희 마음을 강하게 하시리라"(시 31:24, 우리말성경).

고난 중의 노래

적과 싸워 승리한다는 것은 어려운 일이다. 그러나 친구의 배신을 견디는 일은 그보다 더 힘들다. 다윗이 그일라에 머문 기간은 길지 않았다. 그는 기도 가운데 하나님에게 갈 길을 물었으며, 사울의 공격이 임박했다는 하나님의 대답을 들었다. 그런데 사울의 공격뿐만 아니라 그일라 백성들의 배신도 밝혀졌다. "그일라 사람들이 나를 그의 손에 넘기겠나이까 주의 종이 들은 대로 사울이 내려오겠나이까 이스라엘의 하나님 여호와여 원하건대 주의 종에게 일러주옵소서 하니 여호와께서 이르시되 그가 내려오리라 하신지라"(삼상 23:11). 위험을 안 다윗은 그일라를 떠나 산과 들로 숨었다. 그러나 이제 그에게는 이전보다 더 많은 600명가량의 부하가 있었다(삼상 23:13).

요나단과 다윗의 마지막 만남이 이루어진 것이 이때였다. "사울의 아들 요나단이 호레스로 다윗을 찾아와서, 하나님을 굳게 의지하도록 격려하였다"(삼상 23:16, 표준새번역). 참으로 힘든 시기에 요나단과 같은 진정한 친구가 있다는 것은 크나큰 행운이었다. 사울도 다윗이 왕이 되리라는 것을 알고 있었다(삼상 23:17). 그러나 다윗을 죽이려는 결심에는 변화가 없었다. 자신의 행동과 생각이 하나님과 싸우는 무서운 것임을 알면서도 고집을 꺾지 않는 딱한 사람이었다.

그런데 다윗에게 불행한 일이 또 일어났다. 이번에는 광야에 살던 사람들이 사울의 환심을 사려고 다윗을 밀고했다(삼상 23:19-20). 그러나 사울이 다윗을 포위하여 거의 잡으려는 순간, 블레셋이 다시 쳐들어왔다는 급한 소식이 들렸다. 사울은 하는 수 없이 광야에 다윗을 놓아둔 채 블레셋을 물리치기 위해 돌아갔다. 기적 같은 하나님의 구원 역사가 일어난 것이다. 다윗은 안도의 한숨을 내쉬며 하나님을 찬양했다. 친구가 되었다고 믿었던 그일라 사람들은 다윗을 사울에게 넘겨야 자신에게 득이 된다고 계산하고는 다윗을 배신했다. 다윗은 잠깐이지만 평안했던 십 광야를 떠나야 했다. 쓰라린 배신의 경험이었다. 그러나 다윗은 그 절체절명의 순간에 구원하시는 하나님의 손길을 만나게 되었다.

시편 54편은 자신이 구해 준 사람들에게 배신당했을 때 다윗이 부른 노래다. 또한 이 땅에서 다시는 만나지 못할 가장 사랑하는 친구와 이별했을 때 부른 노래이며, 형언하기 어려운 핍박과 역경을 당했을 때 부른 노래다. 이 시에서 다윗은 자신을 공격하는 많은 적에 대해 언급한다. "하나님이여 주의 이름으로 나를 구원하시고 주의 힘으로 나를 변호하소서 하나님이여 내 기도를 들으시며 내 입의 말에 귀를 기울이소서 낯선

자들이 일어나 나를 치고 포악한 자들이 나의 생명을 수색하며 하나님을 자기 앞에 두지 아니하였음이니이다 (셀라)"(시 54:1-3). 그리고 그는 자신에게 하나님의 존재를 일깨운다. "하나님은 나를 돕는 이시며 주께서는 내 생명을 붙들어주시는 이시니이다"(시 54:4). 그리고 마침내 하나님에게 결심을 아뢴다. "내가 낙헌제로 주께 제사하리이다 여호와여 주의 이름에 감사하오리니 주의 이름이 선하심이니이다"(시 54:6).

당신이 이 교훈을 이해하고 마음에 새겨놓아 실제 생활에서 실행하도록 주님이 도와주시기를 기도한다. 전능하고 유일하신 분의 힘으로 말미암아 다윗이 배신의 함정에서 벗어나는 과정을 보면 감동하지 않을 수 없다(시 54:7). 그 과정을 거친 후에야 비로소 그는 하나님을 바로 보게 되었다. 사람들을 자기 생각으로 적이나 친구라고 여기던 다윗이 이제는 하나님을 통해 사람들을 보게 되었다. 하나님을 바라보면 적은 작아진다. 그러나 하나님을 보지 않고 적을 바라보면 하나님에게 갈 수가 없다. 또한 하나님 안에 서서 보면 문제가 사라진다. 그러나 문제를 보기 시작하면 하나님에게 가지 못한다. 이것을 생각하고 고난의 시기, 시련의 시기에 도움을 얻어야 한다. 어떤 상황에 있더라도 하나님을 통해 보는 시각을 길러야 한다. 적이나 문제에서 시작해서는 안 된다.

다윗은 생명을 빼앗으려는 적에게 포위된 위급한 상황이었다. 그러나 그는 하나님에게 믿음의 손을 뻗쳤다. 그가 할 수 있는 일은 그것뿐이었다. 그는 적이 흩어질 날을 바라보며 "참으로 주께서는 모든 환난에서 나를 건지시고"(시 54:7)라고 하며 주님을 찬양했다. 다윗은 적이 자신을 에워싸고 있는 상황에서 하나님을 찬양하기 시작했다. 인간으로서는 희망을 품을 수 없는 상황이었다. 그러나 그는 보이지 않는 승리를 노래할 정도의 강한 믿음으로 하나님을 믿었다. 다윗의 믿음은 하나님의 본성과 하나님의 뜻, 그리고 하나님의 목적을 깨달으면서 갖게 된 확신에 기초했다.

그분이 말씀하실 때까지

사무엘상 23장 2절과 4절에는 다윗이 하나님에게 물었다는 말씀이 반복해서 나온다. 이때부터 하나님에게 묻는 습관이 그의 삶의 일부가 되었다. 어두운 시간에서 배운 귀중한 습관이었다. "주님, 주님이 허용하신 이 상황에 지금 제가 빠져 있습니다. 하늘로부터 분명한 지침을 받지 않으면 저는 한 발짝도 움직이지 않겠습니다"라는 것이 다윗의 기본적인 생각이 되었다. 다윗은 주님에게 물었고, 하나님의 확실한 말씀 없이는 꼼짝도 하지 않았다. 이때에 다윗이 지은 다른 노래에도 그의 이러한 생각이 명백하게 나타나 있다. 시편 27편은 이 노래를 지을 당시 다윗의 상황을 생각해 보아야 참뜻을 이해할 수 있다. 14절에 그의 경험에서 비롯한 결론이 나온다. 이는 우리에게 주는 그의 간절한 권고이기도 하다. "너는 여호와를 기다릴지어다 강하고 담대하며 여호와를 기다릴지어다"(시 27:14).

이 노래가 푸른 하늘 아래 모든 일이 잘 풀려나갈 때 지은 것이 아니라 다윗의 인생에서 가장 어두웠던 시기에 부른 노래라는 점을 명심해야 한다. 아무것도 보이지 않는 어둠 속에서 "여호와는 나의 빛이요"(시 27:1)라고 외칠 수 있다니 대단한 믿음이 아닌가! 위험한 날들도 있었기 때문에 주님은 "나의 구원"(시 27:1)이기도 하셨다. 사악한 무리가 눈을 부릅뜨고 노려보고 있었으나 그는 하나님을 찬양했다. "군대가 나를 대적하여 진 칠지라도 내 마음이 두렵지 아니하며 전쟁이 일어나 나를 치려 할지라도 나는 여전히 태연하리로다……여호와께서 환난 날에 나를 그의 초막 속에 비밀히 지키시고 그의 장막 은밀한 곳에 나를 숨기시며 높은 바위 위에 두시리로다"(시 27:3, 5). 또한 다윗은 자신이 미친 사람인 척했던 행위가 하나님의 노여움을 사기에 충분한 어리석은 짓이었음을 깨닫고 간곡하게 기도했다. "주의 얼굴을 내게서 숨기지 마시고 주의 종을 노하여 버리지 마소서 주는 나의 도움이 되셨나이다 나의 구원의 하나님이시여 나를 버리지 마시고 떠나지 마소서"(시 27:9). 하나님에게 확실하게 인도해 주실 것을 구하며, 자신을 적대하는 사람들에게서 구원해 달라고 부르짖었다.

이 노래의 큰 주제는 다윗이 그의 소망이신 주님과 친밀한 관계를 바라는 것이다. 자신의 길을 계속하여 밝혀주는 빛에 대한 갈망이다. 다윗은 아주 미세한 하나님의 속삭임도 들을 수 있을 정도로 하나님과 가까이 살기를 원했다. 하나님이 "너희는 내 얼굴을 찾으라"(시 27:8) 하실 때 즉시 "내가 주의 얼굴을 찾으리이다"(시 27:8) 하고 마음으로 응답하게 되기를 바랐다. 그는 역경에 빠지지 않으면 배우지 못할 소중한 진리를 하나하나 터득해 나갔다. 두려움을 진정시키는 길, 흔들리지 않고 안정된 삶을 얻는 길, 가만히 서서 하나님의 구원 역사를 지켜보는 길, 분명한 인도의 말씀을 기다리는 길을 고통 속에서 배웠다. 하늘의 인도 없이 움직이면 위험하다는 진리를 깨달은 그는 하나님만 바라보고 가볍게 움직이지 않았다.

주님은 당신과 나에게도 같은 진리를 가르치시기 위해 시련을 당하게 하신다. 그런데 우리가 정말 하늘의 인도를 받을 수 있는가? 다윗이 들었던 분명한 하나님의 말씀을 어떻게 들을 수 있는가? 우리가 떼어놓을 다음 발걸음을 비춰줄 빛을 어떻게 알아볼 수 있는가? 갈 바를 알지 못하는 혼미한 인생에서 분명하고 흔들리지 않는 인도의 말씀을 정말 받을 수 있는가?

다윗에게는 아비아달이라는 제사장이 있었다. 그는 아히멜렉의 아들로서 온 가족이 몰살당할 때 살아남은 유일한 인물이다. 다윗이 숨어 있던 아둘람 동굴로 찾아와서 다윗의 무리에 합류한 사람이다. 제사장의 예복에는 항상 우림과 둠밈이 달린 흉패를 착용해야 했다. 우림과 둠밈은 밝게 빛나는 보석이었는데, 제사장이 지성소에 들어가 간구할 때 하나님의 응답이 부정적이면 어두워지고, 긍정적이면 밝게 빛났다. 다윗은 제사장을 통해 하나님에게 나아갔으며 그에게서 우림과 둠밈의 빛이 밝았는지 어두웠는지를 들었다. 그렇게 다윗은 분명한 하나님의 지시를 얻었다. 그러나 구약 시대 후기에는 하나님이 선지자를 통해 사람에게 직접 말씀하셨다.

하나님은 지금도 말씀하신다

우리는 하나님에게 물어볼 수단이 없지 않느냐고 물을지 모르겠다. 하지만 아니다. 우리에게도 있다. 요한계시록 2장 17절은 구약에 나오는 보석을 신약의 시각으로 해석하고 있다. 부활하신 주께서 버가모교회 성도들에게 하신 말씀이 그것이다. "이기는 그에게는 내가 감추었던 만나를 주고 또 흰 돌을 줄 터인데 그 돌 위에 새 이름을 기록한 것이 있나니 받는 자밖에는 그 이름을 알 사람이 없느니라"(계 2:17). 이기는 자에게 그리스도께서 빛나는 돌을 주신다. 이것이 제사장의 가슴에서 빛나던 우림과 둠밈이다. 하나님의 뜻을 보여주셨던 구약의 방법에 대응하는 신약의 방법인 것이다.

곤경에 빠지면 당신은 어디로 가는가? 우리에게는 언제나 자기 백성을 위해 하나님에게 대신 간구해 주시는 대제사장이 계시다. 주님은 당신의 뜻을 알고 싶어 애태우는 사람의 영혼에 번쩍이는 빛을 보내신다. 그분 안에서 우리는 각자의 우림과 둠밈을 가지고 있다. 그리고 그분은 한 치의 착오도 없이 빛을 보내신다. 누구에게 보내시는가? 이기는 자, 예수님의 보혈로 깨끗하게 씻김 받고 성령으로 인생이 채워진 자에게 보내신다. 이기는 자에게는 천국에서 오는 메시지가 있다. "이 길이 옳은 길이다. 이 길로 걸어라." 그러나 죄에 물든 삶을 사는 사람, 세속적인 삶과 육신의 삶을 사는 신자에게 천국의 문은 닫혀 있다. 회개하고 하나님에게 돌아오지 않는 한 그 문은 열리지 않는다.

그리스도의 보혈이 뿌려진 곳에는 하나님의 말씀이 전해진다. 우리의 인생에서 간절하고 다급하게 하나님의 말씀이 필요할 때 주님의 십자가는 우리를 하나님이 계신 곳으로 인도한다. 하나님도 우리와 같이 간절하고 다급한 심정으로 지금 무엇을 해야 하는지 가르쳐주려고 우리를 기다리고 계신다. 다만 하나님은 이기는 자에게만 말씀을 주신다. 하나님은 세속적으로 세상과 타협하고 실패한 신자에게는 힘을 주시지 않고, 목적을 보여주지도 않으신다. 하나님의 뜻을 존중하지 않는 그리스도인, 물질이나 쾌락의 신에게 자신을 맡기는 그리스도인, 육신의 욕망과 경건하지 못한 행동으로 흥청대는 그리스도인이 바로 그러한 자들이다. 하나님의 뜻을 알기 원한다면 먼저 그리스도의 피를 알아야 한다.

인생을 살면서 어떤 길을 택해야 할지 혼란스러운 경우가 있다. 신중히 생각한 끝에 '이 길이다'라고 생각했는데, 사실 믿음이 가리키는 길은 그 길이 아닐 수 있다. 세상의 지혜가 가리키는 길과 성령께서 가리키시는 길은 다르다. 어느 길이 옳은지 판단이 서지 않는다면 하나님과 단둘이 있어 보라. 주님만 바라보며 묵상해 보라. 세상의 생각이나 인간적인 의견은 사라질 것이다.

이기는 자만이 '이 길이다'라고 확신할 수 있는, 천국에서 내려오는 밝고 빛나는 계시의 돌을 받는다. 하나님의 인도를 원한다면 값을 치를 준비가 되어 있어야 한다. 인도를 받으려면 깨끗한 마음이 먼저다. 싸움이 없으면 승리도 없고, 전투가 있으면 부상도 있다. 친구의 배반으로 가장 괴로운 사람은 다윗이었다. 그러나 우리의 위대하신 치료자께서 치유하지 못하실 상처는 없다. 다윗은 역경에서 몸부림치는 가운데, 또 믿음으로 두려움을 이긴 대적과의 싸움에서 이런 진리를 터득해 나갔다. 인도와 지침을 원하고, 갈 길을 비추는 주님의 빛을 원한다면 진정으로 대가를 치르고 이기는 그리스도인으로 살아갈 준비가 되어 있어야 한다.

10

유혹당할 때

미혹하는 손길이 다가오거든 하나님의 날개 아래 피해야 한다

|

삼상 24:1-22

하나님은 다윗에게 엄청난 축복과 위대한 운명을 예비하고 계셨다. 그러나 이 시기에 그는 하나님이 계획하신 목적에 적합한 인물이 되기 위해 냉엄한 시련의 장을 거쳐야 했다. 그러므로 다윗의 이야기를 연구하는 것은 사실 그리스도인으로서 우리의 적합성을 분석해 보는 것이기도 하다.

우리를 향한 하늘 아버지의 뜻은 우리가 흥하는 것이지 망하는 것이 아니다. 그분의 가장 큰 관심은 우리가 영생을 누리기 위해 하나님을 알고, 하나님의 상속자, 곧 그리스도와 공동 상속자가 되게 하는 데 있다. 이것이 하나님이 예비해 놓으신 위대한 운명이다. 이것을 깨달을 때 비로소 진정한 평안과 행복을 얻는다. 하나님은 이 큰 그림을 이루시려는 목적으로 때때로 베드로가 말한 불을 사용하기도 하신다. "너희 믿음의 확실함은 불로 연단하여도 없어질 금보다 더 귀하여 예수 그리스도께서 나타나실 때에 칭찬과 영광과 존귀를 얻게 할 것이니라"(벧전 1:7).

다윗은 지금까지 경험했던 것보다 더 큰 위험을 만난다. 하나님의 사람을 만드시는 그분의 방식은 은혜로 얻은 승리를 바탕으로 좀 더 높은 강도의 다음 단계 시련을 겪게 하시는 것이다. 사무엘상 24장과 26장을 보면, 다윗이 사울에게서 벗어나 하나님이 약속하신 왕관을 쓸 황금 같은 기회가 두 번이나 찾아온 장면을 볼 수 있다.

기회인가, 유혹인가?

다윗은 600명가량의 부하들과 함께 엔게디 광야에 피신해 있었다. 엔게디는 '야생 염소가 사는 곳'이라는 뜻이다. 사해 서남쪽에 위치한 곳으로, 동굴과 큰 바위가 많은 산악 지대였다. 산세가 험해서 사람을 찾기가 매우 어려운 곳이었으나 사울은 3,000명의 정예부대를 이끌고 다윗을 찾으려고 이곳을 샅샅이 뒤졌다. 다윗과 부하들은 동굴에 숨어 있었는데 사울의 병사들이 근처로 몰려왔다. 그런데 이게 웬일이란 말인가! 사울이 갑자기 홀로 동굴 안으로 들어왔다. 밖은 밝고 안은 어두워서 사울은 동굴 안에 숨어 있던 다윗 일행을 볼 수 없었다. 다윗에게 이보다 더 좋은 기회가 어디 있을까! 병사들은 숨을 죽이고 명령을 기다렸다. 아마도 다윗에게 강력하게 건의했을 것이다. "지금이 기회입니다. 하나님이 원수를 여기까지 오게 하셨습니다. 손만 내밀면 간단하게 처치할 수 있습니다. 이제 모든 고난과 고통은 여기서 끝냅시다. 그리고 당장 왕위에 오르셔야 합니다"(삼상 24:4 참조).

그들은 대장이 조용히 칼을 뽑아들고 사울에게 다가가 그의 등을 찌르는 통쾌한 순간을 숨죽인 채 기다렸다. 그런데 다윗은 사울의 등을 찌르기는커녕 옷자락 끝을 조금 자른 채 다시 자기 자리로 돌아가는 데 그쳤다. 다윗의 부하들이 얼마나 실망했을지 짐작이 간다. 지금까지 다윗을 용맹하고 지혜로운 대장으로 우러러보았지만, 그 순간에는 겁쟁이로 보였을 것이다. 막강한 원수를 간단하게 처리할 수 있는 절호의 기회를 어처구니없이 놓치다니, 이 무슨 어리석은 짓이란 말인가!

그러나 다윗의 말을 들어보라. 그는 사울의 옷자락을 자른 자신의 작은 행동조차 옳게 생각하지 않았다. "내가 손을 들어 여호와의 기름 부음을 받은 내 주를 치는 것은 여호와께서 금하시는 것이니 그는 여호와의 기름 부음을 받은 자가 됨이니라"(삼상 24:6). 다윗은 그렇게 자신을 억제했을 뿐만 아니라 함께 있던 600명가량 되는 부하 병사들의 거친 마음도 억제했다. "다윗은 이런 말로 자기의 부하들을 타이르고, 그들이 일어나 사울을 치지 못하게 하였다"(삼상 24:7, 표준새번역). 사울이 동굴을 떠나자 다윗은 사울을 쫓아가 자기가 자른 옷자락을 증거로 보이며 그를 해치려는 의사가 절대로 없음을 밝혔다. 사무엘상 24장 14절에서 다윗이 한 말을 풀이해 보면 이렇다. "위대하신 이스라엘의 왕께서 죽이려는 자가 어떤 자입니까? 저는 죽은 개와 다를 바 없이 무력한 존재이며 벼룩과 같이 보잘것없는 자입니다. 저를 제발 조용히 살게 내버려두십시오."

사무엘상 26장에도 이와 비슷한 사건이 기록되어 있다. 사울은 또다시 3,000명의 병사를 이끌고 다윗을 추격했다. 다윗은 막사에서 잠든 사울을 발견했다. 다윗과 부하들이 그들의 움직임을 주시하고 있는 상황에서 사울과 군사령관 아브넬, 그리고 병사들은 잠을 자고 있었다. 다윗은 신임하는 친구 아비새와 함께 계곡으로 내려가서 사울과 아브넬이 잠들어 있는 진영으로 숨어들었다.

이번에도 동굴에서와 마찬가지로 다윗은 유혹의 말을 들었다. "아비새가 다윗에게 이르되 하나님이 오늘 당신의 원수를 당신의 손에 넘기셨나이다 그러므로 청하오니 내가 창으로 그를 찔러서 단번에 땅에 꽂게 하소서 내가 그를 두 번 찌를 것이 없으리이다"(삼상 26:8). 그러나 다윗은 다시 동굴에서 한 것과 같은 대답을 했다. "죽이지 말라 누구든지 손을 들어 여호와의 기름 부음 받은 자를 치면 죄가 없겠느냐"(삼상 26:9). 두 사람은 사울의 창과 물병만 가지고 사울의 막사에서 빠져나왔다. 그리고 산으로 올라가 사울 진영을 향해 고함을 쳐서 잠든 병사들을 깨우고, 소임을 다하지 못한 아브넬을 조롱했다.

하나님의 때를 기다리라

이처럼 다윗은 적을 없애고 고난에서 벗어날 좋은 기회가 두 번씩이나 왔지만 그 기회를 그냥 보내버렸다. 잘못한 사람에게 복수할 기회가 왔다면 그 기회를 놓치지 말아야 하지 않겠는가? 또 궁지에서 벗어날 기회가 왔다면 잡아야 하지 않겠는가? 보통 사람은 그렇게 생각할 것이다. 그러나 주님이 배척하셨더라도 사울은 하나님이 기름 부으신 자다. 그런 사울을 함부로 죽일 수는 없다. 또한 다윗은 예수님이 우리에게 가르치신 교훈을 그때 이미 실천하고 있었다. "너희 원수를 사랑하며 너희를 박해하는 자를 위하여 기도하라"(마 5:44).

만약 다윗이 사울을 죽였다면 그 행위는 하나님이 하실 일을 한 것이므로 큰 재앙이 닥칠 수도 있었다. 다윗이 자신의 상황 때문에 하나님을 대신해서 설불리 행동하지 않고 하나님의 때를 기다린 것은 칭찬받을 일이었다. 당신 인생에 이런 순간이 온다면 다윗이 보여준 모범을 기억해야 한다. 하나님이 하실 일을 당신이 나서서 하기는 쉽다. 그리고 하나님의 때를 기다리는 일은 어렵다. 하지만 당하고 있는 상황이 아무리 고통스럽다 해도 하나님의 뜻을 벗어난 행동이 초래하는 결과보다는 덜 고통스럽다.

주님이 실천하신 교훈은 사실 우리에게는 너무 어렵다. "그는 모욕을 당하셨으나 모욕으로 갚지 않으시고, 고난을 당하셨으나 위협하지 않으시고, 정의롭게 심판하시는 분에게 다 맡기셨습니다"(벧전 2:23, 표준새번역). 서서히 벗겨지는 하나님의 계획을 기다리는 것 또한 어렵다. 반대로 우리 힘으로 일을 처리하려고 달려가기는 쉽다. "가만히 서서 여호와께서 오늘 너희를 위하여 행하시는 구원을 보라"(출 14:13)라는 말씀은 쉬운 것처럼 보이지만 사실은 순종하기가 참으로 힘들다.

다윗은 사울에게 의미심장한 말을 했다. "여호와께서는 나와 왕 사이를 판단하사 여호와께서 나를 위하여 왕에게 보복하시려니와 내 손으로는 왕을 해하지 않겠나이다"(삼상 24:12). 다윗은 자신의 인생에 위대한 계획을 세우신 하나님이 그 계획에 따라 자신을 현재 상황에 밀어 넣으셨음을 알았다. 하나님이 의도적으로 그 상황에 두셨으므로 자기가 보잘것없는 작은 손을 들어 하나님의 일을 대신하지 않아도 하나님이 구원해 주시리라고 믿었다.

하나님의 자녀라면 아무리 최악의 상황에 빠져 있더라도 내가 어떤 사람으로 만들어졌는지 증명하기 위해 주님을 기다리고 바라볼 줄 알아야 한다. "나의 영혼아 잠잠히 하나님만 바라라"(시 62:5). 다윗은 이 진리를 알았기 때문에 자기가 하나님보다 먼저 나서서 일을 처리하거나 하나님의 뜻에 어긋나는 행동을 하지 않았다. 이 교훈을 깨우치면 누구나 영적으로 한 단계 성숙하며 인생에 새로운 장이 펼쳐진다. 다윗이 이 교훈을 실천하지 않았다면 어떤 결과를 초래했을까? 하나님에게 맡기지 않고 자기가 나서서 적을 죽였다면 그의 마음속 노래와 음악은 거기서 그쳤을 것이다. 아름다운 시편의 시도 더는 쓰지 못했을 것이다. 평생을 떳떳하지 못한 마음으로 살고, 과거의 그늘에 얽매여 괴로워했을 것이다.

그 후에도 다윗은 한동안 도피 생활을 해야 하는 불행한 일을 만났다. 아들 압살롬이 반란을 일으켰기 때문이다. 다윗이 예루살렘을 떠나 도망갈 때 시므이라는 자가 나타나 그를 집요하게 저주했다. 그는 다윗이 사울에게 한 수치스러운 행동으로 말미암아 하나님이 그 벌로 압살롬이 반역하게 하셨다고 주장했다(삼하 16:8). 그러나 그의 비난은 사실이 아니었다. 다윗은 하나님의 뜻 안에서 움직였기 때문에 사울의 죽음과는 아무 연관이 없었다. 그러므로 하나님은 시므이의 저주에서 다윗을 구원해 주셨다.

이러한 다윗의 자세는 600명가량의 부하 병사들에게도 큰 영향을 미쳤다. 여러 가지 증거들을 종합하면, 다윗의 온유함과 사울을 향한 사랑이 그들을 감화시켜 바르게 행동하게 했다. 만약 다윗이 그릇된 행동을 했더라면 병사들도 영향을 받았을 것이다. 그랬다면 다윗이 아무리 경건했다 하더라도 결국 허사가 되었을 것이다.

거짓 회개의 위험

다시 본래 이야기로 돌아가 보자. 사울은 어땠는가? 성경은 당시 사울의 반응을 이렇게 기록하고 있다. "다윗이 사울에게 이같이 말하기를 마치매 사울이 이르되 내 아들 다윗아 이것이 네 목소리냐 하고 소리를 높여 울며"(삼상 24:16). 또한 사무엘상 26장에도 사울의 비슷한 고백이 나온다. "사울이 이르되 내가 범죄하였도다 내 아들 다윗아 돌아오라 네가 오늘 내 생명을 귀하게 여겼은즉 내가 다시는 너를 해하려 하지 아니하리라 내가 어리석은 일을 하였으니 대단히 잘못되었도다……사울이 다윗에게 이르되 내 아들 다윗아 네게 복이 있을지로다 네가 큰일을 행하겠고 반드시 승리를 얻으리라 하니라 다윗은 자기 길로 가고 사울은 자기 곳으로 돌아가니라"(삼상 26:21, 25).

그토록 오래 하나님에게 반항하며 살아온 불쌍한 사울이었지만, 다른 사람의 인생을 통해 환히 빛나는 하나님의 사랑과 참으심을 마주하자 그 완악한 마음이 한순간에 녹고 말았다. 또한 다윗과 가졌던 지난날의 애틋한 기억이 떠올랐다. 사울은 "내 아들 다윗아" 하고 부르며 다윗과 다정했던 한때를 생각했다. 그리고 자신의 죄를 고백하며 한탄했다. "내가 어리석은 일을 하였으니 대단히 잘못되었도다." 번갯불 같은 한순간, 그는 사랑의 힘에 무너져서 자신이 얼마나 어리석고 못난 사람인지 깨달았다. 그러나 그뿐이었다. 슬프게도 그는 욕정에 사로잡힌 나머지 자신의 어리석음을 완전히 떨쳐버릴 능력을 잃은 상태였다.

성령께로부터 나오는 하나님의 사랑만이 진정한 회개를 통해 죄를 깨끗이 씻게 한다. 신자의 노력이나 봉사가 아니라 예수 그리스도께서 보이시는 사랑의 부드러움과 향기로움이 하나님의 뜻에 어긋난 인생을 감동하게 한다. 자신이 얼마나 어리석었는지, 얼마나 큰 죄를 범했는지 깨닫게 한다. 이처럼 하나님의 사랑이 차가운 마음을 녹이고 굳은 믿음을 갖게 한다. 그것이 갈보리가 중요한 이유다. 또한 "아버지 저들을 사하여 주옵소서 자기들이 하는 것을 알지 못함이니이다"(눅 23:34)라는 예수님의 외침에서 하나님의 사랑을 알아보고 수많은 사람이 마음의 감동과 충격을 받는 이유다.

사랑의 실천은 영적 능력을 높여준다. 이는 다른 무엇으로도 하지 못하는 일이다. 단순히 책자를 나누어주거나, 설교를 하거나, 주일학교에서 가르치는 일과는 차원이 다르다. 그보다 훨씬 더 깊이가 있는 삶이다. 사랑이 속속들이 배어 있는 삶이며, 다윗이 알았던 원리를 깨달은 삶이다. 친구를 사랑하는 데 그치지 않고 적까지 사랑하는 삶이며, 하나님을 기다릴 줄 아는 삶이다.

그에 비하면 사울이 보여주는 삶은 비참하기 짝이 없다. 욕정과 죄가 그를 벼랑 끝까지 몰고 갔으므로 소망이 전혀 없는 삶을 살았다. 어리석은 짓을 계속하면서 "내가 어리석은 일을 하였으니 대단히 잘못되었도다"(삼상 26:21)라고 한탄해 보았자 부질없는 짓이었다. 후회했지만 돌이켜 행동하지 않았으니 다윗 앞에서 보인 눈물이나 고백이 무슨 의미가 있겠는가? 전도 집회에 가면 눈물로 얼룩진 얼굴을 한 사람들을 많이 본다. 그러나 순종에 이르지 않는다면 감정의 기복은 아무 소용이 없다. 마음의 감동을 받은 순간부터 하나님의 뜻에 항복한 삶을 살지 않는다면 감동도 아무 유익이 되지 않는다. 사울처럼 감정이 격앙되어 자신의 처지를 깨닫고 한바탕 울었다고 해도, 울기만 하고 하나님께 순종하지 않는다면 이전과 달라진 것이 아무것도 없지 않은가? 단지 이전과 달라지지 않은 것이 아니라 더 나빠졌다고 말해야 할 것이다. 행동이 따르지 않는 감정의 변화는 죄와 반역으로 더 깊이 빠지게 한다.

나는 이런 사람들이 두렵다. 즉 하나님의 왕국으로부터 멀리 떨어져 있지 않은 사람들 말이다. 그들은 복음을 전하는 말씀에 쉽게 울고, 십자가에 달리신 예수 그리스도 안에서 하나님의 사랑의 실체를 보았으며, 자기가 살아온 죄 많은 인생을 돌아보며 자주 "내가 어리석은 일을 하였으니 대단히 잘못되었도다"라고 탄식하는 사람들이다. 그럼에도 불구하고 그들은 교회 안에서 은혜의 말씀을 듣고 밖에 나온 지 채 5분도 안 되어 딴소리를 한다. 이러한 자들은 경건한 감정을 쉽게 저버리고, 성령께서 가슴에 감동을 주셨음에도 과거와 같은 불순종의 삶을 계속 사는 사람들이다.

사울은 분명 하나님의 기름 부으심을 받은 자다. 다시 말하면 다윗과 똑같은 특권과 기회를 부여받은 사람이다. 그러나 한 사람은 경건한 두려움과 항복, 그리고 순종으로 기름 부으심을 받아들였고, 다른 한 사람은 순종과 믿음의 원리를 거부하여 버린 자가 되었다.

하나님의 날개 아래

천국은 우리가 살아가면서 결정하는 일련의 선택에 달려 있다. 사울은 다윗의 사랑에 큰 충격을 받기는 했으나 진정한 회개에 이르지 못했다. 그러나 다윗은 달랐다. 비록 자신의 고집으로 잘못된 길로 갔을 때라도 하나님의 사랑 앞에 깨우침을 얻었다. 다윗은 어떻게 그러한 사랑의 원리를 깨달을 수 있었을까? 왜 다윗은 사울의 약점을 이용하지 않았을까? 우리도 다윗처럼 행동하고 싶지만 쉽지 않다. 다윗은 어떻게 그것이 가능했을까?

대답은 의외로 간단하다. 사건의 기록은 사무엘서에 있고, 다윗이 겪었던 솔직한 마음의 변화는 시편에 나온다. 시편 57편에서 우리는 그가 어떻게 사랑과 은혜를 터득했는지 엿보게 된다. 또 다윗이 어떻게 섣불리 자기가 나서지 않고 가만히 서서 주님의 구원을 바라보는 법을 배웠는지도 기록되어 있다.

4절에서 다윗은 그가 상대하고 있는 무시무시한 적을 묘사하고 있다. "내 영혼이 사자들 가운데에서 살며 내가 불사르는 자들 중에 누웠으니 곧 사람의 아들들 중에라 그들의 이는 창과 화살이요 그들의 혀는 날카로운 칼 같도다"(시 57:4). 당신은 이런 무서운 상황에 빠져본 경험이 있는가? 다윗은 끊임없이 자기를 쫓는 원수를 알고 있었다. 그러나 그는 비밀한 장소에서 문을 닫고 기도하며 하나님과 단둘이 대화를 나눴다. 중요한 분은 하나님이시지 원수가 아니었다. 적에 대한 공포는 하나님 안에서 믿음으로 극복했다. 그래서 그는 이 노래를 시작할 때 "하나님이여 내게 은혜를 베푸소서 내게 은혜를 베푸소서 내 영혼이 주께로 피하되 주의 날개 그늘 아래에서 이 재앙들이 지나기까지 피하리이다"(시 57:1)라고 고백했다. 어미 새의 날개 아래가 새끼 새에게는 가장 따뜻하고 안전한 곳이듯, 다윗의 피난처는 주님이었다.

적의 군대가 그를 에워싸고 사울의 증오심이 나날이 강렬해지고 있을 때 다윗은 하나님의 자비를 구했다. "내가 지존하신 하나님께 부르짖음이여 곧 나를 위하여 모든 것을 이루시는 하나님께로다 그가 하늘에서 보내사 나를 삼키려는 자의 비방에서 나를 구원하실지라 (셀라) 하나님이 그의 인자와 진리를 보내시리로다"(시 57:2-3). 적군이 아직도 포위하고 있는 상황에서 다윗은 하나님의 약속에 의지하여 평온을 찾았고, 하나님의 날개 아래서 안전을 구했다.

구약에 나오는 이 이야기와 같은 맥락의 이야기가 신약에도 있다. 사도행전 12장에는 시몬 베드로가 감옥에 수감되어 내일 아침이면 처형당하게 될 사건이 나온다. 그날 밤 예루살렘에 사는 믿음의 사람들은 모두 깨어 기도했다. 그러나 정작 베드로 본인은 편안히 잠을 잤다. 어떻게 그런 상황에서 잠을 잘 수 있었을까? 그 일이 있기 불과 몇 주 전 예수님은 베드로에게 그가 어떻게 죽을지 말씀해 주셨다. "네가 젊어서는 스스로 띠 띠고 원하는 곳으로 다녔거니와 늙어서는 네 팔을 벌리리니 남이 네게 띠 띠우고 원하지 아니하는 곳으로 데려가리라"(요 21:18). 내일 아침으로 예정된 사형 집행을 앞둔 그날 밤 감옥에서 베드로는 주님의 약속을 믿고 이렇게 생각했을 것이다. '내 주께서 나는 늙어서 죽을 것이라고 말씀하셨다. 헤롯이 무슨 짓을 하든지 나를 죽이지 못할 것이다. 그러니 나는 편히 쉬어야겠다.' 주님의 약속을 믿었던 다윗과 마찬가지로 베드로도 주님을 믿고 편히 쉴 수 있었다.

다윗은 아무도 막을 수 없는 막강한 적 앞에 있었지만 하나님의 약속에 대한 믿음으로 공포를 이겨냈다. 그는 하나님과의 친밀한 교제 가운데 모든 문제를 그분의 손에 맡겼다. 그리고 오합지졸이던 600명가량의 부하들을 복종시키고, 하나님을 부정하던 사악한 사울까지도 잘못을 인정하게 하는 능력을 보여주었다.

다윗과 사울, 이 두 사람을 앞에 놓고 과연 나는 어느 유형의 사람인지 자신을 성찰해야 한다. 때때로 감당하기 힘든 시험을 당한다고 할지라도 하나님의 말씀이 가르치는 대로 하나님과 함께 걸었는가? 예수 그리스도의 구원을 알고, 모든 일에 있어서 하나님의 법에 기쁨으로 따랐는가? 내 손으로 복수하고 싶고, 하나님의 뜻을 떠나 행동하고 싶은 유혹을 버리고 하나님만 바라보았는가? 하나님의 날개 아래 숨어서 절대적인 평안을 누리며 우리 인생을 통해 능력으로 역사하시는 하나님을 바라보았는가? 그렇지 않다면 주 예수 그리스도의 권위에 반역했는가? 똑같은 성령의 기름 부으심을 받고, 똑같은 특권과 기회를 가졌지만 하나님의 뜻 밖에서 살고, 축복받을 행동을 하지 않으며, 능력과 승리의 기회를 버리지 않았는가? 사도 바울이 두려워한 바와 같이 남에게는 하나님의 복음을 전했지만 자신은 오히려 버림받지 않았는가?

당신은 과연 어느 편에 속하는가? 다시 시작하라! 갈보리에 나아가 십자가에서 죽으시고 다시 사신 구세주의 권위 앞에 무릎을 꿇어라. 절대로 늦지 않았다.

11

앙갚음하고 싶을 때

하나님의 손에 문제를 맡기면 비극이 해피엔딩이 된다

|

삼상 25:4-35

　다윗에 관한 이야기를 할 때 사무엘상 25장에 나오는 일화를 얼버무리는 사람들이 있다. 하나님의 사람이 이토록 궁핍하게 살았다는 사실이 주님의 이름에 명예롭지 않다고 생각해서일 것이다. 그러나 하나님의 영은 진실의 영이시다. 그분은 우리 마음속에 있는 것들을 거짓 없이 내보이신다. 전혀 소망이 없는 곳에서 하나님의 역사는 시작한다. 다윗은 이미 높은 영적 품성을 보여주었고 많은 영적 성장의 증거를 보여주었다. 그러나 이처럼 하나님의 마음을 닮은 사람도 이성을 잃고 자기 손으로 복수하려고 했다. 다윗은 무서운 죄를 범할 뻔했으나 주님의 예비하신 개입으로 자비로운 구원을 받게 되었다. 참으로 우리 자신을 돌아보게 할 뿐만 아니라 우리에게 위로가 되는 이야기다.

　다윗은 계속되는 사울의 추격을 피하여 유다 땅 남쪽 끝 바란 광야로 도망해 살았다. 유다의 국경 지대인 그곳은 블레셋군이 자주 출몰했다.

다윗은 여러 번 블레셋의 공격을 막아 농부와 목동은 물론 일반 백성도 피해를 당하지 않게 해주었다. 그러므로 다윗이 그곳에 머문 것은 주민들에게 큰 도움이 되었다. 나발의 종도 그 현장을 목격했다. "우리가 들에 있어 그들과 상종할 동안에 그 사람들이 우리를 매우 선대하였으므로 우리가 다치거나 잃은 것이 없었으니 우리가 양을 지키는 동안에 그들이 우리와 함께 있어 밤낮 우리에게 담이 되었음이라"(삼상 25:15-16).

다윗은 자기가 보호해 주고 있는 땅에 나발이라는 부자가 양의 털을 깎고 있다는 말을 들었다. 그래서 흔쾌히 도와줄 것으로 믿고 부하를 보내어 약간의 후원을 요청했다. "우리가 이 좋은 날에 왔으니 당신의 종들과 당신의 아들 같은 다윗에게 손에 닿는 대로 챙겨주시기 바랍니다"(삼상 25:8, 우리말성경). 그러나 나발의 야비한 성품은 그의 종조차 몸서리치게 했다. "주인은 불량한 사람이라 더불어 말할 수 없나이다"(삼상 25:17). 나발의 아내도 "내 주는 이 불량한 사람 나발을 개의치 마옵소서 그의 이름이 그에게 적당하니 그의 이름이 나발이라 그는 미련한 자니이다"(삼상 25:25)라고 말할 정도였다.

그런 사람이었으니 다윗의 부하에게 얼마나 무례한 대답을 했을지 짐작이 간다. "다윗은 누구며 이새의 아들은 누구냐 요즈음에 각기 주인에게서 억지로 떠나는 종이 많도다 내가 어찌 내 떡과 물과 내 양털 깎는 자를 위하여 잡은 고기를 가져다가 어디서 왔는지도 알지 못하는 자들에게 주겠느냐"(삼상 25:10-11). 이런 인품을 가진 자를 만나는 것은 생각만 해도 끔찍하다. 그런데 유감스럽게도 이처럼 오만불손하고 남을 업신여기며 냉혹한 사람들이 많이 있다. 나발은 다윗이 누구이며 왜 유랑 생활을 하고 있는지 너무나 잘 알고 있었다. 하지만 다윗이 사울을 배신했다고 암시하고, 다윗을 돕지 않는 것이 마치 법과 질서를 지키는 것인 양 큰소리쳤다. 그리고 자기가 가진 것을 자기를 위해 일한 사람들에게 줄지언정 다윗에게는 주지 않겠노라고 했다. 이 말을 들은 다윗의 심정이 어떠했겠는가? 참을 수 없는 도발이었다. 그가 보호해 준 대가로 돌아온 것은 무례와 모욕이었다. 목숨을 걸고 나발의 생명과 재산을 지켜준 순수한 마음이 완전히 무시당하고 말았다.

작은 함정에 주의하라

다윗의 입장이 되어 생각해 보자. 친절을 베풀었으나 돌아온 것은 무례이고, 목숨을 걸고 돌보았으나 인정받지 못했다. 선의로 한 일이 이처럼 지독한 비난을 받는다면 어떻겠는가? 그래도 참으라고만 할 수 있을까? 나발이 다윗에게 한 말은 그대로 넘기지 못할 도전적 언행이었으며 보복을 한다고 해도 아무도 나무라지 못할 상황이었다.

나는 나발이 한 것과 비슷한 일은 주위에서 늘 보기 때문에 크게 놀랍지는 않다. 그러나 다윗이 격정에 휘둘리는 모습에는 놀라지 않을 수 없다. "다윗이 자기 사람들에게 이르되 너희는 각기 칼을 차라 하니 각기 칼을 차매 다윗도 자기 칼을 차고 사백 명가량은 데리고 올라가고 이백 명은 소유물 곁에 있게 하니라"(삼상 25:13). 화를 못 이긴 다윗은 400명가량의 부하들을 이끌고 나발은 물론이거니와 그의 친척 중 남자를 모두 도륙하려고 나섰다. "내가 이 자의 소유물을 광야에서 지켜 그 모든 것을 하나도 손실이 없게 한 것이 진실로 허사라 그가 악으로 나의 선을 갚는도다"(삼상 25:21).

자신을 죽이려고 혈안이 되어 여러 해 동안 쫓아온 사울에게는 그토록 대단한 인내심을 보인 다윗이 한순간에 이 지경이 되다니 이해하기 어렵다. 주님을 기다리는 법을 배운 다윗이었다. 하나님의 기름 부으심을 받은 사람이라며 자기가 손대는 것을 거부한 다윗이었다. 그러던 그가 자제력을 잃고 어리석은 나발의 몇 마디 모욕적인 말에 불같이 화를 낸 것이다. 다윗은 이렇게 변명할지 모른다. "당연히 응징해야 하지 않겠는가? 나발 같은 자가 어떻게 나를 이렇게 대접할 수 있단 말인가? 내가 목숨을 걸고 지켜준 대가가 이런 참을 수 없는 모욕이란 말인가? 그는 사울과는 다르다. 사울은 어떻든 왕이지 않은가? 그러나 이처럼 형편없는 자는 본때를 보여주어야 마땅하다."

우리도 비슷한 상황에서 같은 반응을 보인다. 마음속에 뿌리 깊게 도사리고 있는 악함 때문이다. 은혜로 새로워졌다고 하더라도 변하지 않는 인간의 본성이다. 순간순간 주님이 붙잡아주시지 않으면 영혼의 대적을 감당하지 못한다. 신자의 길을 오래 걸었으며, 과거에 여러 번 어려운 유혹을 이겼다 하더라도 다르지 않다. 또 어떤 종류의 죄와 싸워 승리했다 하더라도 다른 종류의 죄가 다시 엄습해 오면 한순간에 파멸로 떨어지고 마는 일도 허다하다. 그뿐이 아니다. 하나님의 은혜로 큰 유혹을 잘 감당해 내고 대적의 맹렬한 공격을 굳건히 막아내고 나서 작은 바늘에 찔린 상처에 어처구니없이 넘어지기도 한다.

하나님의 자비와 예수님의 피로 얻은 과거의 승리가 미래의 승리를 보장하는 것은 아니다. 지난날 내가 거둔 영적 승리가 이후에 마귀가 다시 왔을 때 이길 능력을 주지는 않는다. 순간순간 하나님의 사랑 안에서 보호받지 않으면 우리는 언제라도 마귀에게 넘어가는 죄를 짓게 된다. 거칠고, 잘난

척하고, 증오로 가득 찬 사람을 자제와 인내로 대했다고 해서 그와 비슷한 다른 사람을 만났을 때도 같은 마음을 갖게 된다는 보장은 없다. 더욱이 그 사람보다 자신이 우월하다고 생각할 때에는 특히 '이 형편없는 친구가 나를 우습게 본단 말이야? 혼을 내줘야겠어!' 라는 마음이 생길 수 있다. 여러 해를 믿는 사람으로 살았고, 하나님의 은혜로 구원받았고, 예수님의 보혈로 구속받았으며, 성령과 함께 산 사람이 그와 같이 사소하고 어리석은 함정에 빠져 그동안 살아온 소중한 경력을 망친다면 너무나 애석한 일이다.

지혜로운 조언자

다윗은 평생 어두운 그늘을 드리울 무서운 죄, 즉 살인을 저지르기 직전까지 갔다. 나는 절대로 그러지 않을 것이라고 자신하는 사람이 있는가? 칼로 사람을 찌르는 것만 살인이 아니다. 증오로 마음의 살인을 저지르지도 말아야 한다. 주님은 우리가 손에 칼을 드는 것을 원하지 않으실 뿐만 아니라 마음에 독을 품고 적을 미워할까봐 걱정하신다. 그렇다면 이처럼 엄중한 죄에 빠지게 하는 도발과 격분에서 벗어나는 길은 무엇일까?

나발의 종은 모욕적인 말을 들은 다윗이 군사를 이끌고 쳐들어온다는 소식을 즉시 주인의 아내인 아비가일에게 보고했다. 아울러 다윗이 선대해 준 사실도 덧붙였다. 아비가일은 놀랍도록 특출한 여자였다. 성경은 아비가일이 총명하고 용모가 아름다운 여자라고 기록하고 있다(삼상 25:3). 아비가일은 지혜와 미모를 겸비한 여자였다. 마음에 진정한 믿음이 있으면 그것이 밖으로 발현되어 평범한 얼굴도 예쁘게 빛나기 마련이다.

그런데 아비가일과 같은 여자가 왜 나발 같은 자와 결혼했는지 이해하기 어렵다. 당시에는 부모가 어려서 정해 준 사람과 결혼하는 관습이 있었는데 아마도 그 때문으로 추측된다. 우리 주위에서도 아비가일 같은 여자가 자유의사로 나발 같은 자와 결혼하는 안타까운 경우를 가끔 본다. 높은 이상과 신앙의 원리로 사는 젊은이들이 듣기 좋은 말에 미혹되거나 돈에 현혹되어 결혼하는 것이다. 그래서 그리스도인의 삶과는 거리가 있는 인생을 살며 예수 그리스도의 가르치심을 전혀 이해하지 못하는 사람과 결혼하곤 한다. 그러나 그런 유혹의 매력은 결혼하기 전까지일 뿐이다. 그 후에는 평생을 후회하며 살 확률이 높다.

그렇다고 법적으로 그런 생활을 청산하라는 말은 아니다. 성경도 그렇게 말하지 않는다. 하나님이 아름답고 지적인 사람을 겸손하게 하시려고 험한 시련을 주셨을지 모른다. 또한 아비가일과 같이 새로운 기회가 올 수도 있다. 어떤 경우라고 할지라도 주님의 자비와 능력으로 마음을 가다듬으며 순결을 지켜야 한다. 배우자가 그리스도인으로서 소양이 있는지를 개의치 않고 돈이나 지위의 유혹에 빠져 하나님의 뜻에 어긋나는 결혼을 하는 젊은이들에게 하고 싶은 충고가 있다. 그러한 결혼의 비극적 종말에 대한 가능성을 잊지 말라는 것이다. 상대방을 자기 수준으로 끌어올리기보다는 자신이 상대방의 수준으로 타락하는 사례가 많기 때문이다.

본래의 이야기로 돌아가 아비가일은 서둘러 선물을 넉넉히 준비하여 다윗을 만나러 갔다(삼상 25:18-20). 그녀가 다윗에게 한 애원의 말을 보면 마치 우리가 그러한 도발을 받았을 때 성령께서 하시는 말씀처럼 들린다. 훌륭한 인품과 아름다운 외모의 우아한 그녀가 다윗에게 그의 인생 한 페이지에 오점을 남기지 말라고 간청하는 장면을 상상해 보라! 아비가

일은 전적으로 나발이 잘못한 것은 사실이지만, 그는 다윗이 잠시라도 신경 쓸 가치가 없는 사람임을 지적했다. "원하옵나니 내 주는 이 불량한 사람 나발을 개의치 마옵소서 그의 이름이 그에게 적당하니 그의 이름이 나발이라 그는 미련한 자니이다"(삼상 25:25). 그녀는 다윗이 옳고 나발이 틀렸음을 인정하면서 나발은 화를 낼 상대가 되지 못한다고 간언한 것이다. 덧붙여 아비가일은 다윗이 자기 손으로 복수하지 않도록 막아주신 하나님을 칭송하며 이번 일로 그의 경력에 흠을 내서는 안 된다고 진언했다. 또한 주님의 싸움을 싸워온 다윗의 진심에 감사하고 그와 같은 고결한 품성을 지켜달라고 간청했다. 그리고 하나님이 다윗의 인생에 세우신 목적이 다 이루어지는 영광의 날에 오늘을 돌아보며 살인의 어두운 그림자를 피할 수 있어서 정말 다행이었다고 말하게 되지 않겠느냐고 설득했다.

아비가일이 한 말은 모두가 향기롭지만, 특히 사무엘상 25장 29절을 보면 아름다운 말이 나오는데, 풀이하면 다음과 같다. "다윗이시여, 당신의 영혼은 당신의 하나님이신 주님이 생명 보자기로 싸셨습니다. 그 생명 보자기는 하나님과 함께 안전할 것입니다. 하나님이 당신과 함께 계십니다. 하나님을 따르는 사람의 생명은 하나님이 지켜주실 터인데 나발 같은 자의 무례함이 무슨 문제가 되겠습니까? 나발에게 화를 냄으로 나발과 같은 사람이 되지 마십시오."

그러면서도 그녀는 사랑스러운 어조로 하나님이 물매로 조약돌을 던지시듯 쉽게 하실 일을 하려고 400명가량이나 되는 군사를 이끌고 온 다윗의 행사를 꼬집었다. 그 순간 다윗은 머리를 숙이고 젊은 시절의 자신을 돌아보았을 것이다. 자신의 마음을 다해 주께 바쳤던 순진무구한 사랑, 하나님이 그분의 영으로 부어주신 기름의 향기, 물매로 돌을 던져 거인을 넘어뜨렸던 그때를 회상했을 것이다. 하나님의 손에 문제를 맡기면 그렇게 쉽게 풀린다. 분노에 차서 자기가 직접 보복하는 일 따위는 하나님의 사람이 해서는 안 되는 일이다. 이것은 믿지 않는 사람들을 주님에게 인도해야 하는 우리에게 좋은 교훈이다. 아비가일의 말을 칭찬하는 이유는 짚을 것은 짚어가면서도 거칠거나 질책하는 어투가 아니라 품위가 있고 부드럽기 때문이다. 남의 잘못을 지적해야 할 때는 먼저 하나님 앞에 무릎을 꿇고 아비가일이 다윗에게 한 말과 같은 격조 있는 표현을 할 수 있게 해달라고 기도하자.

끊임없이 구해야 할 은혜

아비가일의 아름다운 애원에 다윗은 항복했다. "오늘 너를 보내어 나를 영접하게 하신 이스라엘의 하나님 여호와를 찬송할지로다 또 네 지혜를 칭찬할지며 또 네게 복이 있을지로다 오늘 내가 피를 흘릴 것과 친히 복수하는 것을 네가 막았느니라"(삼상 25:32-33). 다윗은 아비가일에게 감사했다. 그녀가 가져온 선물에 대해서는 아무 언급이 없는 것을 보면 이때 다윗은 아비가일의 말에 감동한 나머지 가져온 물건들에 대한 생각은 잊어버린 것으로 보인다. 자신의 일생에 영원한 후회로 남을 잘못된 행동을 피하게 해주었으니 그녀의 지혜가 어찌 고맙지 않겠는가!

하나님의 러브 스토리는 언제나 해피엔딩으로 끝난다. 예외가 없다. 우리 인간의 러브 스토리와는 다르다. 얼마 후 나발은 술을 과하게 마시고 사망한다. 그러자 다윗은 아름답고 지혜로운 아비가일에게 청혼하여 두 사람은 부부가 되었다. 참담한 비극으로 끝날 뻔한 사건이 해피엔딩으로 마무리되었다.

성령께서는 지금 말씀하신다. "물론 네가 옳다. 그 사람이 너를 그렇게 대우해서는 안 될 일이었다. 그러나 그 사람은 본래 오만한 사람이니 너는 조금도 개의치 마라. 너는 항상 네가 누구인지 잊지 말아야 한다. 또 내가 네 인생에 세운 큰 목적을 생각해라. 너는 하나님의 자녀이며 그리스도와 공동 상속자로서 내 왕국을 함께 다스릴 사람이다." 더럽혀진 손과 그리스도인으로 사는 삶을 잃어버린 인생이 되면 주 예수를 어떻게 만날 수 있겠는가! 주께서는 오늘도 우리를 가르치신다. "내가 주는 은혜는 저장해 두었다가 쓸 수 있는 물건이 아님을 명심해라. 어제 네게 준 능력이 오늘도 남아 있다고 생각하지 마라. 이미 받은 은혜는 지나간 것이고 그것이 너를 지탱해 주지 못한다. 지금 이 순간 네게 필요한 것을 다시 나에게 구해야 한다." 그리스도인의 인생이란 하나님의 은혜와 능력을 끊임없이 구하는 신성한 순간의 연속이다.

"어떻게 해야 그렇게 살 수 있습니까?"라고 묻고 싶은가? 당신의 생명은 주 하나님과 함께 생명 보자기에 싸여 있다. 갈보리에서 당신을 위해 죽으신 예수 그리스도 안에서 그분은 당신과 하나가 되셨다. 이제는 당신이 그분과 하나가 될 차례다. 아비가일은 그림이고 주님이 진정한 실체이시다. 주님과 하나가 되고, 주님과 함께 생명 보자기로 싸여 있는 진실을 알기 위해 주께서 우리에게 혼인하자고 하신다. 그렇게 할 때 하나님이 우리를 어지럽게 하는 모든 상황을 물매 돌로 골리앗을 쓰러뜨리듯 간단하게 처리해 주실 것이다. 우리가 처한 상황이 아무리 나쁘더라도 그분을 믿어야 한다. 그러면 주님 안에서, 주님의 능력 안에서 평안을 얻는다.

12

중압감을 느낄 때

하나님을 사랑하는 자에게는 모든 것이 합력해 선을 이룬다

|

삼상 27:1-12

    다윗을 하나님의 사람으로 만들기 위한 시련은 계속되었다. 불같은 분노로 보복하고 싶었던 유혹을 넘기고 이제 겨우 안정을 찾았는가 싶었는데, 다시 여러 해 괴롭히던 사울이 맹렬히 공격해 왔다. 다윗은 크게 실망하여 모든 것을 포기하고 싶은 생각마저 들었다. 하나님의 사람으로 빚어지는 과정은 마치 뜨거운 용광로 안에서 녹고, 대장장이의 쇠망치로 두들겨 맞아서 강철이 되어 나오는 과정과 같았다. 그러므로 이 시기에 쓴 다윗의 시는 절망과 슬픔이 애처롭게 밴 몸부림이 되지 않을 수 없었다. "여호와여 어찌하여 멀리 서시며 어찌하여 환난 때에 숨으시나이까"(시 10:1). "여호와여 어느 때까지니이까 나를 영원히 잊으시나이까 주의 얼굴을 나에게서 어느 때까지 숨기시겠나이까"(시 13:1). "내 하나님이여 내 하나님이여 어찌 나를 버리셨나이까 어찌 나를 멀리하여 돕지 아니하시오며 내 신음 소리를 듣지 아니하시나이까"(시 22:1).

이는 극한의 한계점에 도달한 사람이 부르짖는 비명이다. 당신 역시 극복하기 어려운 고난이 반복해서 일어나 마음을 가눌 수 없는가? 하나님이 주신 소명이지만 매일 절망과 좌절에 빠져 모든 것을 포기하고 싶어지는가? 자기 자신마저 창밖으로 던져버리고 싶어지는가? 강한 의지로 극복하기 바란다. 하나님의 말씀에서 힘을 얻고, 하나님의 목적에서 능력을 얻어야 한다. 낙심의 원인과 낙심의 결과를 묵상하라. 놀라운 회복의 약은 하나님에게 있다. 우울한 그리스도인은 보기 싫다. 가장 불쌍한 사람이다. 그는 하나님을 믿는다고 말하면서도 마치 온 세상의 고민을 혼자 다 짊어진 듯 늘어진 어깨에 걱정이 가득한 얼굴을 하고 다닌다. 사건의 뒤에 서 계신 하나님을 보면 그럴 이유가 없는데 우울과 절망에 빠져 허우적거린다.

믿는 자의 낙심

피상적으로 볼 때 다윗은 절망에 빠질 만한 충분한 이유가 있었다. 사울의 증오는 뿌리 깊었다. 질투의 화신이 되어 모든 수단과 방법을 다 동원하여 다윗을 잡아 죽이려고 했다. 게다가 도엑 같은 배신자가 나타나 다윗을 곤경에 빠뜨렸다. 다윗의 절박했던 심정은 "사울이 매일 찾되"라는 사무엘상 23장 14절의 표현으로 미루어 짐작할 수 있다. 무자비하고 일방적인 사울의 공격이 그치지 않았다. 그런 상황에서 다윗은 사울을 죽일 수 있는 두 번의 결정적 기회를 만나고도 그에게 자비를 베풀었다. 그러나 사울은 조금도 달라지지 않고 다윗을 죽이려고 필사적으로 쫓았다.

다윗이 돌보아야 할 식솔은 많았다. 자신의 두 아내와 600명가량의 부하와 그들의 가족들이 있었다. 이렇게 많은 사람을 먹일 식량을 어떻게 조달할까? 그처럼 험한 지대에서 그 많은 사람을 어떻게 보호할까? 끊임없이 추격하는 사울의 3,000명 정예부대가 다윗이 주둔한 지역의 지리를 소상하게 알고 있는데 어떻게 잡히지 않고 피할 수 있을까? 이런 것들이 바로 다윗이 가지고 있던 두려움의 이유였다. 이 정도면 다윗이 "이제 나는 사울의 손에 죽었구나!" 하고 낙심한다 해도 전혀 이상할 것이 없다.

보통 사람에 지나지 않는 우리도 다윗이 당했던 상황과 비슷한 경우를 흔히 겪는다. 특히 인생을 하나님의 손에 전적으로 맡긴 독실한 그리스도인이라면 끊임없는 마귀의 괴롭힘에 시달릴 각오를 해야 한다. 이는 사도 바울이 지적한 대로다. "우리의 씨름은 혈과 육을 상대하는 것이 아니요 통치자들과 권세들과 이 어둠의 세상 주관자들과 하늘에 있는 악의 영들을 상대함이라"(엡 6:12).

죄에 맞서 싸우고 헌신하는 하나님의 사람에게 마귀는 온갖 능력으로 악랄한 공격을 퍼붓는다. 그 싸움에는 잠시의 휴전도 없다. 마귀가 자리를 비우는 일도 없다. 마귀의 공격 수단은 상상하지 못할 정도로 다양하다. 그뿐 아니라 유감스럽게도 우리 마음속에는 마귀의 손에 우리를 넘기려고 혈안이 된 반역자가 있다. 이렇게 악랄한 마귀의 힘에서 우리는 기적적으로 구원받았다. 그러나 우리가 승리하여 여러 해 전에 물리쳤다고 생각했던 마귀는 다시 살아나 새로운 힘으로 공격해 온다. 마귀는 한 번 공격해서 성공하지 못하면 일단 후퇴하지만, 그것이 끝이 아니다. 힘을 모아 다시 쳐들어온다. 마귀는 그리스도의 이름을 부르는 사람의 영혼을 파괴하는 것이 목적이다. 그가 관심을 갖는 대상은 우리 개인이 아니다. 그가 파괴하려는 목표는 우리 안에 있는 생명, 즉 예수 그리스도에 의해 구원받은 생명이다.

　나의 믿음은 마귀의 공격에 흔들리지 않을 자신이 있다고 장담하지 말라. 그런 망상을 하는 사람은 마귀의 손에 잡혀 있는 나머지 마귀가 하는 짓이 이상하게 생각되지 않는 경우일 것이다. 혹은 그리스도인이라고 말하면서 삶에서는 마귀와의 싸움을 포기하여 신앙이 실제 생활과 무관해지고 영혼에 아무런 가치를 부여하지 않는, 복음의 공허한 반복으로 타락한 경우일 것이다. 그러나 마귀의 끊임없는 공격을 경험한 사람이라면 어느 순간 크게 낙담하여 다윗과 같은 비명을 지를 것이다. "이제 나는 사탄의 손에 죽었구나!"

낙심의 결과

　낙심이나 우울에는 이유가 있으나 그에 따르는 무서운 결과를 보아야 한다. 인간의 낙심을 잘못이라고 규정하기는 곤란하다. 우리는 나약한 인간이며 그것은 주께서도 아시는 바다. 우리가 싸우는 싸움은 우리로서는 감당하기 어려우며, 그렇기에 싸움에 지쳐 희망을 잃는 경우가 생긴다. 낙심은 죄가 아니지만 중요한 것은 그런 때 어떻게 해야 하는가가 문제다. 희망을 잃게 되었을 때 어떻게 해야 하는가? 희망을 갖지 못한다면 그 결과는 무엇인가?

　사무엘상 27장 4절에서 흥미로운 사실을 본다. "다윗이 가드에 도망한 것을 어떤 사람이 사울에게 전하매 사울이 다시는 그를 수색하지 아니하니라"(삼상 27:4). 마치 마귀에게 굴복한 다윗이 근사한 보상을 받은 것처럼 보인다. 싸움은 중지되었고 계속되던 핍박도 사라졌다. 적은 철수하고 마침내 평화가 온 듯하다. 그러나 그것은 영혼의 혼수상태에서 오는 착각이다. 마약을 투여한 것처럼 몽롱한 상태에서 느끼는 마음의 편안함과 영적 싸움에서 이겨서 갖게 되는 마음의 평화는 질적으로 다르다. 마귀에게 굴복하면 즉각적인 기쁨이 오는 것은 사실이다. 마귀에게 굴복하면 마귀가 점령한 지역으로 들어가기 때문에 사탄의 괴롭힘이 일단 멈춘다. 환영의 환호성이 울려 퍼지고 편안한 해방감을 맛본다. 그러나 그것은 잠시다.

잠시 누리는 그 해방감의 대가는 무엇일까? 고난을 견디지 못하고 어느 순간 마귀의 발 앞에 엎드리면 즉시 핍박에서 풀려나기 때문에 이렇게 말할 수 있다. "목사들이 하는 설교는 엉터리야. 싸울 필요가 전혀 없는 거 아니야? 싸우지 않으니까 이렇게 편하고 좋은데 왜 싸워야 한단 말이야!" 오래가지는 못하지만 그런 식으로 말하는 사람들이 많이 있다. 그러나 마귀에게 굴복하면 과연 어떤 결과가 올까?

하나님은 다윗에게 왕의 자리를 약속하셨다. 물매로 던진 돌처럼 다윗의 적을 물리쳐주겠다고 약속하셨다. 하나님의 말씀은 사무엘, 요나단, 아비가일, 심지어 사울을 통해서까지 확인되었다. 그럼에도 불구하고 다윗이 한 행동은 하나님을 부끄럽게 한 것이었다. 물론 시편 27편에서 보는 것처럼 다윗이 하나님을 기뻐한 때가 없지는 않았다. "여호와는 나의 빛이요 나의 구원이시니 내가 누구를 두려워하리요 여호와는 내 생명의 능력이시니 내가 누구를 무서워하리요……군대가 나를 대적하여 진 칠지라도 내 마음이 두렵지 아니하며 전쟁이 일어나 나를 치려 할지라도 나는 여전히 태연하리로다……여호와께서 환난 날에 나를 그의 초막 속에 비밀히 지키시고 그의 장막 은밀한 곳에 나를 숨기시며 높은 바위 위에 두시리로다"(시 27:1, 3, 5).

그러나 다윗은 고난이 힘겨워서 하나님의 약속을 모두 던져버리고, 지금까지 가졌던 확고한 믿음과 헌신적인 신앙을 부정하며, 그동안 살아온 경건한 삶을 송두리째 뒤집어엎으려고 했다. 낙심한 가운데 다윗은 속으로 이렇게 생각했을 것 같다. '이제 주님도 어쩌실 수 없는 상황이 아닐까? 지킬 수 없는 약속을 하신 건 아닐까? 지금까지 나를 지켜주시기는 했지만, 이제는 상황이 너무 어렵게 되어 도와주시기가 불가능한 것 같아. 조만간 나는 사울한테 잡히고 말 거야. 어리석게 불가능한 것에 매달리고 있을 순 없지. 주님이 도와주실 때를 바라고 이미 오래 기다렸는데 더는 못 기다리겠어. 이제는 내 생각으로 이 상황을 돌파해야지 별수 없는 것 같아.'

불쌍한 다윗이다. 그러나 다윗만 그런가? 다른 사람이 마귀의 무자비한 공격에 넘어가면 신랄하게 비난하는 사람이 있다. 그러나 자신도 그러한 위협을 받으면 어리석은 행동을 하곤 한다. 하나님을 바라보는 믿음을 저버림으로써 하나님에게 영광이 아니라 욕을 돌린다. 이런 마음가짐은 자신뿐 아니라 친구들에게도 해를 끼친다.

아기스가 다윗에게 살도록 허락한 지역은 시글락이었다(삼상 27:6). 그런데 구약에 보면 시글락은 여호수아가 땅을 나눌 때 법적으로 유다 족속에게 속한 곳으로, 가장 남쪽에 위치한 도시였다. 후에 이 땅은 블레셋에 속하게 되었지만, 블레셋 사람이 거주하지는 않았다. 사울의 통치 시대에 이곳에 실제로 거주한 사람들은 역대상 4장 30절에 기록되어 있듯이 시므온의 후손들이었다. 그들은 행정적으로 블레셋의 지배를 감수하며 구차스럽더라도 전쟁 없이 하나님이 주신 그 땅에 살기를 도모했다. 더 솔직히 말하자면 블레셋에 대항해 싸울 용기가 없었다.

믿는 사람에게는 참으로 소름 끼치는 두려운 현상이 아닐 수 없다. 하나님이 소유하신 우리 인생의 일부분을 사탄의 지배 아래에 넘기고 거기에 안주하며 사탄을 몰아낼 의욕조차 갖지 못하는 비굴한 인생을 살아간다면 하나님이 용인하실까? 하나님은 우리가 조금씩 사탄에게 땅을 양보하며 '어떻게든 살아야 하지 않겠는가! 마귀가 내 땅을 조금 차지한다고 해서 무슨 큰 문제가 되겠는가! 당장 내가 죽을 지경인데' 하는 마음을 금하신다.

그런 생각은 다윗의 휘하에 있던 600명가량이나 되는 병사들의 전투 정신을 크게 저해하는 재앙이었다. 앞으로 다가올 비극적 결과를 모른 채 독버섯이 그들의 마음속에 자랐다. 그래서 사회적으로 우상숭배와 잡혼이 성행했다. 그들은 위험을 피하게 된 것에 감사했고, 지도자가 하나님을 의지하는 고결한 가치를 버리고 현실을 받아들인 것에 동참하며 기뻐했다. 시글락에서 자신들의 이익만 추구하며 편히 살게 해주고 귀찮게 하지 않는다면 그것으로 만족이었다.

하나님의 사람인 그리스도인 지도자가 대적의 핍박과 싸움에 지쳐 굴복한다면 그 영향은 광범위하게 미친다. 그리스도인 지도자가 넘어지는 것을 보며 박수하는 사람들도 적지 않다. 그들은 어떤 대가를 치르더라도 평화는 지켜야 한다는 주장을 근거로 삼는다. "우리는 하나님의 영토 안에 살기 원한다. 그러나 대적의 화를 돋우는 짓은 하지 말자." 이 지경까지 사람이 타락하면 자신에게 해가 됨은 말할 것도 없지만, 선량한 친구들까지 옳지 않은 길로 인도하게 된다.

값싼 만족에 대한 값비싼 대가

사무엘상 27장 3절에는 아기스가 두 팔 벌려 다윗과 그의 부하들을 환영하는 모습이 나온다. 우리도 마찬가지로 마귀의 환영을 받는다. 우리가 잘못된 길로 들어서면 마귀는 대단히 기뻐한다. 이스라엘 백성의 배신자로 추정되는 다윗 일행이 제 발로 걸어왔으니 블레셋은 이제 하나님의 사람들과 벌이고 있는 전쟁에서 새로운 국면으로 전환할 절호의 기회를 맞이한 것이었다.

인생의 사소한 문제 하나를 마귀에게 양보하면 마귀는 그것으로 우리의 영적 싸움 전체를 뒤엎을 수 있다. 작은 양보가 적에게 유리한 고지를 내어준다. 믿기 어려운 사실이지만 이 시기에 다윗의 삶은 속임수와 거짓과 심적 고통의 악순환이 일상생활이 되었다. 그는 양식을 조달할 방법이 없었다. 약탈 외에 다른 길이 없었다. 그래서 부하들을 데리고 다니며 그술, 기르스, 그리고 아말렉 사람들을 습격하여 필요한 물품들을 조달했다(삼상 27:8). 그들은 유다의 적인 유목 민족이었다. 비록 미묘한 입장이기는 했지만, 다윗의 마음은 하나님의 사람들 편이었다. 그래서 자신과 동료들의 양식을 해결하기 위해 약탈을 할 때도 자기 민족의 적국을 그 대상으로 했다.

하지만 다윗은 아기스에게 정체가 탄로 나서는 안 되는 처지였다. 그래서 적국을 약탈할 때 단서나 증인을 남기지 않으려고 여자와 아이들까지 가리지 않고 모두 살해했다. 아기스가 어느 곳들을 습격하느냐고 물으면 이스라엘을 공격하는 것으로 믿게 하려고 거짓말로 대답했다. "아기스는 으레 '그대들이 오늘은 어디를 습격하였소?' 하고 묻고, 그럴 때마다 다윗은, 유다의 남쪽 지역을 털었다느니, 여라무엘 족속의 남쪽 지역을 털었다느니, 또는 겐 족속의 남쪽 지역을 털었다느니, 하는 식으로 대답을 하곤 하였다"(삼상 27:10, 표준새번역).

다윗이 거짓말을 하다니! 이전의 그와는 전혀 다른 모습이다. 그러나 아기스는 다윗을 전적으로 신뢰하게 되었다. "아기스는 다윗의 말만 믿고서, 다윗이 자기 백성 이스라엘에게서 그토록 미움받을 짓을 하였으니, 그가 영영 자기의 종이 될 것이라고 생각하였다"(삼상 27:12, 표준새번역). 이 시기의 다윗의 인생을 음악에 비유하자면 〈메시아〉의 장엄한 곡조가 나오다가 갑자기 술집에서 흘러나오는 노래처럼 값싼 가락이 이어지는 것과 같았다. 이전에 그의 영혼에는 밝은 빛이 비치고 있었으나, 그가 낙심에 빠져 안일함을 따르기 시작하자 마음에서 우러나와야 할 노래가 멈춰버렸다.

하나님의 자녀가 사탄이 기뻐하는 일을 해서 하나님이 그의 인생에서 멀어지신다면 그것이야말로 비극이다. 그러한 사람은 권모술수나 일삼고, 곤경에 처하면 속임수로 빠져나오려고 하는 것이 고작이다. 비관적인 생각으로 허우적거리다가 어느 날 갑자기 마귀의 핍박으로 인해 너무나 비싼 대가를 치르고 있다는 진실을 깨닫는다. 한순간의 고난에서는 해방되었지만, 그것은 하나님의 미소와 마귀의 비웃음을 맞바꾼 것이다. 예수 그리스도의 완벽한 보호막 대신 엉성하고 조잡한 패망의 벽으로 바꾼 것이다.

다윗이 그랬다. 하나님의 약속에 대한 믿음을 버리고 시글락의 편안을 택한 결과였다. 그 선택은 얼마 가지 않아 불길 속에 사라지고, 다윗은 자책과 후회로 비통하게 울어야 했다. 대적에게 굴복한 한 사람 때문에 얼마나 많은 폐해가 발생한 것인가!

예방책은 있다. 듣고 기도하면 하나님의 자비로 그런 일이 일어나지 않는다. 그러나 그런 상황에 빠졌다면 어떻게 해야 하는가?

오직 하나님의 말씀으로

성경으로 돌아가 보면 다윗이 실패한 근본 원인이 나온다. 사무엘상 27장 1절에 "다윗이 그 마음에 생각하기를"이라는 구절이 그것이다. 그는 위기를 당하면 주님에게 묻던 사람이었다. 그러나 이때는 하나님이 아니라 자신에게 묻는 중대한 과오를 범했다. 다행스럽게 그는 절망적 상황에서 새롭게 교훈을 얻고 이후에 다시 하나님에게 물었다. 그리고 주님은 다시 그를 만나주셨다(삼상 30:8).

나발이 다윗에게 도발했을 때 그는 분노와 성질을 못 이겨 하나님을 찾지 않는 잘못을 저질렀다. 또한 시글락에서는 공포에 사로잡혀 어쩔 줄 몰라 하다가 주께 묻지 않고 자신의 판단에 따르는 잘못을 범했다. 이처럼 감정이 격앙되거나 분노로 몸이 떨릴 때는 어떤 결정도 하지 말아야 한다. 맥박이 정상으로 돌아올 때까지 기다리라. 무언가 행동하지 않으면 안 될 것 같은 엄청난 중압감을 느끼는 순간이야말로 비극적 판단을 하기 가장 쉬운 때다. 그런 순간에는 강제로라도 자신을 하나님 앞으로 몰아넣어야 한다. 강제로라도 말이다. 분노로 핸들을 놓칠 것 같을 때, 낙심의 희생물이 될 것 같을 때, 절망하지 않을 수 없을 때, 마귀에게 굴복할 것 같을 때에 마지막으로 해야 할 일은 하나님을 찾는 것이다. 겁에 질린 상태에서 무언가 행동하는 것만이 살길이라는 생각은 금물이다.

무슨 일을 하기 전에 일단 가만히 서 있으라. 주님으로부터 말씀이 올 때까지 기다리라. 무릎 꿇고 예수님에게 자비와 도움을 간구하며 가야 할 길을 분명하게 밝혀주실 때까지 하나님을 바라보아야 한다. 갈 길을 보여주시지 않는다면 결단코 움직여서는 안 된다. 하나님과 함께 걸으며 이 원칙을 지킨다면 많은 죄를 피할 수 있다.

다윗이 정상적으로 주님을 바라볼 때 잊지 않았던 세 가지 기본적이고 간단한 진리를 당신도 기억하기 바란다. 첫째, 하나님의 약속은 확실하다는 것을 기억해야 한다. "여호와께서 그의 종들의 영혼을 속량하시나니 그에게 피하는 자는 다 벌을 받지 아니하리로다"(시 34:22). 하나님은 예수님의 피를 통해 우리가 하나님에게 갈 수 있는 길을 예비해 놓으셨다. 우리는 구세주와 닮은 모습을 갖추기 위해 하나님의 영으로 다시 태어나야 하고, 예수님이 참으신 것과 같이 참아야 한다. 그렇게 살 때 하나님 아버지의 손에서 우리를 빼앗을 자가 없다.

둘째, 하나님의 약속은 조건부임을 기억해야 한다. "여호와의 눈은 의인을 향하시고 그의 귀는 그들의 부르짖음에 기울이시는도다 여호와의 얼굴은 악을 행하는 자를 향하사 그들의 자취를 땅에서 끊으려 하시는도다"(시 34:15-16). 회개하지 않고, 복음을 믿지 않는 사람에게는 성경의 어떤 약속도 효력이 없다. 그러므로 지금 느끼고 있는 낙심과 두려움의 원인이 무엇인지 깊이 생각해 보아야 한다. 자기 자신이 하나님의 말씀대로 살지 않으면서도, 하나님이 자신을 잊어버리고 망하게 내버려두신다고 생각하는 사람이 있다. 그것은 범죄 행위다. 그런데 만약 하나님이 정하신 길로 가며 예수님에게 진심으로 나왔음에도 불구하고 의심이 든다면 어떻게 해야 할까? 그것은 마귀가 하는 짓이 아니라 하나님이 회개하고 믿게 하려고 주시는 시련임이 틀림없다.

셋째, 하나님의 약속은 잘못을 바로잡는다는 것을 기억해야 한다. 사무엘상 27장 1절에서 다윗은 "블레셋 사람들의 땅으로 피하여 들어가는 것이 좋으리로다"라고 생각했다. 사탄과의 싸움에 대한 중압감에 못 이겨 하나님에게서 빨리 떠나려고 한 것이다. 그러나 하나님을 바라보며 기다리면 하나님을 사랑하는 자에게는 모든 것이 합력하여 선을 이룬다. 예수 그리스도 안에 있는 우리를 하나님의 사랑에서 떼어놓을 수 있는 피조물은 온 우주에 없기 때문이다. 하나님은 "여호와는 마음이 상한 자를 가까이하시고"(시 34:18)라는 말씀으로 우리에게 가까이 있겠다고 약속하셨다. 우리는 예수 그리스도의 상처에서 멀어지게 하는 모든 것을 경계해야 한다.

13

한계에 부딪칠 때

사람의 한계가 하나님이 시작하실 기회다

|

삼상 29:1-30:10

새 소망의 빛을 찾기 바로 전이 인생에서 가장 어두운 시기라는 말은 틀린 말이 아니다. 시편 18편 4-5절은 다윗이 그런 어려운 시기에 쓴 노래다. "사망의 줄이 나를 얽고 불의의 창수가 나를 두렵게 하였으며 스올의 줄이 나를 두르고 사망의 올무가 내게 이르렀도다"(시 18:4-5).

다윗은 그야말로 극한 상황에 이르렀다. 그러나 아무리 극한 상황이라 하더라도 반드시 기억해야 할 것은 하나님이 그곳에 우리와 함께 계신다는 진리다. 보통은 그 진리를 깨닫지 못한 채 속수무책으로 물살을 따라 떠내려간다. 그러나 성경은 하나님이 마음이 상한 자를 가까이하신다고 가르친다(시 34:18). 다윗은 "사람의 한계가 하나님이 시작하실 기회다"라는 격언을 증명했다. 우리가 참으로 마지막이라고 생각하는 순간이 사실은 하나님의 뜻과 목적 안에서 새로운 발견고- 탐험의 문턱을 넘는 순간이다.

주님은 "나는 거의 넘어질 뻔하였고 나의 걸음이 미끄러질 뻔하였으니"(시 73:2)라고 탄식할 정도로 약한 사람에게 가까이 계신다. 우리는 항상 우리 힘만으로는 아무것도 하지 못하는 무력한 존재라는 마음가짐으로 하나님 앞에 서야 한다. 자신의 약함을 아는 것이 하늘에서 오는 힘을 얻는 전제 조건이다. 내가 약할 때, 그때에 비로소 내가 강해진다. 반면 내 힘으로 할 수 있다는 자만이 생기면 하늘에서 오는 힘은 사라진다.

적군의 진영에 들어간 다윗

다윗은 사울 때문에 생긴 낙심과 공포를 감당하지 못해 절망한 나머지 블레셋으로 도망하여 국경 도시인 시글락에 살았다. 가드 왕 아기스는 다윗이 자기에게 온 것이 이스라엘을 전면적으로 침략 개시할 절호의 기회라고 생각했다(삼상 28:1-2). 그는 사울의 왕국이 이미 흔들리고 있다는 사실을 알고 있었다. 많은 백성이 이미 이스라엘을 떠나 블레셋 지역으로 들어와 살았다. 그래서 아기스는 전력에 도움이 될 것으로 예상하고 다윗과 그의 부하들을 따뜻하게 맞이했다. 아기스는 이스라엘로 진격하기에 앞서 다윗을 자기 군대의 지휘관으로 삼았다.

가슴을 치고 통탄할 일이 벌어진 것이다. 하나님의 사람이 전쟁에서 싸워야 할 상대인 적군의 진영에 속해 있는, 말도 안 되는 상황이었다. 다윗이 이스라엘의 대적인 블레셋군을 지휘하여 하나님의 백성인 이스라엘을 공격해야 한다니 말이 되는가? 자신이 살기 위해 이스라엘 백성을 자기 손으로 죽여야 하는 자리에 섰으니 이 얼마나 어처구니없는 비극이란 말인가! 그러나 이러한 상황은 외견상 피할 길이 없었다.

그런데 상황이 이상하게 돌아갔다. 블레셋 사람들이 다윗을 신뢰하지 않았다. "블레셋 사람들의 방백들이 이르되 이 히브리 사람들이 무엇을 하려느냐"(삼상 29:3). 블레셋 지휘관들은 다윗의 정체를 항의했다. 아기스가 변호했으나 그들은 다윗을 전쟁에서 제외해야 한다고 강경하게 주장했다. "이 사람을 돌려보내어 왕이 그에게 정하신 그 처소로 가게 하소서……그들이 춤추며 노래하여 이르되 사울이 죽인 자는 천천이요 다윗은 만만이로다 하던 그 다윗이 아니니이까"(삼상 29:4-5). 사정이야 어찌 되었든 망명한 나라의 고위 인사들로부터 배척을 당했으니 다윗의 처지가 딱해졌다.

이 사건은 구약에 나오는 흥미로운 이야기로 가볍게 넘겨버릴 역사가 아니다. 21세기인 오늘날에도 일어나고 있는 일이다. 성경에 나오는 사건들은 모두 지금 우리에게 살아 있는 교훈이 된다. 성경의 어느 부분은 나와 관계가 없다는 생각을 경계해야 한다. 디모데후서 3장 16절은 "모든 성경은 하나님의 감동으로 된 것으로 교훈과 책망과 바르게 함과 의로 교육하기에 유익"하다고 말한다. 사실적으로 묘사하여 보여준 이 옛 이야기는 오늘날에도 수없이 많은 그리스도인에게 일어난다. 예수 그리스도께 온전히 충성하지 않고, 또 예수님이 "한 사람이 두 주인을 섬기지 못할 것이니"(마 6:24)라고 훈계하셨음에도 불구하고 말씀의 권위를 거부하고 자기 생각에 따른 길을 간다. 하나님이 아니라 세상과 가까이 사는 이런 그리스도인들은 비록 담배나 술은 하지 않더라도 불신자와 구별하기 어려운 인생을 사는 자들이다. 성경은 "너희는 믿지 않는 자와 멍에를 함께 메지 말라……그러므로 너희는 그들 중에서 나와서 따로 있고 부정한 것을 만지지 말라"(고후 6:14, 17)고 명령한다. 그래야 주님이 우리를 영접하신다고 선언한다.

그러나 그와 반대되는 극단도 위험하기는 마찬가지다. 구원받지 못한 사람들과 전혀 접촉하지 않을 정도로 고고하게 산다면 그것도 문제다. 진정한 그리스도인이라면 주 예수님을 본보기로 삼아야 한다. 그분은 죄인의 친구이셨으며 절실하게 필요한 사람에게 가까이 계셨지만, 경건하고 흠이 없으시고 구별되시며 더럽혀지지 않으셨다.

오늘날의 그리스도인 중에 본문의 다윗처럼 있어서는 안 될 하나님의 반대편 진영에 속해 있거나, 어울려서는 안 될 친구들과 지내는 경우를 심심치 않게 본다. 그들은 경건의 기준을 낮추고 세상 사람들과 가능하면 더불어 지낸다. 경건하지 못한 사람들을 따라서 행동해야 그들이 이상한 사람으로 보고 멀리하지 않는다는 변명으로 자신을 합리화한다. 그러다가 어느 순간, 믿지 않는 사람들이 갑자기 돌아서서 "이 그리스도인이 여기서 무엇을 하려느냐?"고 하면서 다윗이 자기들 진영에 있는 것을 발견한 블레셋 지휘관들처럼 분노할 것이다.

다윗에게는 더 많은 고난이 이어졌으나 그는 아직도 자기 생각으로 일을 해결하려 했다. 그런 그를 주 하나님은 끝까지 참으셨다.

변함없는 하나님의 은혜

다윗처럼 옳지 않은 행동을 한 사람이라 하더라도 하나님은 영원히 버려두지 않으신다. 절대로 버리지 않으신다. 하나님이 이스라엘 백성이 땅을 소유할 것이라고 모세에게 하신 말씀을 상기하기 바란다. 불순종과 불신앙으로 하나님에게서 아무리 멀리 떨어져 있다 하더라도 돌아오게 하겠다고 약속하셨다. 신명기 30장 4-5절은 "네 쫓겨간 자들이 하늘가에 있을지라도 네 하나님 여호와께서 거기서 너를 모으실 것이며 거기서부터 너를 이끄실 것이라 네 하나님 여호와께서 너를 네 조상들이 차지한 땅으로 돌아오게 하사 네게 다시 그것을 차지하게 하실 것이며 여호와께서 또 네게 선을 행하사 너를 네 조상들보다 더 번성하게 하실 것이며"라고 말한다.

구약 시대에 주 여호와께서 그렇게 말씀하셨듯이 신약 시대에 주 예수 그리스도께서는 이렇게 말씀하신다. "그들을 주신 내 아버지는 만물보다 크시매 아무도 아버지 손에서 빼앗을 수 없느니라"(요 10:29). 이에 대해 사도 바울은 놀라운 믿음을 가지고 단호하게 선언했다. "내가 확신하노니 사망이나 생명이나 천사들이나 권세자들이나 현재 일이나 장래 일이나 능력이나 높음이나 깊음이나 다른 어떤 피조물이라도 우리를 우리 주 그리스도 예수 안에 있는 하나님의 사랑에서 끊을 수 없으리라"(롬 8:38-39). 나는 주 예수 그리스도의 견인(Perseverance)을 믿기 때문에 성도의 견인도 믿는다. 다윗은 타협했기 때문에 끔찍한 고난을 겪어야 했다. 그러나 그가 아무리 멀리 가 있더라도 구속하는 보혈의 능력은 그보다 더 멀리 간다. 하나님을 떠나 아무리 멀리 방황하더라도 자비로우신 주님의 손에서 벗어나지는 못한다.

다윗이 방황할 때 하나님은 그를 보고 계셨다. 그리고 부끄러운 상황에서 터져 나오는 분노를 하나님을 향한 찬양으로 바꾸어놓으셨다. 죽음으로 다가가는 다윗을 교묘한 지혜로 보호해 주셨다. 다윗이 하나님의 뜻에서 벗어나 잘못된 곳으로 가서 세상적인 삶을 살아가는 동안 하나님은 무슨 일을 하고 계셨을까? 관심을 두지 않으시고 아무 일도 안 하신 것은 아닐까? 그렇지 않다. 역대상 12장을 보면 그 시기에 많은 용사가 다윗을 찾아 시글락으로 모여들었다. "그때에 사람이 날마다 다윗에게로 돌아와서 돕고자 하매 큰 군대를 이루어 하나님의 군대와 같았더라"(대상 12:22).

망명 생활을 하고 있는 이 기름 부으심을 받은 자에게 각 지파에서 모여든 사람은 34만 명이 넘었으며 그들은 성심으로 그가 이스라엘의 왕이 되도록 도왔다(대상 12:23-37). 비록 그가 하나님의 축복과 뜻에서 벗어나 있었지만, 그것과 관계없이 다윗에게 세우신 하나님의 궁극적 목적은 변함이 없었다. 생각지도 못한 사람들이 여러 곳에서 모여든 것이 좋은 예다. 요단 강이 홍수로 넘칠 때 헤엄쳐 온 사람도 있었고(대상 12:15), 다윗이 블레셋 사람과 함께 사울을 치려 할 때 도망쳐 온 므낫세 사람도 있었다 (대상 12:19). 다윗은 하나님의 축복을 받기에는 전혀 적합하지 않은 장소에 머물고 있었다. 그러나 하나님은 은밀한 가운데 앞으로 다가올 전투에 필요한 사람들을 꾸준히 보내주셨다. 하나님은 다윗의 잘못에도 불구하고 세우신 목적을 이루기 위해 역사하셨다.

오늘도 같은 일이 일어나고 있을지 의심하는가? 단언하거니와 일어나고 있다. "하나님이 미리 아신 자들을 또한 그 아들의 형상을 본받게 하기 위하여 미리 정하셨으니 이는 그로 많은 형제 중에서 맏아들이 되게 하려 하심이니라 또 미리 정하신 그들을 또한 부르시고 부르신 그들을 또한 의롭다 하시고 의롭다 하신 그들을 또한 영화롭게 하셨느니라"(롬 8:29-30). 이 모든 것은 과거형의 성취다. 설사 사탄이 당신을 넘어뜨려 밀려나게 하고, 마귀의 군대 편에 서서 행진하게 한다 하더라도 하나님은 세우신 영원한 목적에 따라 은밀한 가운데 한 치의 어긋남도 없이 역사하신다. 이 사실이 약하고 힘없어 어찌할 바를 모르는 믿음의 사람들에게 위로와 격려와 소망이 되기를 간절히 바란다.

블레셋 사람들은 다윗을 집으로 돌려보낸 것이 자기들의 현명한 판단이라고 믿었다. 하나님이 다윗을 위험한 상황에서 구해 내기 위해 그들을 사용하고 계신 것임을 알지 못했다. 모든 상황은 하나님이 다스리신다. 다윗이 시글락으로 돌아간 때는 그가 하나님의 말씀 대신 자기 생각을 따른 결과와 그의 죄에 대한 벌, 그리고 자신의 행동이 초래한 해악을 깨닫기에 절묘한 시점이었다.

그러면 하나님은 왜 시글락이 불타기 전에 다윗이 돌아오게 하지 않으셨는지 의문이 든다. 그러나 시글락을 파괴하는 것이 하나님의 뜻이었다. 그리고 적을 추격해서 잃은 것을 모두 탈환해 오는 시점도 완벽한 하나님의 섭리였다. "하나님을 사랑하는 자 곧 그의 뜻대로 부르심을 입은 자들에게는 모든 것이 합력하여 선을 이루느니라"라는 로마서 8장 28절 말씀은 진리다. 내가 하나님의 마음에서 벗어나 있더라도, 하나님의 훈련을 거부하더라도, 하나님의 사랑의 매에서 도망치려고 했더라도, 주님이 마땅히 버리실 만하다고 스스로 느낄 때라도 하나님은 가까이 계신다. "우리는 미쁨이 없을지라도 주는 항상 미쁘시니 자기를 부인하실 수 없으시리라"(딤후 2:13).

폐허 속에서 주를 바라볼 때

이와 같은 하나님에게 저항할 수 있는가? 이처럼 우리를 사랑하시는 하나님에게 등을 돌리거나, 마음을 드리지 않을 수 있는가? 하지만 하나님의 사랑이 그토록 지극하기 때문에 우리가 어떤 상태에 있더라도 언제든지 도와주실 것이라는 생각은 잘못이다. 어느 시점에서 하나님이 다윗을 구원하셨는지 생각해 보라. 다윗이 자기가 가진 자산을 다 쓰고 기진맥진했을 때 하나님이 개입하셨다. 우리의 경우도 마찬가지다. 우리 힘으로 어찌할 수 없을 때 하나님이 나타나신다.

다윗의 경우 하나님이 성공하셨다. 그러나 치른 값이 너무 비쌌다. 다윗과 부하들이 시글락으로 돌아와 보니 그들이 피난처로 삼았던 도시가 다 타버리고 말았다. "다윗과 그의 사람들이 성읍에 이르러 본즉 성읍이 불탔고 자기들의 아내와 자녀들이 사로잡혔는지라 다윗과 그와 함께한 백성이 울 기력이 없도록 소리를 높여 울었더라"(삼상 30:3-4).

성령의 도우심으로 이 장면을 눈앞에서 일어나는 일처럼 마음속에 그려보기 바란다. 하나님의 사람인 다윗이 블레셋 사람들에게조차 모멸당했다. 비록 있어서는 안 될 진영에 가 있었지만, 용사인 다윗을 적들마저도 쓰지 않았다. 수모는 거기에 그치지 않았다. 가족이 모두 잡혀가고 재산을 모두 빼앗겼다. 슬픔과 분노가 치밀어 오른 부하들은 다윗을 원망하며 반란을 일으킬 기세였다(삼상 30:6). 다윗은 자기 자신을 의존한 결과로 초래된 폐허 가운데 서서 세상과의 타협이 가져온 잿더미를 바라보아야 했다. 적의 경멸은 그렇다 치더라도 자기를 따르던 부하와 백성들이 지도자인 그를 돌로 치려는 참담한 상황이었다. 다윗은 하나님에게서 멀리 떨어져 아득하고 캄캄했다. 다윗이 이때 경험한 참담한 심정보다 더 절박한 고난이 있을까? 그런 고난을 겪은 사람은 어떤 행동을 할까? 그가 할 수 있는 일이 무엇일까? 자기 힘으로 할 수 있는 일이 있을까? 그가 할 수 있는 일은 아무것도 없었다. 그런데 다윗이 어떻게 했는지 보라. "그의 하나님 여호와를 힘입고 용기를 얻었더라"(삼상 30:6).

다윗은 비로소 제정신으로 돌아왔다. 오랫동안 사로잡혔던 타협과 광기와 어리석음에서 벗어났다. 그는 이전에 머물렀던 축복의 장소에 다시 서서 하나님에게 물었다. "다윗이 여호와께 묻자와 이르되 내가 이 군대를 추격하면 따라잡겠나이까"(삼상 30:8). 자신의 어리석은 선택으로 타락의 깊은 늪을 걸었던 다윗에게 주님은 "이제 더는 너를 믿지 못하겠다!" 하고 호통치셨을까? 아니면 "네가 정말 달라졌는지 한 6개월 정도 두고 보아야겠다"고 유보적 자세를 보이셨을까? "안 된다. 너는 오랫동안 다시 훈련을 받아야 한다. 그 결과를 본 후에 너를 믿겠다"고 엄한 벌을 내리셨을까? 어느 것도 아니었다. 하나님은 즉시 용서하셨다. "여호와께서 그에게 대답하시되 그를 쫓아가라 네가 반드시 따라잡고 도로 찾으리라"(삼상 30:8).

가장 낮은 밑바닥까지 내려간 다윗은 거기서 하나님에게 돌아섰다. 더는 울 기운이 없을 때까지 가슴이 찢어지게 우는 다윗을 주님이 보고 계셨다. 그가 흐르는 눈물을 주체하지 못하며 얼굴을 든 순간, 하늘은 능력과 승리로 응답해 주셨다. 승리로 가는 길을 여는 순간이었고, 축복으로 가는 계단에 올라선 순간이었으며, 하나님이 그의 인생에 세우신 목적이 이루어지기 시작하는 순간이었다.

이것은 신약의 진리를 보여주는 구약의 실례다. 시글락의 폐허 위에서 다윗이 돌아간 곳이 바로 지금도 하나님이 당신을 데려가고 싶어하시는 곳이다. 승리와 축복의 땅으로 하나님이 인도해 주시기를 진심으로 바란다면 자기가 주도해 온 삶의 실패 가운데 비통한 마음으로 서야 한다. 하나님을 대항해서 싸운 어리석음을 인정하고, 예수님에게 눈을 돌려 눈물로 얼룩진 얼굴을 하늘을 향해 들어야 한다. 그때야 비로소 당신의 적, 하나님의 적을 쫓아 승리를 거둘 수 있다. 이 점에 대해 사도 바울은 "내 속 곧 내 육신에 선한 것이 거하지 아니하는 줄을 아노니"(롬 7:18)라고 한탄했다. 눈물로 하나님의 보좌에 상달되게 부르짖는 진정성을 가져야 한다. 그와 같이 고백할 때 영적 혁신이 온다. 새로운 걸음, 새로운 노래가 온다. "내가 그리스도와 함께 십자가에 못 박혔나니 그런즉 이제는 내가 사는 것이 아니요 오직 내 안에 그리스도께서 사시는 것이라 이제 내가 육체 가운데 사는 것은 나를 사랑하사 나를 위하여 자기 자신을 버리신 하나님의 아들을 믿는 믿음 안에서 사는 것이라"(갈 2:20). 그러므로 사도 바울은 하나님이 "약속하신 그것을 또한 능히 이루실 줄을 확신"(롬 4:21)했다.

그것이 왕국으로 가는 길이다. 그것이 유일한 길이라고 우리 주님이 말씀하셨다. "아무든지 나를 따라오려거든 자기를 부인하고 날마다 제 십자가를 지고 나를 따를 것이니라"(눅 9:23). 우리는 하나님 앞에 자기 자신을 바짝 낮추고 어린아이처럼 되어야 한다. "하나님의 나라가 이런 자의 것"(눅 18:16)이기 때문이다.

하나님의 인생 지침을 거부하고 자신의 뜻, 즉 현실과 타협한 삶을 살아서 절망의 구렁텅이에 빠졌다 하더라도 하나님이 지금도 당신을 사랑하신다는 진실을 잊지 말라. 그분은 지금도 당신을 위한 큰 계획을 가지고 계시며, 당신을 구원해 주실 분은 오직 그분뿐이시다. 그분에게 대항하는 싸움을 그치고, 주님 안에서 용기를 얻고 갈 길을 묻는 그 순간, 하나님의 응답을 만나게 된다. 하나님은 지금 당신 옆에 계신다. 다윗에게 주셨던 승리와 축복을 주시기 위해 당신 옆에 계신다.

14

회개할 때

영적인 비전, 열정, 행동을 되찾는 것이야말로 진정한 회개다

삼상 30:11-31

사무엘상 30장 19절에는 "모두 다윗이 도로 찾아왔고"라는 말씀이 나온다. 인간이 하나님에게 대항하여 일으켰던 반란으로 잃어버렸던 모든 것을 예수 그리스도께서 죽으심과 부활로 다시 찾아오시는 장면을 보여주는 구약의 아름다운 그림이다. 잃어버린 것을 다시 찾아오기 전, 다윗은 너무나 불쌍한 모습이었다. 재산과 집, 가족 등 모든 것을 잃었다. 그 이유는 명백하다. 영적 타락이 외부로 나타난 증거였다. 아말렉은 하나님이 다윗의 잘못을 깨닫게 하시려는 채찍의 손이었다. 다윗을 하나님의 뜻 안으로 데려오시고, 하나님이 세우신 그의 인생 목적 안으로 돌아오게 하시려는 것이었다.

다윗은 비전을 잃어버렸다. 사무엘상 27장은 "이러다가는 머지않아 나는 사울의 손에 죽게 될 것이다"(삼상 27:1, 우리말성경)라는 다윗의 실망으로 시작한다. 그는 비전을 잃었을 뿐만 아니라 열정도 잃었기 때문에 마음속으로 그러한 생각을 했다. 기도하기를 잊어버리고 하나님에게 묻는 자리에서 돌아서버렸다. 비전과 열정을 잃어버렸기 때문에 성령께서 지배하시는 행동을 취할 능력을 상실했다. 그 결과 사무엘상 28장에서 보는 바와 같이 서지 말아야 할 진영에 서서, 같이하지 말아야 할 군대와 함께 자기 민족인 하나님의 사람들을 치려고 나서야 하는 난처한 상황을 맞이하고 말았다.

믿는 사람의 모임에 필요한 것은 비전, 열정, 행동 등 세 가지 요소다. 많은 교회가 부흥이냐, 장례식이냐의 갈림길에 서 있다. 우리 주위에는 안락하게 살면서 훌륭한 설교를 듣지만 개인적 희생은 거의 하지 않는, 편하게 신앙생활을 하는 사람들이 많다. 그러나 그와 같은 쉬운 기독교 신앙은 합당치 않다. 비전과 열정과 행동이 곧 부흥이다. 비전이란 하늘을 향해 위를 보는 것이며, 열정이란 내적 갈망과 깊은 애정이다. 또한 그 성령의 능력 안에서 비전과 열정이 밖으로 분출된 것이 행동이다. 우리는 이 세 가지를 모두 잃어버렸다. 비전도 없고, 열정도 찾아보기 힘들다. 천국 지향적인 행동은 더욱 보기 어렵다. 우리는 이대로 계속 살아서는 안 된다. 그렇다면 비전이란 무엇이고, 하늘을 본다는 것은 무엇인가?

비전을 잃은 자

다윗은 하나님의 약속을 잊어버리고 하나님의 능력을 믿지 않았기 때문에 비전을 잃어버렸다. 대적으로부터 자기를 보호해 주시는 하나님의 능력을 의심했다. 비전을 잃었기 때문에 그는 결과적으로 가졌던 것 모두를 잃어버렸다.

우리도 비전을 잃었다. 왜 비전을 잃은 것인가? 우리는 하나님과 하나님의 말씀을 믿는다고 입으로는 고백한다. 그러나 매일, 매 순간 그리스도의 심판대에 눈을 고정하고 있는지 자문해 보라. 모든 행동, 모든 생각, 모든 말이 그리스도의 임재라는 시각에서 보면 어떤가? 믿음이란 한 눈은 명령을 받기 위해 그리스도의 옥좌를 바라보고, 다른 한 눈은 자신의 말과 행동에 책임질 것이 없는지 하나님의 심판대를 바라보는 자세이기도 하다. 성경 말씀은 이해하는 것이 먼저라고 말하는 사람들이 있으나, 잘못된 것이다. 성경 말씀은 믿고 순종하는 것이 먼저다. 하나님의 말씀을 아는 것과 말씀의 하나님을 아는 것은 전혀 다르다. 회의, 집회, 전도, 예배 등 그리스도인의 많은 모임이 열리지만, 사람들은 변하지 않고 그대로다. 진정으로 믿지 않는 그리스도인들이다. 이처럼 좋은 여건에서 이처럼 어리석다니 안타까운 일이다.

이사야는 경건에 대한 눈을 가졌기에 이런 고백을 할 수 있었다. "나는 부르짖었다. '재앙이 나에게 닥치겠구나! 이제 나는 죽게 되었구나! 나는 입술이 부정한 사람인데, 입술이 부정한 백성 가운데 살고 있으면서, 왕이신 만군의 주님을 만나 뵙다니!'"(사 6:5, 표준새번역). 이것이 선지자가 한 말이라니 놀랍다. 하나님의 경건이 타락을 깨닫게 해주셨기 때문에 그는 자신의 죄를 보았다. 그러자 스랍이 날아와 그가 깨끗하게 되었음을 선언했다. "이것이 너의 입술에 닿았으니, 너의 악은 사라지고, 너의 죄는 사해졌다"(사 6:7, 표준새번역). 그는 하나님 없이 사는 자기 백성의 소망 없음을 보았다. 그리고 "가서 이 백성에게 이르기를……"(사 6:9)이라는 하늘로부터 내려온 명령의 비전을 받았다.

경건에 대해 눈뜬 이사야는 죄를 고백하게 되었고, 그것은 죄를 씻는 결과를 가져왔다. 그리고 하나님을 떠나 소망이 사라진 백성에게 가서 하나님의 말씀을 전하라는 명령을 받게 되었다.

세상에는 하나님의 명령을 외면하고 살아가는 사람들이 무수히 많다. 예수님은 그들을 위해 죽으셨건만 그들은 진리를 알지도 못하고, 복음을 듣지도 못했다. 가슴 아픈 일은 매주 수백만 명에 달하는 사람들이 예수님을 모른 채 죽어간다는 것이다. 길지 않은 교회 예배 시간 중에도 수많은 사람이 하나님이 계신 영원의 세계로 간다. 이 엄숙한 사실 앞에서 하나님을 믿는다고 자처하는 사람들은 어떤 생각을 해야 할까?

하나님은 복음을 한마디도 듣지 못한 사람들이 수백만 명이나 되는 러시아보다 미국이나 영국 때문에 더 마음 아파하실 것이다. 듣기만 하면 믿을 사람이 많은 나라보다 아무리 들어도 하나님 앞에 오지 않는 사람들이 많은 나라를 더 불쌍히 여기시지 않겠는가? 구세군을 창시한 윌리엄 부스는 만약 할 수만 있다면 지옥에서 일어나는 일 하나하나를 온종일 관찰할 수 있도록 구세군 훈련의 마지막에 24시간 동안 지옥에 매달아놓는 과정을 넣고 싶다고 말했다. 이 역시 우리에게 필요한 시각이다. 우리는 선교 단체에 몇 푼 헌금하는 것으로 의무를 다한 듯 만족한다. 구원받지 못한 친구들에게 복음을 전하지 않으며, 구원받지 못한 사람들이 말씀을 들을 수 있도록 교회로 데려오려는 노력을 전혀 하지 않는다. 우리는 하나님 앞에서 그것이 얼마나 무서운 행동인지 깨닫고 회개해야 한다. 하나님 없이, 구원 없이 사는 소망 없는 사람들에 대한 시각을 가져야 한다.

영적인 눈을 떴는가?

자신의 죄에 대해서 눈뜨고 있는가? 아마 그렇지 않을 것이다. 우리는 흔히 자신의 죄에는 눈을 감고, 주위 사람의 죄에는 눈을 부릅뜬다. 저 친구는 성격이 고약하다고 떠들면서 자신이 화나는 것은 의의 분노라고 강변한다. 저 사람처럼 탐욕스러운 사람을 보았느냐고 하면서 자신의 욕심은 합리적인 사업 확장이라고 미화한다. 저 친구야말로 황소고집이라고 비웃으면서 자신은 순수한 신념이라고 우긴다. 말씀의 화살과 성령의 질책 뒤에 숨어서 이웃을 향해 손가락질한다. 그러므로 다시 묻는다. 자신의 죄에 대해서 눈뜨고 있는가?

경건에 대해서는 눈뜨고 있는가? 하나님을 경외하는 마음이 있는가? 주님의 날에 대비하여 어떻게 마음을 준비하고 있는가? 지난 주일에 하나님의 집에서 주님을 만나기 위해 어떤 준비를 했는가? 전날 밤 합당한 준비를 했는가? 교회에서 진행 중인 기도 모임은 성황을 이루고 있는가? 아니면 출석하겠다고 약속한 사람들이 바쁘다는 핑계로 오지 않아 한산한가? 교회에 축복을 내려달라고 기도하기 위해 예배 시간보다 일찍 교회에 가는가, 아니면 시간에 딱 맞추는가? 혹은 예배 시간보다 늦게 가는가? 세상일로 일정이 빡빡해서 하나님과 함께할 시간이 없는 것은 아닌가?

이처럼 교회 일에 간섭하고 훼방할 사람은 많으나 교회를 위해 하나님에게 간구할 사람은 많지 않다. 친구와 만나서 떠드는 시간을 줄여 하나님과 이야기하고, 잠자는 시간을 줄여 말씀을 묵상하는 열심을 보이자. 죄짓는 사람은 기도를 그치고, 기도하는 사람을 죄짓기를 멈춘다. 친구의 험담을 하는 사람은 친구를 위해 기도하지 않지만, 친구를 위해 기도

하는 사람은 친구의 험담을 하지 않는다.

주일 예배가 승리의 예배인가 아닌가는 목사님이 강단에 서기 전에 이미 결정 난다. 하나님 앞에 무릎을 꿇고 기도하는가에 달렸다. 왜 속죄소가 비어 있고 제단에는 아무것도 없는가? 강단 앞에 있는 공간은 단순히 얼굴을 비치기 위해 교회에 나온 사람들을 위한 장소가 아니다. 자신에 대해 죽고 하나님을 위해 살기 시작한 사람들이 서는 장소다. 그런 곳이 우리가 기도하지 않기 때문에 비어 있다. 내가 여기서 말하는 기도란 장난꾸러기 어린이가 남의 집 벨을 누르고 문이 열리기 전에 재빨리 도망가는 것 같은 기도를 말하지 않는다. 내가 말하는 기도는 슬픔을 가눌 길이 없어 입술은 움직이지만 소리는 나오지 않는 고뇌의 몸부림 같은 기도, 한나의 신음 같은 기도를 말한다. "오직 성령이 말할 수 없는 탄식으로 우리를 위하여 친히 간구"(롬 8:26)하시는 것이 바로 그러한 기도다.

교회 행사, 전통, 삶의 안락, 사업의 성공 같은 것들이 얼마나 중요하기에 기도를 잃어버린단 말인가! 영적으로 황폐해져도 모른단 말인가! 나는 심판의 날에 보지 못하던 사람들이 내게 와서 눈물로 항의하는 모습을 상상한다. "목사님, 목사님은 좋은 말과 글로 자신을 숨기시지 않았습니까? 진실로 우리 걱정을 하신 겁니까? 진실로 우리를 위해 기도하신 겁니까?" 그 무서운 생각에 나는 잠을 이루지 못한 밤이 많다.

하루 동안 성경은 덮어놓고 성령과만 대화해 보기를 권한다. 하나님의 자녀라면 곧 능력과 부흥, 회복의 축복을 받을 것이다. 진통 없이는 새로운 일을 이루지 못한다. 교회에 출산의 고통이 있는지 돌아보자. 그리스도 안에서 새로 태어난 아기가 누워 있어야 할 구유가 항상 비어 있다면 교회의 모든 프로그램이나 기계 장치는 아무 의미가 없다.

유명한 인도 전도사 에이미 카마이클의 기드다.

> 잃어버린 영혼을 향한 열정을 주시옵소서
> 불쌍히 여기는 뜨거운 마음을 주시옵소서
> 죽기까지 사랑할 사랑을 주시옵소서
> 불꽃처럼 타오르는 뜨거움을 주시옵소서
>
> 잃어버린 자를 위해 진통하는 기도에
> 능력을 쏟아부어 주시옵소서
> 이기신 분의 이름으로 하는 기도가 승리하고
> 성령 충만하게 해주시옵소서.

진정한 회개와 회복

"계시[비전]가 없으면 백성들은 망하나"(잠 29:18, 우리말성경)라는 잠언 말씀은 진리다. 그리고 열정이 없는 교회가 망하는 것도 진리다. 다윗은 낙심의 제물이 되자 가서는 안 될 적의 진영으로 갔다. 골리앗의 동족과 함께 사는 동안 골리앗을 넘어뜨린 위대한 승리의 기억은 빛이 바랬다. 비전을 잃어버리고 열정이 사라지자 다윗은 하나님의 뜻에 맞는 행동을 하지 못하게 되고 말았다.

그러나 이제 다윗은 영적으로나 물질적으로 잃었던 것을 다시 찾았다. 회복 불가능해 보이던 상실을 완전히 회복했다. 어떻게 가능했을까? 그가 하나님에게 돌아옴으로 가능했다. 하나님의 입김으로 새 비전을 얻었고, 새 열정의 불꽃이 당겨졌다. 바람과 불은 이 세상에서 가장 강력한 힘이다. 막을 수도 없고, 걷잡을 수도 없고, 예측할 수도 없다. 성령강림절에 성령께서는 전도의 열심에 불을 지피셨고, 부흥의 불길을 일으키셨다. 하나님의 입김은 타락의 불길을 잡고 대적의 화력을 잠재운다. 영적으로 충만하다면 다른 면에서 다소 부족하더라도 문제가 되지 않는다. 성령께서 들어오셔서 머무시기만 한다면 죄의 찌꺼기가 말끔히 없어지고 인생이 정화된다. 그러나 모든 것을 잃고도 잃었다는 사실을 깨닫지 못한 채 살아간다면 그 얼마나 기막힌 일인가!

다윗은 모든 것을 회복했다. 빼앗겼던 두 아내와 재물도 다시 찾았다. 무엇보다도 영적인 비전, 열정, 행동을 다시 찾았다. 사무엘상 30장 8절에는 하나님에게 물어보는 다윗의 모습이 다시 등장한다. 그가 얼마나 열렬히 승리를 원했는가는 속도를 맞추기 힘든 200명의 병사를 후방에 남겨두고 나머지 400명가량의 병사들만 데리고 추격한 것만 보아도 알 수 있다(삼상 30:9-10).

다윗은 회개했고 잃었던 모든 것을 회복했다. 회개란 감동적인 말씀을 듣고 흘리는 몇 방울의 눈물이 아니다. 일시적이고 감정적인 후회도 아니며, 단순한 잘못의 뉘우침도 아니다. 하나님에 대한 마음, 죄에 대한 생각의 근본적 변화다. 구원의 조건이며 구원의 믿음이다. 또한 회개는 교회의 부흥에서 불가결한 요소이기도 하다. 다윗은 몇 달, 몇 년 동안 잃어버렸던 것들을 단 하루 만에 도로 찾았다. 하나님에게 돌아오자 즉시 하늘이 응답했다. 우리도 마찬가지다. 하나님이 원하시는 조건만 갖추면 주님은 즉시 우리에게 응답해 주신다. 그러한 시각으로 우리는 어떻게 살고 있는지 반성해 보자. 과연 하나님이 주신 비전을 가지고 있는가? 하나님의 경건하심, 우리 자신의 죄, 하나님의 약속의 성취에 대한 확실한 비전을 가지고 살고 있는가? 지옥의 공포는 엄연한 실제 상황이다. 주위에 불쌍한 영혼들이 죽어가고 있음에도 불구하고 왜 우리는 그런 사람들에게 관심을 갖지 않는 것인가? 그들에 대해 성령으로 불타는 열정을 가져야 한다. 또한 하나님이 가르치시는 행동이 뒤따라야 한다. 하나님의 뜻 안에 살아야 하고, 오직 하나님의 명령에 따라 움직여야 한다.

교회가 어떻게 되기를 바라는가? 부흥인가, 아니면 쇠락인가? 부흥을 원하고 모든 것을 회복한 다윗처럼 되기 원한다면 비판을 멈추고 하나님에게 부르짖어야 한다. 하나님의 뜻에 대한 순종을 게을리하지 말고 하나님의 가르치심에 따라야 한다. 자기 자신에 몰두하지 말고 하나님을 위해 자신을 바쳐야 한다. 회개하고 돌아오라. 그러면 하나님의 축복과 인도하심이 따를 것이다.

행하라 하나님의 사람은 더 이상 머뭇거리지 않고 행동에 옮긴다

귀 기울이라 하나님의 사람은 언제나 깨어 기도하며 주님을 찾는다

따르라 하나님의 사람은 하나님이 정하신 방식을 그대로 따른다

붙들라 하나님의 사람은 하나님에게 거절당했을 때 약속을 붙들고 기도한다

바르게 하라 하나님의 사람은 말씀에 진심으로 순종하는 마음자세를 가진다

절제하라 하나님의 사람은 말, 행동, 외양에 있어서 절제된 삶을 산다

책임지라 하나님의 사람은 죄의 대가로 주어지는 사랑의 채찍을 달게 맞는다

승복하라 하나님의 사람은 십자가를 바라보며 하나님의 엄한 용서를 받아들인다

순종하라 하나님의 사람은 자발적인 헌신과 사랑으로 주님을 기꺼이 따른다

고대하라 하나님의 사람은 그날이 오기를 기다리며 순종한다

싸우라 하나님의 사람은 각자의 영적 싸움에서 강인한 정신으로 승리를 쟁취한다

구하라 하나님의 사람은 언제나 성령 충만을 간구한다

이해하라 하나님의 사람은 하나님의 세월을 받아들이고 할 일을 다한다

2
PART

하나님의 사람은
어떻게 사는가?

1

행하라

하나님의 사람은 더 이상 머뭇거리지 않고 행동에 옮긴다

|

삼하 3:1-39

아말렉을 쳐서 시글락에서 잃었던 모든 것을 회복했다고 해서 다윗이 곧바로 왕이 된 것은 아니다. 하나님이 세우신 계획의 다음 단계로 넘어가려면 참을성 있게 더 기다려야 했다. 사울과 요나단이 전사했다는 소식을 들은 다윗은 이제 하나님의 약속이 이루어지고 자신이 이스라엘 왕이 되는 때가 곧 오리라고 생각할 만도 했다. 그러나 사무엘하 1장 17-27절에 기록된 놀랍도록 아름다운 비탄의 노래를 보면, 다윗은 그토록 오래 기다리던 기쁨의 순간조차 까맣게 잊어버리고 슬퍼했다. 자신이 왕이 된다는 생각도 없이 오로지 사울 왕과 그가 사랑하던 친구인 요나단의 비극적 죽음을 목 놓아 슬퍼할 뿐이었다.

분명히 다윗은 하나님을 바라고 기다리는 마음으로 다시 돌아왔다. 왕국은 하나님이 주기로 약속하신 것이었지만, 하늘의 지시하심 없이는 손을 내밀어 잡으려 하지 않았다. 인간적으로 말한다면 이 시기는 블레셋이 이스라엘을 침략한 위급한 시기였기 때문에 다윗이 왕권을 잡으려 했다 하더라도 누가 뭐라고 할 상황이 아니었다. 게다가 그는 하나님이 왕으로 기름 부으신 사람이었다. 따라서 즉각적으로 움직였다 하더라도 아무도 잘못이라고 말할 수 없었을 것이다. 그러나 다윗은 기다렸다. 오로지 하나님을 바라보며 기다려야 한다는 쓰라린 교훈을 배웠던 것이다. 다윗은 주님에게 물었고(삼하 2:1) 하나님의 지시에 따라 헤브론으로 올라가 거기서 유다의 왕으로 추대받았다. 비로소 교두보가 마련된 것이었다. 다윗은 헤브론에서 유다 왕으로 7년 반을 다스렸다.

한편 사울의 군사령관이었던 아브넬은 하나님이 거부하신 사울의 집안을 재건하려는 헛된 노력으로 사울의 아들 이스보셋을 왕으로 삼아 이스라엘을 다스리게 했다. 그러한 이유로 사무엘하 3장 1절에 기록된 바와 같이 다윗의 집안과 사울의 집안 사이에는 장기간에 걸친 내전이 일어났다. 그러나 그 와중에 다윗은 점점 더 강해졌고, 사울의 집안은 점점 더 약해졌다.

이윽고 아브넬은 자신이 하나님에게 맞서 싸우는 진영에 잘못 서 있음을 깨닫고 이스라엘 곳곳을 다니며 백성들에게 연설했다. "너희가 여러 번 다윗을 너희의 임금으로 세우기를 구하였으니 이제 그대로 하라"(삼하 3:17-18). 그들은 무능한 사울의 후손을 보존하려고 오랫동안 노력했으나 이제는 일어나 다윗에게 왕관을 씌워야 할 때가 온 것을 알았다. 아브넬은 다윗의 사령관 요압에 의해 살해당했지만, 그의 결단으로 다윗의 대관식 날이 밝아왔다. 오래지 않아 다윗은 온 이스라엘을 통치할 왕으로 즉위했다(삼하 5:3).

우리 마음의 왕좌

성령께서는 이 구약의 이야기를 통해 우리 인생에 놀라운 메시지를 전하신다. 우리는 아브넬이 말한 이스라엘 백성과 크게 다르지 않다. 우리는 다윗의 위대한 자손을 우리 임금으로 세우기를 구해 왔다. 예수 그리스도의 주권 아래 사는 삶, 하나님의 인도 아래 사는 삶, 하늘이 가르쳐주시는 대로 사는 삶을 갈망해 왔다. 상상만으로도 기쁨에 춤출, 참으로 경이로운 삶이다.

그러나 우리는 그런 인생을 그리워하기는 하지만 선뜻 행동에 나서지는 않는다. 문제가 너무 크고, 결과가 너무 심각하고, 인생에 너무 큰 영향을 미칠 것 같아서다. 주 예수님은 다윗에게도 그러셨듯이 우리를 강제로 대하지 않으신다. 다윗처럼 우리가 예수님에게 드리는 것만 받으신다. 다윗은 헤브론에서 유다 백성들의 추대로 유다의 왕으로 즉위했다. 또한 이후에 이스라엘 백성들이 추대해서 이스라엘의 왕으로 즉위했다. 추대받을 때까지 그는 스스로 한 발자국도 떼어놓지 않았다.

주 예수님도 이처럼 우리가 드릴 때 받으신다. 하나님은 우리를 용서하시지만 우리는 아무것도 드리는 것이 없다. 우리는 인정하려 하지 않지만, 사실상 공공연히 왕에게 저항하며 살아간다. 그러나 헤브론을 바친 사람들도 있다. 우리는 우리가 독점하고 있는 것 중에서 별 영향이 없는 아주 작은 일부분을 드리고서 다 드렸다고 믿는다. 그러나 그 정도로는 단연코 평화를 얻지 못한다. 오늘날 많은 그리스도인의 삶에는 문자 그대로 전쟁이 일어나고 있다. 사울의 왕국인 육신과 다윗의 왕국인 영 사이의 싸움이다. 이 전쟁은 더 할 수 없이 치열하다. 우리는 쓰러져가는 자아의 왕국을 조금이라도 더 연장하기 위해 무슨 짓이라도 한다. 조그만 권리라도 어떻게든 지키고 싶어한다. 일부만이라도 자기 방식으로 살려 하고, 무슨 일이 있어도 가진 것을 지키고 싶어한다. 예수님과 함께 십자가에 매달리지 않고 어떻게든 자아의 왕국을 지켜내려고 발버둥 친다.

그러니 싸움은 계속된다. 교회에 나가 예배드리고, 설교를 듣고, 하나님의 말씀을 공부하지만 육신과 영의 전쟁은 계속된다. 하나님이 십자가에 달기 원하시는 인생의 악한 부분을 어리석게도 버리지 못하고 살아간다. 그러한 타성에 종지부를 찍지 않는 한 영혼에는 비극적 갈등이 지속될 수밖에 없다. 하나님은 우리 인생에 승리와 축복과 능력을 주는 유일한 존재이시다. 그러나 우리를 하나님에게 강제로 복종하게 만들 힘은 누구에게도 없다. 그래서 결과적으로 많은 그리스도인이 사실상 하나님과 떨어져 산다.

이제 행동할 시간이다. 마음속으로 굳게 다짐해야 할 시간이다. 사탄을 물리치고 예수님을 주님으로 모셔야 한다. 강탈자를 물리치고 구속자를 모셔야 한다. 죄와 자아의 자리를 박차고 일어나 경이로우신 주님이 계신 곳으로 가야 한다. 전쟁에서 진 일이 한 번도 없으신 오직 한 분에게 온전히 속한다면 진정 구별되는 삶을 살 것이다. 우리는 여러 번 다윗의 위대한 자손을 우리를 다스리는 임금으로 세우기를 구해 왔다. 그렇다면 이제 그렇게 하자. 그분을 왕으로 모시자. 지금 행동해야 할 이유는 충분하다. 우리 마음속의 오늘을 왕 중의 왕이신 주님의 대관식 날로 만들라. 사탄에게서 완전히 떨어져 나와 하나님이신 왕의 군대에 합류한 날로 만들라. 주 예수 그리스도를 향해 두 팔을 벌렸던 옛 기억을 되살려보라.

두 주인

많은 사람이 예수님을 왕으로 삼기 직전까지 가는 경험을 여러 번 한다. 신앙심 깊은 부모님과 기독교 집안의 영향을 받아 하나님에게 애정을 가졌던 사람들도 적지 않다. 젊어서 연약한 마음으로 주님을 바라보다가 그리스도인이 되기 직전까지 갔던 사람들도 있다. 만약 그와 같은 경험이 있는 사람이라면 하나님을 영접하지 않았기 때문에 인생이 얼마나 피폐해졌는지 돌아보라. 과거의 그날로 돌아간다면 믿음을 갖고 그분을 왕으로 삼는 일에 단 1분인들 지체하겠는가! 그러나 우리는 정신을 차리지 못할 정도로 많은 일에 파묻혀서 하나님을 생각할 겨를이 없다. 상황에 얽매이고, 친구 관계, 죄, 실패, 근심과 걱정에서 벗어나지 못한다. 그러면서도 때로는 목사님의 말씀에 무릎을 꿇기도 하고, 하나님의 부르심이 강해서 공개적으로 믿음을 선언하고 싶어지기도 한다. 때로는 다윗처럼 슬픔과 괴로움이 너무 심해 울다 지치기도 하고, 하나님의 권유를 무시하고 자기 의지만 따르겠다고 고집부리기도 한다.

이러한 경험이나 배경이 없는 사람들도 예수 그리스도를 찾았던 시기가 있다. 나도 경험한 일이지만, 전쟁으로 처참히 불타버린 도시의 잿더미 위에 서 보라. "하나님은 도대체 어디 계신단 말인가! 무얼 하고 계신단 말인가!" 하고 절대자를 찾지 않을 수 없다. 자유분방한 생활을 하던 사람이 혐오감을 느끼고 스스로 탄식하는 경우도 있다. "내가 다시 올바른 삶을 살 수 있을까? 정상적인 생활로 돌아갈 수 있을까? 가능하다면 죄를 씻고 바른 삶을 살고 싶은데 그것이 가능할까?"

앞서 설명한 몇 가지 예에서 보듯이 하나님을 찾는 일시적이고 충동적인 감정은 사무엘서에 나오는 이스라엘 백성들의 감정과 유사하다. 그들은 사울의 통치가 포악해질 때면 어김없이 다윗을 생각했다.

내 개인적인 경험이기도 하고 또 많은 이가 동의하는 것인데, 우리는 죄를 범하면 죄에서 도망치려는 본능이 발동한다. 처음 얼마 동안은 죄에 매혹되어 옳고 그름을 판단하지 못하지만, 시간이 지나면 눈부신 매력이나 전율케 하는 쾌락은 일시적일 뿐이라는 것을 느낀다. 그래서 마침내는 모든 것에 흥미를 잃고 인생이 무의미하고 공허해진다. 그것이 내가 지나온 인생의 한 과정이었다. 결국 "나야말로 불쌍한 사람이구나! 누가 나를 구원해 줄까!" 하고 부르짖는다.

이스라엘 백성들은 그들이 소유한 땅을 대적들이 야금야금 차지하는 것을 보며 물매 돌로 거인을 넘어뜨리던 젊은 용사 다윗을 그리워했다. 골리앗의 목을 베고 블레셋을 물리쳤던 젊은 목동이 다시 돌아와주기를 소망했다. "허수아비 같은 사울은 쓸모없는 사람이지 않은가! 잘못된 정부, 잘못된 지도자 밑에 사니까 블레셋과 싸우기만 하면 지는 거야"라는 한숨이 이어졌다.

여기까지는 칭찬받을 만하다. 그러나 이후부터 수치스러운 일이 일어난다. 과거를 돌이켜보면 당신과 마찬가지로 나도 갈보리에서 나를 위해 죽기까지 하신 하나님의 아들에게 비열하고 치사한 마음을 품었었다. "제 인생에 아주 조금만 들어오십시오. 너무 많이 들어오지는 말아주세요. 천국에 갈 보험은 필요합니다. 제가 의롭지 않다는 사실은 알지만 그렇다고 너무 많은 계명을 요구하지는 말아주십시오. 심판은 피하고 싶지만 그렇다고 사람들이 나보고 광신자라고 부르는 것은 싫습니다. 제 인생의 아주 작은 부분에서만 왕이 되어주십시오." 영과 육의 전쟁이 일어나는 순간이다. 구세주를 알지 못하는 때에도 나름의 평화를 느끼기는 한다. 그러나 예수님을 받아들이고도 인생의 한 귀퉁이에 모셔놓고 무늬만 그리스도인이 되고 나면 전에 느끼던 평화조차도 잃어버린다. 아무리 평화와 용서와 구원을 구해도 마음의 안정을 얻지 못한다. '두 주인'이 인생을 주관하려는 내적 갈등이 끝나기를 바라지만 자신이 가지고 있는 미지근한 자세로는 절대 끝나지 않는다.

이스라엘 백성들은 다윗의 부하들을 부러워했다. 용맹한 다윗을 왕으로 모시고 있는 그들은 기민하고, 빈틈없고, 자기 직분에 충실하고, 자신감이 넘치고, 용감했다. 사기가 떨어진 이스라엘 백성들은 저런 왕을 섬기며 살고 싶다고 소원했다. 부끄러운 일이지만 참된 믿음의 사람을 만나기는 쉽지 않다. 머리로 아는 것이 많은 사람은 흔하다. 그러나 진정으로 믿는 사람, 즉 하나님의 영으로 충만한 사람은 드물다. 이들은 천국의 일에만 몰두하고 세상의 선한 일은 잊어버린 신비적인 신앙을 가진 자가 아니다. 마음은 천국에 두었지만 발은 땅에 디딘, 진실한 믿음을 가진 사람이다. 다만 몇 사람이라도 구원하기 위해 여러 사람에게 여러 모습을 보이는 사람, 죄에서 완전히 멀리 떨어져 사는 사람이다.

누구나 주님에게 강하게 감동하는 시기가 있다. 이럴 때는 기도도 하고, 집에 기도할 특별한 장소를 만들기도 한다. 교회에 나가고, 생활 방식을 바꾸기도 한다. 그러나 오래가지 않는다. 그리스도인으로 사는 길이 올바르다는 것을 알고, 예수님을 마음의 왕으로 모시는 것이 좋다는 것을 충분히 안다. 그러나 현실에 안주한 나머지 이렇게 말한다. "언젠가 돈을 좀 벌고 나면 진지하게 믿을 겁니다. 언젠가 처리할 일을 끝내고 나면 진지하게 믿을 겁니다. 언젠가 사장 자리에 올라가고 나면 진지하게 믿을 겁니다. 언젠가 목표를 달성하고 나면 진지하게 믿을 겁니다. 언젠가는……." 그렇게 시간이 흐르다 보면 예수님을 주님이자 왕으로 모시려는 생각조차 사라지고 만다. 그리고 과거에 예상하지 못했던 정도까지 타락한 현재의 안타까운 자신을 발견한다.

그러나 그 모든 일은 지난 일이다. 이제는 행동해야 한다. 더 이상 머뭇거리지 말고 행동에 옮겨야 할 때다. 엘리야가 바알의 선지자들과 대결하면서 "너희가 어느 때까지 둘 사이에서 머뭇머뭇하려느냐 여호와가 만일 하나님이면 그를 따르고 바알이 만일 하나님이면 그를 따를지니라"(왕상 18:21)라고 결단을 촉구한 말은 우리에게 하는 말이기도 하다. 옳은 것이 무엇인지 알면서 믿음을 행동으로 옮기지 않는 애매하고 위험한 자세를 버려야 한다. 그렇지 않으면 지식은 바르나 마음이 바르지 않아서 결국 지옥으로 간다.

옛 왕을 제거하라

문제는 분명하다. 예수님을 왕으로 모시지 않으면 그분은 당신의 구세주가 되지 않으신다. 다윗이 이스라엘 전체를 통치하는 왕이 되지 않으면 이스라엘 백성을 블레셋으로부터 구해 낼 수 없다. 다윗이 왕관을 확보하고 그들을 승리로 인도하지 않으면 내전은 절대로 끝나지 않는다. 그리스도의 구원을 원하지 않는 사람이 어디 있겠는가? 그러나 그리스도인으로 살기 위해서는 가장 먼저 그리스도를 자신의 통치자이며 주인으로 받아들여야 한다는 이유로 많은 이들이 망설이거나 거부한다. 받아들여도 좋을지 시험 기간을 거친 후에 통치자로 확정한다거나, 윤택한 생활을 누릴 돈을 모은 다음에 주인으로 결정한다거나, 아니면 생활이 어느 정도 안정된 다음에 주로 영접하기를 원한다. 그러므로 처음부터 왕으로 받아들여야 한다는 말에 거부감을 느낀다. 그러나 천국은 이 분명한 문제에 달려 있다.

그리스도께서 당신의 왕이 아니시라면 사탄이 왕이라는 뜻이고, 그러면 당신은 잃어버린 영혼이다. 그러나 그리스도께서 당신의 최고 통치자이시라면 그분은 대적의 공격을 모두 물리쳐주실 것이다. 그리스도께서 우리의 왕이시라는 것은 예수님의 뜻이 우리의 뜻이 되고, 예수님의 명령이 우리의 법이 되고, 예수 그리스도께서 보이신 본보기가 우리의 모델이 되어야 한다는 의미다. 이것은 오로지 우리의 행동으로 가능한 일이다. 누가 대신해 줄 수 있는 일이 아니다. 불가능한 일임을 알지만, 나는 어떠한 대가를 치르더라도 18세에서 30세까지의 내 인생을 다시 살고 싶다. 그러나 다시 생각하면 그런 헛된 세월이 있었기 때문에 예수 그리스도의 주권 아래 사는 인생이 얼마나 아름다운지 자신 있게 말할 수 있게 되었다.

그러나 예수 그리스도께서는 어떤 누구에게도 왕국을 강요하시지 않는다. 시편 110편 3절을 보라. "주의 권능의 날에 주의 백성이 거룩한 옷을 입고 즐거이 헌신하니"(시 110:3). 오늘이 그 권능의 날이기를 우리가 얼마나 간절히 기도하고 부르짖었으며 애원했던가! 성령께서 말씀하시면 주의 백성은 기꺼이 주께 나온다. 믿는 사람의 기도에 응답하여 성령께서 오셔서 역사하시면 주의 백성은 강요하지 않아도 스스로 나온다.

그리스도의 왕국은 힘이 아니라 사랑의 왕국이다. 주님은 자유의지에서 나오는 우리의 절대적 동의를 요구하신다. 그러기 위해서는 하나님께 맞서는 우리 마음속의 존재를 완전히 제거해야 한다. 이스보셋과 다윗이 동시에 왕으로서 통치하는 상황을 상상할 수 없듯이, 사탄과 주님을 동시에 섬길 수는 없다. 버려야 할 것은 우리가 좋아하는 죄이며, 가까이 하지 말아야 할 것은 우리가 남몰래 사랑하는 것들이다. 무엇보다도 자신을 사랑하는 것과 평판에 대한 자랑을 버려야 한다. 구원받고도 자신의 길을 사랑하는 것은 명백한 성령 모독임을 명심해야 한다. 경건하지 못한 생활 방식과 습관으로 살아가는 자를 하나님이 그래도 애지중지하시고 그렇게 살도록 허락하셨다가 때가 되면 천국으로 데리고 가신다는 망상을 버리라. 그러한 생각이야말로 확실한 이단이다. 하나님이 경건한 사람에게 상으로 씌워주시는 관을 마귀의 짓을 하던 사람에게 씌워주실 리가 만무하다.

진실이 들어올 자리를 마련하려면 거짓을 말끔히 정리해야 한다. 다윗이 왕이 되려면 이스보셋이 깨끗이 제거되어야 한다. 그런데 인간의 힘으로는 당연히 단 하나의 죄도 제어하지 못한다. 하나님도 기대하지 않으신다. 나쁜 습관 또한 제거하지 못한다. 제거했다고 생각하는 순간 오히려 더 나빠진 것을 깨닫는다.

그러므로 진정으로 구원을 원한다면 오늘 모든 거짓, 모든 죄, 모든 실패를 단호히 끊어버리는 마음으로 깊은 회개 가운데 나아가야 한다. 우리에게 소망이 없음을 분명하게 인정하고, 주 예수님에게 의지하는 온전한 마음을 회복해야 한다. 예수님은 말씀하셨다. "만일 네 오른 눈이 너로 실족하게 하거든 빼어 내버리라 네 백체 중 하나가 없어지고 온몸이 지옥에 던져지지 않는 것이 유익하며 또한 만일 네 오른손이 너로 실족하게 하거든 찍어 내버리라 네 백체 중 하나가 없어지고 온몸이 지옥에 던져지지 않는 것이 유익하니라"(마 5:29-30).

지금 행동하라

"이제 그대로 하라"(삼하 3:18). 더 이상 말만 하지 말고 결단하고 행동하라. 성령께서 도와주시기를 기도한다. 솔직히 인생에는 주님이 벽으로 밀어붙이시는 것과 같은 느낌을 받을 때가 있다. 외나무다리에 서게 하셔서 문제와 마주하지 않을 수 없는 상황으로 몰고 가신다.

혹시 지금 하나님의 영이 현재 상황에서 예수 그리스도를 왕으로 받아들이느냐 아니냐의 문제로 당신을 밀어붙이시는 듯한 느낌을 받고 있지 않은가? "이제 그대로 하라." 지금 행동하지 않으면 다시 수십 번도 더 망설이게 된다. 단지 겁을 주려고 하는 말이 아니라 그런 사람은 분명 지옥으로 간다. 아무리 선의가 있고, 아무리 여러 번 결심했다 하더라도 소용없다. 또한 아무리 입으로 믿는다고 고백하고, 아무리 이론적으로 잘 안다 해도 소용없다. 예수님을 지금 왕으로 받아들이지 않는다면 과거에 왕으로 받아들이고 싶었다든지, 부모가 독실한 그리스도인이라든지, 하나님의 집에 자주 출석한다든지, 하나님의 말씀을 자주 들었다든지, 복음을 배웠다든지 하는 것들이 무슨 소용이 있단 말인가!

예수님을 왕으로 삼아야 할 간절한 이유 세 가지를 들어보겠다. 첫째, 우리는 오랫동안 죄와 자아가 지배하는 폭정에 시달려왔다. 그런데 거기서 무슨 기쁨을 찾았는가? 둘째, 하나님은 반대하는 사람들의 술수와 민족들의 저항에도 불구하고 예수님을 왕으로 세우셨다. "내가 나의 왕을 내 거룩한 산 시온에 세웠다"(시 2:6). 언젠가 그 왕 앞에 모든 사람이 무릎 꿇을 것이다. 하나님이 선택하신 예수님보다 우리 인생을 더 훌륭하게 인도할 왕은 없다. 셋째, 당신을 인생의 고난에서 구원하는 능력을 가지신 분은 오직 왕이신 예수님뿐이다. "이제 그대로 하라 여호와께서 이미 다윗에 대하여 말씀하시기를 내가 내 종 다윗의 손으로 내 백성 이스라엘을 구원하여 블레셋 사람의 손과 모든 대적의 손에서 벗어나게 하리라 하셨음이니라"(삼하 3:18). 사도 바울은 자신에게 탄식하고 예수님에게 감격했다. "오호라 나는 곤고한 사람이로다 이 사망의 몸에서 누가 나를 건져내랴 우리 주 예수 그리스도로 말미암아 하나님께 감사하리로다"(롬 7:24-25).

사무엘하 5장에는 이스라엘 백성이 다윗에게 왕이 되어달라고 청하는 장면이 나온다. 이 장면에 이스라엘 백성 대신 우리를 대입해야 한다. 하나님이 다윗의 운명을 말씀하셨다. "네가 내 백성 이스라엘의 목자가 되며 네가 이스라엘의 주권자가 되리라"(삼하 5:2).

"주 예수여, 우리가 이제 기쁨으로 당신께 왕관을 씌워드립니다. 우리를 인도해 주소서. 양을 치는 위대한 목자여! 위대한 우리 구원자여! 우리는 오로지 주님의 것입니다. 우리 아버지이신 하나님 앞에, 우리의 모사이신 성령의 이름으로, 우리가 예수 그리스도께 엎드려 절하고 몸과 영과 마음을 바칩니다. 우리는 영원히 주님의 것이며 우리 모두가 당신을 왕으로 영접합니다."

"이제 그대로 하라."

2

귀 기울이라

하나님의 사람은 언제나 깨어 기도하며 주님을 찾는다

|

삼하 5:1-25

　다윗이 왕으로 즉위한 직후 그의 인생에는 몇 가지 중요한 사건들이 발생했다. 사무엘하 5장에 기록된 사건들은 하나님의 자녀가 예수 그리스도를 마음의 왕으로 모신 후 일어날 수 있는 일들을 보여주는 구약의 또 다른 그림이다. 그리스도를 당신 마음의 왕으로 삼았다면, 이제 그리스도께서 처음부터 계셨어야 할 정당한 자리를 찾으신 것이다. 예수님이 마음의 왕좌에 앉으셨다면 이렇게 선포해야 한다. "이제 '나'란 없다. 그리스도께서 계실 뿐이다!" 이것이 풍성한 인생으로 들어가는 관문이다. 그러나 그것은 단지 예수 그리스도 안에서 충만한 축복으로 들어가는 관문에 불과할 뿐임을 잊지 말아야 한다.

　걱정하는 자녀나 친구에게 우리는 흔히 "깨끗이 잊고 하나님에게 맡겨라" 하고 위로한다. '하나님'이라는 단어가 나오기 때문에 성경에 있는 말씀으로 생각하기 쉬우나 성경 말씀은 아니다. 그리고 이 말은 진리의 한 측면만 말하고 있어서 잘못하면 오해하기 쉽다. 예수 그리스도께 전적으로 항복했다는 말은 마음에 새로운 왕국이 시작되었다는 의미에 불과하기 때문이다. '자아'라는 허수아비 왕이 아닌 왕 중의 왕께서 우리 인생의 통치를 맡으신 것이다. 이러한 혁명적 변화가 안에서 일어나면 자연스럽게 밖으로 그 증거가 나타난다. 예수님이 왕이 되시면 무슨 일이 일어나는가? 또한 다윗이 왕이 되었을 때 무슨 일이 일어났는가?

뿌리 깊은 죄악의 제거

다윗이 왕이 되었을 때 다윗의 주권을 확인하는 두 가지 사건이 일어났다. 먼저 사무엘하 5장 7절에 기록된 시온 산성의 회복을 살펴보기로 하자.

가나안 땅에 사는 하나님의 백성의 역사를 볼 때 예루살렘은 오랫동안 해결하지 못한 난제 중의 난제였다. 하나님이 그들에게 주신 땅이었지만, 그때까지 한 번도 그 땅 전부를 소유해 보지 못했다. 예루살렘은 하나님의 왕이 다스리도록 정해졌고 전체 국토에서 가장 전략적으로 중요한 지역이었으나 적이 점령하여 견고하게 지키고 있었다. 그곳에 살던 여부스 사람들은 강성했기 때문에 유다 자손이 그들을 쫓아내지 못했다(수 15:63). 또한 후에는 유다 자손이 예루살렘을 점령했지만, 베냐민 자손이 여부스 족을 쫓아내지 못하여 함께 살았다(삿 1:8, 21). 역사적 소명 의식을 느낀 다윗은 이스라엘 전체를 다스리는 왕으로 즉위하자마자 이를 방치하지 않고 실질적으로나 상징적으로 큰 의미가 있는 시온 산성을 탈환했다. 이스라엘 역사상 누구도 해결하지 못한 이스라엘 백성의 염원을 다윗이 왕이 되어 대적을 물리치고 간단하게 이루어냈다.

우리의 경우는 어떤가? 예수 그리스도께서 우리 마음속에 절대적 통치자로 들어오신 다음 처음으로 나타나는 증거는 무엇인가? 그것은 성령의 전인 우리 몸과 마음에 들어와 살기 시작하신 주님이 우리 속에 깊이 뿌리박힌 악의 습관을 간단하게 제압해 버리시는 것이다. 아무리 노력해도 굴복시키지 못했던 난공불락의 요새인 죄, 마음속 깊은 갈등과 후회, 눈물과 좌절을 불러왔던 죄, 싸움 자체를 포기하고 싶은 생각마저 일으키던 죄, 그처럼 완강했던 죄를 예수님은 왕이 되시자마자 간단하게 제압해 버리신다. 예수님은 우리 인생에 오셔서 왕국을 수립하시고, 왕이 되신 첫 선물로 악랄한 죄의 세력에서 우리를 구원해 주심으로써 승리를 맛보게 하신다. 주 예수께서는 우리가 오랫동안 간절히 원해 왔으나 이루지 못하고 있는 소원을 이루어주고 싶어하신다. 주님을 알기 전까지 병과 죄로 인해 불구의 몸으로 살던 사람, 빠져나올 수 없는 족쇄에 묶여 살던 사람, 소망 없이 실의에 빠져 살던 사람들이 구원받은 성경 속 실화가 이를 증명한다.

한 가지만 예를 들어보자. 베드로와 요한은 제배드리러 성전으로 올라갈 때 나면서부터 못 걷게 된 사람을 만났다. 베드로가 "은과 금은 내게 없거니와 내게 있는 이것을 네게 주노니 나사렛 예수 그리스도의 이름으로 일어나 걸으라"(행 3:6)고 말하며 그를 잡아 일으키자 그는 즉시 제 발로 일어나 걷고 뛰었다. 평생 괴롭고 비참했던 장애인의 삶에서 그리스도의 능력으로 구원받았다.

예수님의 보혈의 능력으로 제거하지 못할 습관은 없으며, 부활하신 주님의 능력, 성령의 능력으로 해방하지 못할 죄도 없다. 벗어나려고 발버둥 치는 우리의 모든 노력을 비웃고 조롱하던 오랜 악습, 우리를 부끄럽게 만들고 주님에게 몇 번이나 뉘우치고 회개하게 하던 나쁜 것들이 박살이 나고 만다. 그것이 주님이 행사하시는 주권의 첫 표적이다.

주권의 확장

시온 산성을 탈환함으로써 다윗의 왕권은 확인되었다. 그리고 점점 더 강성해지면서 그의 왕권은 더욱 넓은 지역까지 영향을 미쳤다(삼하 5:10). 그리고 확장되는 왕국의 영토 어디에서나 다윗은 왕으로 추앙받고 왕권을 행사했다.

다윗의 왕국에서 일어난 이러한 상황은 그리스도인의 인생에 일어나는 상황을 보여주는 그림이다. 예수 그리스도께서 마음에 오셔서 왕으로 군림하시는 것은 주님의 주권이 점점 더 강성해지고, 확장되고, 더 많은 축복을 받게 되는 첫걸음이다. 천사가 마리아에게 우리 주님의 탄생을 알리며 한 말을 기억하기 바란다. "그가 큰 자가 되고 지극히 높으신 이의 아들이라 일컬어질 것이요 주 하나님께서 그 조상 다윗의 왕위를 그에게 주시리니 영원히 야곱의 집을 왕으로 다스리실 것이며 그 나라가 무궁하리라"(눅 1:32-33).

성경적으로 진실인 것은 현실적으로도 진실이다. 예수 그리스도를 주님으로 모시고 구원받은 그리스도인의 인생에서도 하나님의 왕국은 계속 확장된다. "네가 만일 네 입으로 예수를 주로 시인하며 또 하나님께서 그를 죽은 자 가운데서 살리신 것을 네 마음에 믿으면 구원을 받으리라"(롬 10:9). 그러나 당신이 당신 인생을 주관하시는 주님으로 예수님에게 왕관을 씌워드리지 않는다면 그리스도인이 되지 못한다. 또한 주님이 당신의 왕이 되시는 대관식은 한 번으로 그치지 않는다. 인생의 다른 분야로 왕국이 계속 넓어지기 때문에 대관식은 그때마다 일어나야 한다.

나는 주 예수님이 내 인생에 들어오신 순간, 그분이 내가 가진 모든 것과 나를 사로잡고 있던 모든 것의 주인이 되셨다는 사실을 겸손히 고백하지 않을 수 없다. 그때 나는 주님의 주권에 순종한다는 의미가 무엇인지 정확하게 몰랐다. 솔직히 나는 예수 그리스도의 주권을 언제나 환영하지는 않았다. 자주 이의를 제기했다. 다행히도 그러한 반항이 주님과의 관계를 잃는 데까지 발전하지는 않았다. 그러나 인생에서 가장 소중한 하나님의 임재하심을 느끼지 못했을 뿐 아니라 몇 주, 혹은 몇 달 동안 영적 정체와 피폐를 맛보아야 했다. 수치스럽게 나 자신을 다시 내세우고 주님의 주권에 "아니요!"라고 말한 결과로 어떤 때는 1년 넘게 암흑 속에서 살기도 했다.

누구나 주님의 권한에 저항하는 때가 있다. 그럴 때 우리는 주님에게 쓸모없는 존재가 되고 만다. 설교를 하고, 성경을 가르치고, 전과 다름없이 신앙의 말을 하고, 찬송가를 부른다 해도 거기에는 기쁨도 감동도 없다. 성령께서 떠나셨고, 진리가 없다. 마음에 주님을 잃지는 않았으나 성령의 불꽃은 꺼져버린 상태다.

또 한 가지 간증해야 할 진실이 있다. 믿음과 순종의 걸음은 걸음마다 주님의 주권이 확장되기 때문에 계속 새롭게 걸어야 한다는 사실이다. 확장된 주님의 통치는 오랫동안 우리 인생에 깊이 뿌리내렸던 악습이 마침내 뽑혀나가고 영광의 자유를 누리게 되는 증거로 나타난다. 또한 믿음과 순종의 걸음마다 인생의 새로운 영역이 전개되므로 그곳에 주님의 주권을 심기 위한 주님의 요구가 계속 늘어나게 된다.

이렇게 생각해 보자. 5년 전에는 별일이 아니라고 생각되던 일이 지금은 죄로 생각되는 일이 있지 않은가? 부드럽고 사랑이 넘치시던 성령께서 엄격하고 단호한 어조로 "그리스도인으로 그만큼 살았으면 이제 이런 일은 그만둘 때가 되었다"고 말씀하시지 않는가? 1년 전만 해도 상상하지 못할 일이었으나 그분 안에서 성장했기 때문에 주 예수께서 주권의 확장을 경험하게 해주시는 것이다. 주님의 왕국은 무한하고, 주님의 주권은 영원하다. 믿는 사람은 항상 마음속에 그분의 통치를 확인해야 한다.

구세주의 통치 아래서 자유와 해방을 만끽하고 있는가? 주님에게 드린 항복이 인생의 더 많은 부분과 더 넓은 부분에서 주님의 은혜를 느끼게 하는가? 그렇다면 그것은 바른 제자의 길을 걷는 것이며 주님에게 영광을 드리는 일이다.

대적의 전면 공격

다음으로 살펴봐야 할 것은 다윗의 주권이 시온 성과 다른 지역을 점령함으로 확인되었으나 그와 동시에 도전도 받았다는 점이다. 블레셋 사람들은 다윗이 이스라엘 왕으로 즉위했다는 소식을 듣자 즉시 그를 치려고 르바임 골짜기에 모여들었다(삼하 5:17-20). 다윗이 유다 왕으로 만족했다면 블레셋도 특별히 신경 쓰지 않았을 것이다. 그런데 다윗이 온 이스라엘을 지배하게 되자 그의 세력 확장이 두려운 나머지 즉시 전면 공격에 나섰던 것이다. 마찬가지로 예수 그리스도를 주님으로 모시면 악의 세력이 우리에게 즉시 강력하게 반발한다.

블레셋인들은 르바임 골짜기의 평원을 가득 메우고 맹렬한 공격에 나섰다. 마귀가 우리를 공격할 때도 이와 비슷하다. 여기서 우리는 르바임 골짜기가 예루살렘 성벽에서 가까운 지역이라는 점을 주목해야 한다. 아무 권한도 없이 수십 년 동안 남의 땅을 점령해서 살던 블레셋인들이 다윗을 제거하려고 그 골짜기를 가득 메우고 있었다. 여호수아가 처음 정복한 그 땅은 이스라엘이 다시 찾으려고 여러 번 시도했지만 번번이 실패했다. 블레셋인들은 처음 공격에서는 패했지만 물러서지 않았다. 시온 성을 점령하려고 전보다 더 강력하게 총력전을 펼쳤다.

먼저 내 말에 오해가 없기를 바란다. 우리가 교회에 처음 나갈 때 "담배를 끊겠습니다. 술을 마시지 않겠습니다. 도박하지 않겠습니다"라고 서약을 한다고 해도 마귀는 크게 신경 쓰지 않는다. 그러한 맹세를 깎아내리려는 것은 아니지만 권장하고 싶지는 않다. "나는 이런저런 일들을 하지 않습니다. 그러니까 성결한 그리스도인입니다"라고 말한다고 세상적인 마음이나 죄가 없어지겠는가? 너무나 피상적이고 얕은 생각이다.

예수님은 하나님의 자녀에게는 밖에 있는 것이 아니라 안에 있는 것이 중요하다고 가르치셨다. "속에서 곧 사람의 마음에서 나오는 것은 악한 생각 곧 음란과 도둑질과 살인과 간음과 탐욕과 악독과 속임과 음탕과 질투와 비방과 교만과 우매함이니 이 모든 악한 것이 다 속에서 나와서 사람을 더럽게 하느니라"(막 7:21-23). 누구나 마음속에 가득한 죄를 진정으로 깨닫고 나면 성령의 뜨거운 불길이 이를 소멸해 주시기를 간절히 부르짖게 된다. 그 정도로 절박해지면 지금까지 살아온 방식으로 더는 살 수 없게 된다. 영혼의 갈급함으로 하나님에게 '주님, 저를 죄에서 해방시켜주십시오. 남들이 알지 못하는 비밀스러운 죄를 깨끗이 도말해 주십시오!" 하고 울부짖는 상황이 온다. 바로 그때가 지금까지 잠잠하던 마귀가 전면 공격을 시작하는 때다.

마귀는 날카롭고 집요하게 공격해 온다. 절대로 패배를 인정하지 않는다. 그러므로 예수 그리스도를 주님으로 받아들인 사람은 평생을 싸우며 살아야 한다. 대적과 평화스러운 공존을 수용하지 않기로 결심하고, 우리 안에 사시는 그리스도의 능력으로 성결한 삶을 산다면, 그것은 어둠의 세력에게 커다란 위협이다. 성결한 삶을 살기 전의 우리는 마귀의 입장에서 보면 관심을 가질 이유도 없고 괴롭힐 이유도 없는 존재였다.

하나님이 가르쳐주신다

믿는 사람의 인생을 지배하는 하나님의 주권은 끊임없이 무자비한 마귀의 반격을 받는다. 주님도 가만히 계시지 않고 직접 그리스도인에게 그리스도의 주권을 확인해 주신다. 치열한 싸움의 한가운데에서 우리는 과연 무엇을 해야 하는가? 나보다 더 강한 마귀를 어떻게 대적할 것인가? 내 인생을 넘어뜨리려고 가득 메운 마귀의 유혹을 어떻게 감당해야 하는가?

그런데 여기서 한 가지 짚고 넘어가야 할 것이 있다. 유혹을 받는 것 자체는 죄가 아니라는 점이다. 주 예수님도 끊임없이 유혹에 시달리셨다. 그러나 죄는 없으셨다. 한 걸음 더 나아가 나쁜 생각 자체는 죄가 아니다. 예를 들어 "어제 이런 나쁜 생각이 들었지만……"이라고 말할 수 있다면 죄를 짓는 행동을 하지 않고 넘어갔으니 다행스러운 일이다. 사탄의 진격 목표는 결국 우리의 눈과 귀와 생각의 문이다. 마귀가 쉬지 않고 우리 마음에 독을 뿌린다면 하나님의 자녀인 우리는 어떻게 대처해야 할까?

하나님이 가르쳐주신다! 이 말을 할 때 나는 영혼의 전율을 느낀다. 예수 그리스도의 주권이 우리에게 말씀을 주신다. 의아하게 생각하겠지만, 다윗의 이야기로 돌아가 보자. 다윗이 기도하며 하나님에게 물었을 때 그가 승리할 것이라는 하나님의 말씀이 전해졌다(삼하 5:19, 23). 대적이 쳐들어올 때마다 다윗은 무릎을 꿇고 간구했다. "주님, 제가 주님의 말씀을 기다립니다." 두 번째 블레셋의 공격에 대응한 다윗의 행동 역시 하나님에게 묻는 것이었다. 그러나 승리를 위한 하나님의 전략은 달랐다. 처음 쳐들어왔을 때에는 맞서 싸우라고 말씀하셨지만, 두 번째 싸움에서는 매복해 있다가 기습 공격하라고 지시하셨다. 만일 다윗이 하나님에게 다시 묻지 않고 어제의 전략을 오늘의 전투에 그대로 사용했다면 하나님의 도우심을 얻지 못하고 패배했을 것이다.

예수 그리스도를 주로 모시고 난 후 공격해 오는 악랄한 대적 앞에서 어떻게 해야 할까? 주님 앞에 무릎 꿇어야 한다. 그럴 수 없는 상황이라면 마음을 열고 간구해야 한다. "주님, 제겐 아무 힘도 능력도 없습니다. 어떻게 해야 할지 저는 알지 못합니다. 다만 주님만 바라볼 뿐입니다." 그 길밖에 다른 길은 없다.

어제의 승리가 오늘 싸워야 할 싸움의 힘이 되지는 않는다. 인생을 살면서 내가 어렵게 배운 중요한 교훈은 육신은 전적으로 타락한 것이며 생명에 아무 도움을 주지 못한다는 진리다. 사도 바울은 "내 속 곧 내 육신에 선한 것이 거하지 아니하는 줄을 아노니"(롬 7:18)라고 탄식했다. 그런 말은 아무나 할 수 있는 말이 아니다. 하나님이 인간에게서 완전한 실패밖에는 다른 아무 선한 것도 보실 수 없고, 인간의 힘만으로는 어떻게 해도 달라지지 않는다는 사실을 성령의 빛으로 깨달은 사람만 할 수 있는 말이다.

지난 30년간 그리스도인의 길을 걸어오면서 나는 하나님의 자비하심과 깨끗이 씻어주시는 예수님의 보혈의 능력을 경험했다. 그것은 내 마음의 타락이 얼마나 깊은 것이었는지 말해 주었다. 나란 사람은 구원받기 전이나 후나 조금도 다르지 않다. 오히려 근본적으로 악한 본성 때문에 구원받은 후에 더 나빠질 가능성이 있다. 그러나 여기에 분명한 사실이 있다. 이 싸움은 내 싸움이 아니라 하나님의 싸움이며, 그러므로 시험의 순간마다 내가 그분을 바라보면 능력을 주시고 갈 길을 가르쳐주신다는 것이다.

"시험에 들지 않게 깨어 있어 기도하라"(막 14:38)고 주님이 명령하셨다. 인생에 시험은 언제나 있겠지만 그렇다고 위험 속으로 혼자 뛰어들어서는 안 된다. 깨어 기도해야 한다. 주님을 찾아야 한다. 그러면 주님의 주권이 가르쳐줄 것이다. 놓치지 않도록 항상 주님의 대답에 귀를 기울여야 한다. 나아가 공격하라고 가르쳐주실 때도 있지만, 기다렸다가 "뽕나무 꼭대기에서 걸음 걷는 소리가 들리거든 곧 공격하라"(삼하 5:24)고 대답하실 때가 더 많다.

성령의 소리를 들으라

그런데 '걸음 걷는 소리'란 무슨 의미일까? 120명의 제자들이 다락방에서 기도할 때 들었던 소리와 같은 소리다. 그때 다락방 가득히 급하고 강한 바람 소리 같은 것이 홀연히 들리더니 성령께서 각 사람 위에 내려앉으셨다. 그리고 성령께서 그들에게 능력을 주시어 복음을 전하는 사역에 나서게 하셨다. 갈 길을 알지 못해 어쩔 줄 모르는 가련한 당신에게 하나님의 주권은 성령을 통하여 끊임없이 말씀해 주신다. 자신의 영적 파산을 인정하고 주님의 통치에 전적으로 복종하는 사람, 천국에서 오는 말씀을 기다리며 주님을 바라보고 사는 진실한 사람에게 하나님은 성령의 능력을 주신다.

그렇다고 주 예수를 떠나 성령께 간다는 말은 아니다. 주께서 제자들에게 하신 말씀을 보라. "그러나 그분 곧 진리의 영이 오시면, 그가 너희를 모든 진리 가운데로 인도하실 것이다. ……또 그는 나를 영광되게 하실 것이다. 그가 나의 것을 받아서, 너희에게 알려주실 것이기 때문이다"(요 16:13-14, 표준새번역). 예수님은 이어서 기도하셨다. "아버지, 아버지께서 내 안에 계시고, 내가 아버지 안에 있는 것과 같이, 그들도 하나가 되어서 우리 안에 있게 하여 주십시오. ……내가 그들 안에 있고 아버지께서 내 안에 계신 것은, 그들이 완전히 하나가 되게 하려는 것입니다"(요 17:21, 23, 표준새번역).

하나님은 성령을 통해서 우리 마음과 영혼에 부활하시고 승리하신 그리스도의 생명을 심어주신다. 성령께서는 당신의 마음을 저 높이 그리스도께서 계신 왕좌를 향하게 하신다. 그 왕좌에서는 구세주의 승리와 부활의 가르치심이 내려온다. 우리의 힘만으로는 대적의 반격을 감당하지 못한다. 누구나 경험하는 사실이지만, 대적은 우리보다 훨씬 영리하고 강하다. 그러나 그런 대적이라 할지라도 주님과 성령의 적수는 되지 못한다. 그러므로 진정 그리스도께 순종하는 자라면 승리 가운데 산다. 어떤 상황에 있더라도 필요한 모든 힘은 하나님, 곧 성령 안에 있다.

구하는 것에 응답이 보이기 시작하는가? 성령께서 다가오신다는 확신이 서는가? 이런 메시지가 단순한 이론이 아니라 실제 상황으로 느껴지는가? 주님이 생명이시며 승리이시며 능력이시라고 인정하는가? 그렇다면 성경에서 말하는 대로 진격하라. "뽕나무 꼭대기에서 걸음 걷는 소리가 들리거든 곧 공격하라 그때에 여호와가 너보다 앞서 나아가서 블레셋 군대를 치리라"(삼하 5:24).

그러면 어떻게 승리의 잠재성이 있는 인생을 살아야 할까? 이해하지 못한다고 모든 것을 자포자기한 자세로 살아야 할까? 아니면 말씀하시는 하나님에게 귀 기울이고, 주 예수께서 우리를 위해 예비하신 모든 것을 가능케 하시는 성령의 은혜와 능력에 의지하여 살 것인가? 앞으로 나아가라! 순종하고 행동하라! 자, 이제 주 예수께서 당신의 마음을 채워주실 것이다. 그래서 생명의 강, 부활하신 그리스도의 능력이 성령을 통해 넘칠 것이다.

3

따르라

하나님의 사람은 하나님이 정하신 방식을 그대로 따른다

삼하 6:1-23

하나님이 정해 주신 대로 왕이 된 다윗은 이제 책임이 따르는 지도자의 길을 걸어야 했다. 그러나 순탄하지만은 않았다. 이 시기에도 그의 인생에 몇 가지 어려운 일들이 일어나는데 그 일들은 신자의 삶에 받아들여야 할 매우 중요한 원리를 포함하고 있다.

고난의 세월을 끝낸 다윗은 자신이 겪었던 일들이 모두 하나님의 영광을 드러내기 위한 것이었다는 믿음을 갖게 되었다. 하나님이 자신을 위해 세우신 계획이 이루어졌다고 생각할 때 그러한 믿음이 생긴다. 그러나 다윗은 이때 남은 인생에 큰 영향을 미치는 사건들을 또다시 새롭게 경험한다. 좋은 일도 있었고 나쁜 일도 일어났다. 그러나 하나님을 경배하고 영원한 세상을 준비하기 위해 어떤 훈련이 최상인지 가장 잘 아시는 분은 하나님이시다. 그러므로 하나님이 주시는 일들은 비록 우리 눈에 좋아 보이지 않는다고 할지라도 사실상 세상의 무엇과도 바꿀 수 없이 소중한 것이다. "하나님을 사랑하는 자 곧 그의 뜻대로 부르심을 입은 자들에게는 모든 것이 합력하여 선을 이루느니라"(롬 8:28). 이 약속이 진실이라는 것은 우리 인생에서 여러 번 증명되지 않았던가?

하나님의 임재를 갈망함

사무엘하 6장의 제목은 "하나님이 임재하시는 성스러운 곳"이라고 하는 편이 좋을 듯하다. 다윗이 왕의 책무를 감당하면서 무엇보다도 간절히 소원한 것은 하나님이 자신과 함께 계시는 것이었다. 그는 주님의 인도하심 없이는 권한도 능력도 승리도 누리지 못한다는 진리를 경험을 통해 알고 있었다. 모든 싸움, 모든 판단, 모든 행동에서 하나님의 임재는 필수적이었다. 그뿐 아니라 다윗의 일생을 통틀어 여호와의 임재는 절대적 요소였다.

그러므로 다윗이 하나님의 궤를 본래 있어야 할 자리, 즉 왕국의 중심에 즉시 갖다놓아야 한다는 마음을 굳힌 것은 당연한 일이었다. 나중에 밝혀지는 일이지만 그는 하나님의 궤를 모실 성전을 지으려는 강한 의욕이 있었다. 그러나 이 시점에서는 살아 계신 하나님의 임재의 상징이었던 궤를 왕국의 중심에 두고 싶은 마음이 불처럼 뜨거웠다. 그 언약궤 안에는 십계명을 새긴 두 돌판이 들어 있었고 그 위에는 그룹들이 덮고 있었다. 언약궤가 중요한 이유는 주께서 거기서 이스라엘 백성을 만나 소통하겠다고 말씀하셨기 때문이다(출 25:22). 하나님을 언제나 만날 수 있는 장소, 언제나 찾아가 하나님과 소통할 수 있는 장소, 그것이 다윗에게 필요했다.

거의 70년 동안이나 궤는 있어야 할 자리에 있지 못하고 블레셋 사람의 땅에서 전전했다. 그러나 이스라엘에게 축복이었던 언약궤는 블레셋 사람에게는 재앙이었다. 다곤이 넘어지고, 독한 종기가 나고, 사망의 환난을 겪어야 했다. 할 수 없이 그들은 새 수레를 만들어 궤를 이스라엘로 돌려보냈다(삼상 5-6장). 그렇게 해서 하나님의 궤는 수십 년간 유다의 국경에 살던 아비나답의 집에 머물러 있었다. 따라서 다윗은 언약궤를 원래 있어야 할 정당한 자리에 돌려놓으려고 한 것이다.

그리스도인의 인생에서 주님의 임재를 항상 누리는 것만큼 중요한 일은 없다. 하나님을 잃을 때 잘못을 저지르고, 하나님을 잃을 때 패배한다. 하나님이 함께 계심을 느끼지 못하고, 하나님에게 나아가서 예배드리지 못한다면 얼마나 더 많은 잘못을 저지를지 상상하기도 힘들다. 다윗 시대와 달리 현재는 주님의 임재 장소가 제한되지 않는다. 주 예수께서 명확하게 선언하셨다. "두세 사람이 내 이름으로 모인 곳에는 나도 그들 중에 있느니라"(마 18:20). 주님의 임재는 물리적 현실이 아니라 주 예수님과의 소통을 의미한다. 하나님과 소통의 기쁨을 경험한 사람은 그 소통이 사라지면 어찌할 바를 모르는 상실감에 빠진다. 하나님의 임재, 그리고 성령께서 우리 안에서 능력으로 주관하시는 삶은 그리스도인에게 부여된 특권이다. 그러므로 주님을 영접했다면 이런 기도를 해야 한다.

"오, 주님! 오늘 저에게 주님의 임재를 인식하는 마음을 허락해 주십시오. 주님 없이는 제 인생의 목적도 없습니다. 즈님이 계시지 않으면 제 마음이 약해집니다. 주님이 계시지 않으면 수많은 잘못을 저지르고 옳지 않은 결정을 하게 됩니다. 주님, 저는 제 인생에 항상 주께서 함께 계시다는 것을 언제나 잊지 않기를 간절히 원합니다."

이 기도는 다윗이 했던 기도와 다르지 않다. 그렇다고 이런 기도가 시대에 뒤떨어졌다는 말은 아니다. 만약 시대에 뒤떨어졌다고 해도 실망할 것이 없다. 위대한 것은 대개 오래된 것이지 않은가! 이처럼 주님의 임재를 간절히 원하는 것은 물론 칭찬받아야 할 일이다. 그러나 인간은 주께서 함께 계시다는 것이 얼마나 중대한 일인지 올바로 다 이해하지 못한다.

내 방식이 아닌 하나님의 방식

다윗은 이스라엘에서 3만 명을 뽑아 하나님의 궤를 찾으러 갔다. 오래전 블레셋인들이 한 것처럼 멋진 새 수레에 궤를 싣고 아비나답의 두 아들에게 끌고 오게 했다. 궤가 그들의 집에 여러 해 머물렀기 때문에 그들이 수레를 모는 것은 자연스러운 일처럼 보였다. 그런데 도중에 길이 험해 소가 뛰자 궤가 흔들렸다. 웃사는 궤가 떨어지지 않도록 궤를 손으로 꽉 붙잡았다. 그것이 하나님의 진노를 일으켰고 웃사가 그 자리에서 죽는 사건이 일어났다.

그 일로 다윗은 하나님에게 화가 났고, 또 한편으로는 하나님을 두려워하게 되었다(삼하 6:8-9). 하나님의 임재를 바라는 열망에서 시작한 노력이 비극으로 끝났으니 그럴 만도 하다. 아마도 다윗은 "주님, 너무하시는 것 아닙니까? 저는 주님과 함께 있기를 간절히 원합니다. 그래서 하나님의 궤가 필요했던 것인데 어찌 이런 일이 일어난단 말입니까? 이 사람을 죽이셔야 할 이유가 무엇입니까?"라고 항변했을지 모른다.

그런데 여기서 한 가지 의문이 든다. 이때는 이미 다윗이 어떤 행동에 앞서 하나님에게 물어보는 것이 일상화되었을 때인데 이 일은 왜 물어보지 않았을까 하는 점이다. 그가 먼저 하나님에게 물었더라면 이런 비극은 피할 수 있었을 것이다.

그렇다면 이 일이 일어난 원인은 무엇일까? 수레가 흔들려 언약궤가 떨어질지 모르는 상황에서 떨어지지 않도록 손으로 붙드는 것은 당연히 해야 할 일이 아닌가! 그런데 그 자리에서 죽게 하시다니 너무한 처사가 아닌가! 그러나 궤가 떨어지지 않도록 손으로 잡은 것뿐 아니라 언약궤를 수레에 실은 것에서부터 문제가 있었다. 출애굽기 25장 12-15절에는 궤를 만드는 방법에 대한 하나님의 구체적 지시가 나오는데 그중 하나가 운반할 때 사용하는 고리와 채를 다는 것이었다. 이것은 단순한 기구가 아니라 하나님의 성물이었다. 또한 운반은 반드시 레위인이 하도록 정하셨다. 그리고 민수기 4장 15절에는 레위인이라고 해도 궤에 손을 대면 죽는다고 경고하셨다. 언약궤는 주님의 기구이되 레위인이 경건한 마음으로 운반하기를 원하신 것이다.

누구나 하나님의 임재를 간절히 원한다. 그러나 유감스럽게도 우리가 만든 새 수레에 모시려고 한다. 하나님을 우리의 분주한 일상의 한 부분으로 끌어들여 우리 방식으로 모시며 살아가려 한다. 진실한 마음이 아니라 손으로 만진다. 하나님의 역사에 우리의 깨끗하지 않은 손을 대려 한다. 레위인이 가졌던 경건한 마음은 잊어버린 채 어떻게 해서든 궤를 옮기려고만 한다.

하나님의 심판을 받아 사망에 이르는 것은 비극적인 일이지만, 그보다 더 비극적인 죽음은 하나님의 궤 옆에서 죽는 것이다. 하나님이 주시는 특권을 바로 옆에 두고도 하나님의 심판 앞에 사망의 벌을 받는 것처럼 비극적인 일이 어디 있겠는가! 그러나 그런 일은 우리가 하나님의 일을 마음으로 하지 않고 손으로 할 때 흔히 일어난다. 하나님의 임재는 진실한 마음일 때만 가능하다. 진실한 마음으로 하나님의 궤를 받들 때에 비로소 살아 계신 하나님을 만날 수 있다. 다윗은 이 사건에서 하나님의 임재의 신성함, 인간의 손으로 범접하지 못할 성스러움을 배웠다.

이것을 단순히 구약의 가혹한 법이라고 가볍게 보지 말아야 한다. 현실적으로 볼 필요가 있다. 당시 다윗이 왕국을 새롭게 세웠던 때에는 하나님이 바라시는 대로 성례의 법도가 제대로 지켜지는 것이 무엇보다 중요했다. 백성들도 자신이 예배드리는 하나님이 절대적으로 거룩하신 분이라는 진리를 알아야 했다. 그날 일어난 일은 우리가 하나님을 우리 방식대로 몰아붙일 수 없다는 진리를 깨닫게 했다. 하나님은 거룩한 분이시다. 하나님은 우리가 손으로는 열심히 일하고, 마음으로는 열심히 예배드리기를 원하신다.

말씀대로 순종함

사무엘하 6장 10-11절에 보면 다윗은 그 사건으로 실망한 나머지 하나님의 궤를 옮기는 일을 포기했다. 그래서 하나님의 궤는 성전 지키는 일을 맡고 있던 오벧에돔의 집에 석 달 동안 머물렀다. 그는 평범하지만 매우 성실한 사람이었다.

궤가 오벧에돔의 집에 머문 3개월 동안 다윗은 두 가지 교훈을 배운 것으로 보인다. 첫째는 하나님에게 나아가는 방법을 소홀히 해서는 안 된다는 점이었다. 그는 하나님의 임재에만 골몰한 나머지 하나님의 거룩하심을 존중하지 않았다. 그것이 그가 심판을 받았던 이유였다. 둘째로, 다윗은 하나님의 복이 어떤 사람에게 오는지 알게 되었다. 다윗은 평범한 오벧에돔이 두려운 하나님의 궤를 모신 후에 하나님의 복을 받게 되었다는 소식을 들었다. 하나님의 궤는 바울이 말한 대로 "이 사람에게는 사망으로부터 사망에 이르는 냄새요 저 사람에게는 생명으로부터 생명에 이르는 냄새"(고후 2:16)였다.

주 예수님의 거룩한 임재는 어떤 사람에게는 사망의 냄새가 되고, 어떤 사람에게는 생명의 냄새가 된다. 이 진리는 위로이자 동시에 도전이다. 보잘것없는 보통 사람에 지나지 않던 오벧에돔의 집에 살아 계신 하나님이 임재하시자 집안 전부가 복을 받는 결과가 나타났다. 이것은 다윗과 이스라엘 백성이 하나님의 궤를 잘못된 방법으로 찾으려고 했기 때문에 심판받았음을 말해 준다. 하나님이 성령의 능력으로 당신에게 오실 때는 질책이거나 축복, 힐책이거나 위로, 파괴이거나 지원, 심판이거나 구원, 둘 중 하나를 하시려는 목적이다. 언약궤의 임재로 오벧에돔의 집에 복이 임한 것은 부활하신 주님의 말씀을 상기시킨다. "볼지어다 내가 문 밖에 서서 두드리노니 누구든지 내 음성을 듣고 문을 열면 내가 그에게로 들어가 그와 더불어 먹고 그는 나와 더불어 먹으리라"(계 3:20).

그 3개월 동안 다윗은 이 사건에 대해 생각하고 기도하며 많은 것을 깨달았다. 역대상 15장 2절에 나오는 다윗의 고백을 통해 알 수 있다. "레위 사람 외에는 하나님의 궤를 멜 수 없나니 이는 여호와께서 그들을 택하사 여호와의 궤를 메고 영원히 그를 섬기게 하셨음이라"(대상 15:2). 그는 성경을 공부하고 하나님을 묵상하며 반성하는 시간을 가졌을 것이다.

"주님, 어디가 잘못된 것입니까? 저는 하나님이 저와 함께 계시기를 진심으로 원했습니다. 저는 하나님의 능력 없이는 아무 일도 하지 못합니다. 그런데 어떻게 이런 일이 일어날 수 있습니까? 원인이 무엇입니까?" 다윗이 이렇게 기도하는 중에 하나님이 모세의 율법을 깨닫게 하셨고, 다윗은 자신의 잘못이 무엇이었는지 알게 되었다. 레위 사람이 아니면 궤를 운반하지 못한다는 하나님의 법이었다. "전에는 너희가 메지 아니하였으므로 우리 하나님 여호와께서 우리를 찢으셨으니 이는 우리가 규례대로 그에게 구하지 아니하였음이라 하니 이에 제사장들과 레위 사람들이 이스라엘 하나님 여호와의 궤를 메고 올라가려 하여 몸을 성결하게 하고 모세가 여호와의 말씀을 따라 명령한 대로 레위 자손이 채에 하나님의 궤를 꿰어 어깨에 메니라"(대상 15:13-15).

그들은 이제야 바른 일을 바른 방법으로 하게 되었다. 살아 계신 여호와의 임재를 소원했던 그들은 이제야 하나님이 정하신 방식을 깨닫고 그대로 따랐다. 다윗도 비로소 왕으로서의 책무를 바르게 수행하게 되었다. 성경은 "여호와의 궤를 멘 사람들이 여섯 걸음을 가매 다윗이 소와 살진 송아지로 제사를 드리고 다윗이 여호와 앞에서 힘을 다하여 춤을 추는데"(삼하 6:13-14)라고 그때의 아름다운 정경을 묘사하고 있다.

다윗과 마찬가지로 우리도 주님의 임재를 소원한다. 우리의 삶에 하나님이 절대적으로 필요하다. 그러나 하나님은 하나님의 거룩하심과 존엄을 깨닫게 하시려고 심판의 채찍을 드시기도 한다. 예수님의 보혈로 죄 많은 영혼을 씻지 않으면 자신의 인생에 들어와 계신 그리스도를 알지 못한다. 먼저 갈보리의 예수님을 만나 어린양의 피로 씻은 다음, 속량하고 회복하시는 거룩한 하나님을 찾아야 한다. 그럴 때 자신의 영혼에 들어와 계신 주님으로 기쁨을 맛본다.

하나님으로 기뻐 춤추다

다윗이 처음 하나님의 궤를 옮기려 했을 때는 제사가 없었다. 그러나 이번에는 먼저 하나님 앞에 제사를 지내고 온 마음을 다해 춤을 추었다. 로마서 5장 11절은 "그뿐 아니라 이제 우리로 화목하게 하신 우리 주 예수 그리스도로 말미암아 하나님 안에서 또한 즐거워하느니라"고 말한다. 하나님이 정하신 방법대로 되찾은 살아 계신 하나님의 임재는 그리스도인의 마음에 기쁨을 가져온다. 경이로움과 놀라움의 탄성을 지르게 되고, 발걸음이 날아갈 듯 가벼워지며, 얼굴에서는 광채가 난다. 하나님은 전적으로 거룩하시고 인간은 전적으로 죄에 물든 존재다. 그러므로 갈보리에서 흘리신 예수님의 피로 정결해진 후에야 비로소 빛 가운데 걸으며 주님의 기쁨 안에서 소통할 수 있다.

다윗은 기쁨에 겨워 주님 앞에서 마음을 다해 춤을 쳤다. 이 시기에 쓴 것으로 추측되는 시편 132편을 살펴보자. "내가 내 장막 집에 들어가지 아니하며 내 침상에 오르지 아니하고 내 눈으로 잠들게 하지 아니하며 내 눈꺼풀로 졸게 하지 아니하기를 여호와의 처소 곧 야곱의 전능자의 성막을 발견하기까지 하리라"(시 132:3-5). 던저 다윗은 하나님의 성막에 대한 자신의 간절한 마음을 이처럼 표현했다. 그런 다음, 하나님의 궤를 어떻게 찾았고, 어떻게 가져왔으며, 어떻게 예배했는지 자세하게 기록했다.

주님을 모시고, 주님과 함께 있고 싶어하는 다윗의 심정은 더욱 강렬해졌다. 주님을 위한 성전을 마련하지 않으면 자신도 편히 쉴 수 없다고 생각할 정도였다. 그리스도인이라면 누구나 "주님, 주님이 계실 곳을 마련하지 못한다면 저는 누울 수도 없고 평안을 느끼지도 못할 것입니다"라고 고백할 정도로 주님을 사모하는 마음이 있어야 한다.

다윗에게 그런 마음이 있었기 때문에 같은 시기에 쓴 것으로 보이는 시편 24편에서 그는 이렇게 고백했다. "누가 주의 산에 오를 수 있으며, 누가 그 거룩한 곳에 들어설 수 있느냐?"(시 24:3, 표준새번역). 그는 이렇게 호통을 치고는 스스로 답을 제시했다. "죄 없는 손과 깨끗한 마음을 가진 사람, 헛된 것에 뜻을 두지 않고, 거짓 맹세를 하지 않는 사람이다. 그런 사람은 주께서 주시는 복을 받고, 그를 구원하신 하나님께로부터 의로움을 인정받을 사람이다"(시 24:4-5, 표준새번역).

같은 하나님의 일을 하더라도 하나님의 방법대로 하는 것과 자기 방식대로 하는 것은 크게 다르다. 하나님을 자신의 계획, 자신의 틀에 집어넣으려는 생각을 버리라. 십자가의 길로 갈 때에만 하나님의 임재를 체험할 수 있다는 진리를 깨달을 때 참된 기쁨을 느낀다.

미갈의 조롱

이 행복한 시간에 다윗에게 또 검은 구름이 끼었다. 사무엘하 6장 20-23절에 기록된 대로, 다윗에게 평생 상처로 남을 일이 일어났다.

그날 다윗의 마음은 큰 감동으로 벅찼다. 그토록 간절히 염원했던 살아 계신 하나님의 궤를 모시게 되자 그 영적 만족감은 형언할 수 없었다. 기쁨의 해방감으로 점잖게 앉아 있을 수가 없었다. 그토록 오래 기다렸던 하나님의 임재가 현실로 다가왔다. 하나님이 지금뿐만 아니라 앞으로도 계속 함께 계실 것이라는 사실에 다윗은 황홀하여 덩실덩실 춤이 나왔다. 황홀함에 빠져 집에 돌아온 다윗을 맞이한 것은 아내의 조롱 섞인 차가운 비판이었다. "오늘 이스라엘의 임금님이, 건달패들이 맨살을 드러내고 춤을 추듯이, 신하들의 아내가 보는 앞에서 몸을 드러내며 춤을 추셨으니, 임금님의 체통이 어떻게 되었겠습니까?"(삼하 6:20, 표준새번역).

다윗의 실망은 컸다. 훗날 다윗은 시므이에게도 저주를 받았지만 첫 아내인 미갈에게서만큼 큰 충격을 받지는 않았다. 미갈이 누구인가? 100명의 블레셋 병사를 죽인 상으로 받은 사울의 딸이다. 사무엘상 18장 20절에 나타난 것처럼 미갈은 한때 다윗을 사랑했다. 하지만 다윗이 사울의 핍박으로 산에 숨자 사울이 미갈을 발디라는 사람에게 주어버렸다(삼상 25:44). 다윗은 그러한 미갈을 잊지 못했다. 그래서 왕으로 추대될 즈음에 아브넬과 이스보셋에게 미갈을 찾아오도록 요구했다(삼하 3:14-16). 그러나 아마도 이때 다윗은 미갈을 어렵게 다시 찾아온 일을 후회했을 것이다.

이 일이 있은 지 얼마 지나지 않아 다윗은 간음의 죄를 짓는다. 나는 그 뿌리가 여기에 있다고 생각한다. 다윗은 충성스러운 부하의 아내를 바라보게 되는 크나큰 잘못을 저지른다. 이러한 죄를 지은 배경에는 사랑하는 여인이 자신의 기쁨을 함께하기는커녕 자신이 가졌던 황홀한 기쁨을 능멸했을 때 받았던 영혼의 상처가 있었을 가능성이 있다. 그릇된 남녀 관계를 깊이 들어가 보면 뿌리가 되는 원인이 있다. 자신의 일생을 하나님의 뜻에 맡기고 살아온 독실한 사람이 문득 배우자가 믿음에서 뒤처진 사실을 알고 실망한다. 그러다가 배우자에게 자신의 신앙을 멸시당하는 말을 듣게 된다면 깊은 상처를 입게 되고 만다. 그 상처가 어떤 결과를 초래하겠는가! 나는 다윗과 밧세바의 관계와 유사한 상황에 빠진 남녀, 심지어 선교사들을 만나 깊이 이야기해 보았다. 많은 경우, 안타깝게도 그들의 배우자는 그리스도께 드리는 헌신을 이해하지 못하고 오히려 경멸하는 사람들이었다.

이 이야기에 우리를 비추어보자. 우리가 바라고 믿는 대로 예수님이 곧 오신다면 새 수레를 만들어 하나님의 물건을 싣고 마음은 뒤로한 채 손으로 만지는 우리를 보고 기뻐하실까? 아니다. 온 마음으로 하나님의 임재에 황홀해하는 우리를 보고 싶어하실 것이다. 하나님은 궤를 찾으러 다시 돌아와서 번제를 드리며 기뻐하던 다윗의 믿음을 우리도 갖기 원하신다. 하나님은 우리가 죄로 가득한 인생을 끊임없이 보혈로 정결케 하여 살아 계신 그리스도를 깨닫기 원하신다. 그것이 우리 마음에 기쁨이 충만하게 하는 비결이다.

4

붙들라

하나님의 사람은 하나님에게 거절당했을 때
약속을 붙들고 기도한다

|

삼하 7:1-29 / 대상 17:1-27

당신이 주님에게 생명을 맡긴 사람으로서 하나님의 계획이라고 믿는 비전을 품고 독실하게 살아간다고 하자. 하나님을 위한 일이라는 생각으로 어떤 일을 하려는데, 하나님이 "안 된다"고 하신다면 어떻겠는가? 매우 당황스러울 것이다. 그러나 하나님은 때로 거절하심을 통해 우리에게 교훈을 주기도 하신다. 그렇다면 하나님의 "안 된다"는 말씀에 우리는 어떻게 응답해야 할까?

다윗의 왕국이 안정되고 적국도 잠잠해졌다. 하나님의 궤는 시온으로 모셔다 놓았다. 다윗은 이제 왕으로서 어느 정도 확고한 기반을 다진 상태였다. 이때 다윗은 선지자 나단에게 주님이 계실 성전을 짓고 싶다는 자신의 꿈을 털어놓았다. 자신은 호화로운 집에 안락하게 살면서 하나님이 임재하시는 궤는 보잘것없는 천막에 머물게 할 수는 없었다.

다윗이 성전을 지으려는 데에는 또 다른 현실적 이유도 있었다. 하나님의 궤를 지키는 인원은 역대상 16장 37-42절에 기록된 것처럼 레위인을 비롯해 상당수에 달했다. 따라서 이들을 수용할 시설이 필요한 상황이었다. 헤롯의 성전이 파괴되기 전까지 운영되었던 성전의 조직을 보면, 제사를 맡은 레위인이 2만 4,000명, 음악을 담당하는 사람이 4,000명, 궤를 수비하는 군사가 4,000명이었다. 그래도 그것이 하나님을 사모하는 강렬하고 순수한 다윗의 동기를 폄하할 이유는 되지 못한다. 그의 마음은 주님을 향한 사랑으로 가득했고, 하나님을 충실하게 섬기려는 욕망이 강렬했다. 또한 하나님이 자신에게 해주신 모든 일에 감사를 표시하고 싶은 강한 소망이 있었다. 이때 다윗의 나이는 40세가 채 안 되었다. 그러나 그는 위대한 비전을 품고 신성한 목적을 향한 삶을 살았다.

하나님의 거절

그러나 사무엘하 7장을 보면 이러한 다윗의 위대한 결심이 거부당하는 모습이 그려진다. 다윗이 선지자 나단을 불러 "볼지어다 나는 백향목 궁에 살거늘 하나님의 궤는 휘장 가운데에 있도다"(삼하 7:2)라고 말한 것으로 미루어보면 성전을 지으려는 그의 동기는 숭고했다.

그와 유사한 아름다운 동기에서 출발하여 하나님에게 일생을 맡기고 섬기려는 사람들, 예컨대 선교 사역에 나서거나 목회의 길을 가려는 사람들이 많이 있다. 부활하신 갈보리의 예수님을 진심으로 받아들여 자신의 인생에 하늘의 비전을 품은 사람들이다. 그들은 하나님을 위해 최선의 일을 하겠다는 거룩하고 위대한 결심으로 주님을 위해 모든 것을 내놓는 결단을 한다. 그렇게 출발한 사람들 중에는 다윗처럼 '백향목 궁'을 이룩한 사람들이 있다. 그러나 그중 일부는 다윗과 달리 주님에게 헌신하겠다는 자신의 약속을 잊어버린다. 예수님이 말씀하신 씨 뿌리는 사람의 비유와 같이 어떤 씨는 이 세상의 걱정거리와 재물의 욕심으로 아무 열매도 맺지 못한다. 하나님과 굳게 맺은 숭고한 헌신의 약속이 물거품으로 돌아가고 만 사람들을 보면 서글프다.

다윗은 그렇지 않았다. 자신의 결심에 따라 행동할 준비가 되어 있었다. 할 수 있는 모든 것을 다해 하나님이 주신 복에 보답하려고 노력했다. 일단 다윗은 나단에게서는 호의적인 답변을 들었다(삼하 7:3). 그러나 다음 날 다윗은 "안 된다"는 하나님의 대답을 듣게 되었다. 이 부분에 대한 사무엘하의 표현은 완곡하지만, 역대상 17장 4절에서는 좀 더 직접적이다. 다윗이 나단에게 자기 결심을 말한 바로 그날 밤, 하나님은 나단 선지자에게 나타나셔서 "너는 내 종 다윗에게 가서 전하여라. '나 주가 말한다. 내가 살 집을 네가 지어서는 안 된다'"(대상 17 4, 표준새번역)고 말씀하셨다. 하나님의 명확한 대답이 다윗에게 전해졌다. "안 된다!" 안 되는 이유를 설명하지 않으신 것은 사실 하나님의 넘치는 사랑이었다. 그러나 대답은 단호한 거절이었다. 다윗과 그의 자손에게 상상할 수 없는 엄청난 영화를 약속하신 하나님이셨다. 그러나 성전 건축이라는 위대한 과제에 온몸을 바치려 한 이 사람의 생각은 용납하지 않으셨다.

말년이 되어서야 다윗은 비로소 하나님이 거절하신 이유를 깨닫게 된다. 당시에는 받아들이기 힘들었던 하나님의 대답이 그제야 이해되었다. 역대상 22장에는 다윗이 성전 건축의 역사를 솔로몬에게 맡기면서 이때의 일을 회고하면서 한 말이 기록되어 있다. "그러나 주께서 나에게 말씀하셨다. '너는 많은 피를 흘려가며 큰 전쟁을 치렀으니, 나의 이름을 위하여 성전을 건축할 수 없다. 너는 내 앞에서 많은 피를 땅에 흘렸기 때문이다'"(대상 22:8, 표준새번역). 피로 얼룩진 손을 가진 사람, 많은 사람의 죽음에 대해 책임져야 할 사람, 수없이 많은 전투에 깊이 관여하며 피를 본 사람에게 평화와 안식의 상징인 성전의 건축을 맡길 수는 없었다. 그것이 하나님이 "안 된다"고 말씀하신 이유였다.

비슷한 경험을 해본 사람이 있을 줄 안다. 아무 설명도 없이 하나님의 "안 된다"는 말씀을 듣는다. 선교나 목회 사역, 또는 어떤 주님의 일에 일생을 바치기로 결심했으나 아무리 기다려도 대답이 없다면 그것은 하나님의 부정적 응답이 분명하다. 선교 사역을 하게 해달라고 기도했으나 건강상의 이유로 선교단의 거절을 당하는 경우도 있다. 홀로되신 어머니나 아버지를 돌봐야 할 문제 때문에 오래전부터 꿈꾸어온 비전을 이루기 어렵게 되는 경우도 있다. 한편 집과 자녀를 갖고 단란한 가정을 꾸미는 것이 절실한 꿈인 사람도 있다. 그러나 여러 해가 지나도 이루어지지 않는다. 하나님의 거절이다. 이처럼 하나님이 거절하실 때에는 이유가 있다. 설명해 주시지 않기 때문에 당장 이해하지 못하더라도 반드시 이유는 있다. 그러나 지금은 단지 하나님을 믿으라고 하실 뿐이다.

선교단의 불합격 통지를 받거나, 어려서부터 꿈꾸어온 영광스러운 봉사가 가정의 사정 때문에 불가능해지면 큰 충격을 받는다. 또한 하나님의 아무런 설명 없이 집과 가족에 대한 꿈이 사라졌을 때 그 실망이 오죽하겠는가! 그러나 언젠가 훗날 하나님의 길이 최상이었다는 사실을 알게 될 것이다. 이 세상에 사는 동안 이해할 수 있게 된다면 다행이지만, 그렇지 않더라도 분명히 천국에서는 깨닫게 될 것이다.

거절 속에 숨겨진 축복

몇 년 전 파리를 방문했을 때 노트르담 성당 가까이에 있는 유명한 생트 샤펠 성당을 찾아간 일이 있다. 밖에서 볼 때 성당 건물은 실망스러웠다. 칙칙하고 지저분한 낡은 외벽에, 창은 먼지로 뒤덮여 있어 이것이 과연 유명한 생트 샤펠 성당인가 하는 의문이 들었다. 그러나 안은 달랐다. 파리를 오는 사람이면 누구나 와볼 만한 아름다움이 있었다. 세계적으로 유명한 장미꽃 무늬 창을 비롯한 스테인드글라스 창들은 이보다 더 아름다운 창이 있을까 싶었다. 몇 시간을 있어도 시간 가는 줄 몰랐다. 밖에서는 빛을 등지고 있기 때문에 안이 컴컴해 아무것도 보이지 않는다. 그러나 반대로 안에서는 창을 통해 빛이 들어오기 때문에 보이는 것은 오직 아름다움뿐이다. 어디에서 보느냐에 따라 이렇게 달라진다.

하나님이 "안 된다"고 말씀하실 때 빛을 등지고 사태를 보며 이해하려고 하면 어두운 좌절만 보인다. 그러나 조용히 그 일에 대하여 묵상하면 주께서 우리를 주님의 마음 안으로 데려가시고 빛을 향해 세우사 영광스러운 하나님의 뜻을 바로 보게 하신다.

하나님이 거부하신다고 해서 그 자체가 문제 되지는 않는다. 하나님의 거부를 어떻게 받아들이고, 어떻게 행동하느냐가 중요하다. 오래 갈망해 온 꿈이나 비전이 이루어지지 않았을 때 사람들은 대개 절망 가운데 주저앉아 탄식과 원망으로 인생을 허비한다. 더 이상 무엇을 바라겠느냐고 한숨 쉰다. 다윗은 달랐다. 하나님의 거절 때문에 쓰러지지 않았다. 사실 하나님의 거절 안에는 많은 축복의 기회가 감추어져 있었다. 비록 하나님이 거절하셨지만, 다윗에 대한 칭찬의 말씀과 함께 엄청난 약속이 뒤따랐다. 역대하 6장에는 솔로몬이 성전을 완공하여 하나님에게 바치며 한 말이 나온다. "내 아버지 다윗께서는 주 이스라엘의 하나님의 이름을 기릴 성전을 지으려고 생각하셨으나, 주께서 내 아버지 다윗에게 이르시기를 '네가 내 이름을 기릴 성전을 지으려는 마음을 품은 것은 아주 좋은 일이다. 그런데 그 집을 지을 사람은 네가 아니다. 네 몸에서 태어날 네 아들이 내 이름을 기릴 성전을 지을 것이다' 하셨습니다"(대하 6:7-9, 표준새번역). 하나님은 다윗의 소원은 거절하셨지만, 그가 하나님을 위해 성전을 건축할 마음을 품은 것에 대해서는 매우 기특해하셨고 흡족해하셨다. 그것은 하나님이 칭찬하실 만한 일이었으며 이 때문에 다윗의 인생은 영원히 빛을 발하게 되었다.

하나님에게 꿈을 거부당했다고 해서 실망하지 않기 바란다. 선교사의 꿈을 허락받지 못했다 하더라도 그는 선교 사역을 전혀 생각하지 않는 사람보다 주님 앞에서 더 많은 칭찬을 받을 것이다. 또한 선교사의 꿈을 이루지 못해 직장이나 가정에서 판에 박힌 생활을 하더라도, 하나님을 향한 불타는 마음으로 구세주를 모르는 사람 때문에 번민하며 눈에 띄지 않는 봉사를 하는 사람은 천국에서 선교 사역을 통해 받는 것과 같은 상을 받을 것이 틀림없다.

나는 천국에서는 솔로몬이 아니라 다윗이 성전 건축의 영광을 얻었을 것이라고 확신한다. 그 근거를 말하자면 요한계시록 마지막 장에서 찾을 수 있는데, 주 예수 그리스도께서는 자신의 신분을 다음과 같이 밝히셨다. "나는 다윗의 뿌리요 자손이니 곧 광명한 새벽별이라"(계 22:16). 여기서 솔로몬에 대한 언급은 없다. 누가복음 3장 31절에서 보더라도 주 예수 그리스도께서는 솔로몬의 가계가 아니시다. 따라서 천국에서는 다윗이 성전을 책임질 것이며, 하나님이 "안 된다"고 거부하셔서 하나님의 일에 대한 꿈을 이루지 못한 사람도 상을 받을 것이다.

하나님이 "안 된다"고 하실 때는 냉혹한 마음으로 거부하시는 것이 아니다. 응답을 갈망하는 그 마음에 "네가 그런 생각을 하다니 참으로 기특하다"고 속삭이신다. 그 말씀에 용기를 얻은 다윗은 성전을 건축할 자재들을 구하는 일에 온 힘을 다했다.

역대상 29장 2-3절에는 다윗이 백성들에게 성전 건축에 대하여 한 말이 기록되어 있다. "내가 이미 내 하나님의 성전을 위하여 힘을 다하여 준비하였나니 곧 기구를 만들 금과 은과 놋과 철과 나무와 또 마노와 가공할 검은 보석과 채석과 다른 모든 보석과 옥돌이 매우 많으며 성전을 위하여 준비한 이 모든 것 외에도 내 마음이 내 하나님의 성전을 사모하므로 내가 사유한 금, 은으로 내 하나님의 성전을 위하여 드렸노니"(대상 29:2-3). 그는 성전을 향한 자신의 꿈을 이루지 못하게 되었으나 좌절하여 주저앉지 않았다. 비록 자신이 그 일을 이루지 못할 처지가 되었으나 불평과 원망 대신 필요한 자재를 정성껏 준비했다.

건축은 할 수 없다고 하더라도 건축 자재를 준비할 수는 있다. 자기 자신이 갈 수 없다면 다른 사람을 보낼 수는 있다. 하나님이 우리에게 "안 된다"고 하신다면 그 마음에 담았던 일을 다른 누군가가 할 수 있도록 도울 수 있다. 나의 비전은 설사 이루어지지 않더라도 결코 헛되지 않다. 왜냐하면 하나님의 거부는 다윗에게서 보는 바와 같이 엄청난 축복을 감추고 있을 가능성이 있기 때문이다. 하나님의 "안 된다"는 대답을 들었을 때 당신이 어떻게 반응하느냐에 달렸다. 실망하고 좌절하느냐, 아니면 그 일을 위해 할 수 있는 일을 찾느냐에 따라 다르다. 처음 마음속에 가졌던 비전을 비록 내가 이룰 수 없다 하더라도, 언젠가 이뤄지도록 도우며 앞으로 나아가야 한다. 그러면 거기에는 일찍이 경험해 보지 못한 복을 주시려는 하나님이 기다리고 계신다.

다윗이 이루고 싶어했던 소망을 하나님은 거부하셨지만, 그 마음의 아름다움은 인정하셨다. 다윗에게 넘치도록 보상해 주셨듯이 "안 된다"고 하신 하나님은 당신에게도 넘치도록 보상해 주실 것이다. 하나님은 다윗의 인생을 감싸 안으신 채 그에게 무한한 약속을 주셨고 극진하게 위로하셨다.

주께서 사람을 대하시는 방법

하나님은 그 약속을 강조하시기 위해 다윗의 오늘이 있기까지 도와주신 과거를 상기시키셨다. "내가 너를 목장 곧 양을 따르는 데에서 데려다가 내 백성 이스라엘의 주권자로 삼고 네가 가는 모든 곳에서 내가 너와 함께 있어 네 모든 원수를 네 앞에서 멸하였은즉 땅에서 위대한 자들의 이름같이 네 이름을 위대하게 만들어주리라"(삼하 7:8-9). 다윗이 이런 엄청난 약속을 상상이나 했겠는가!

다윗은 진심으로 하나님에게 감사하고 싶었다. 그는 성막 안으로 들어가 "주 앞에 꿇어앉아……기도하였다"(삼하 7:18, 표준새번역). 의미심장한 표현이다. 엎드리지도 서지도 않고 그는 주님 앞에 조용히 꿇어앉았다. 그리고 하나님에게 여쭈었다. "주 여호와여, 이것이 주께서 사람을 대하시는 방법입니까"(삼하 7:19, 우리말성경). 이것은 분명 사람이 사람을 대하는 방법이 아니다. 이것은 오로지 우리의 놀라우신 하나님이 무가치한 인간에게 가장 큰 축복을 주시고 하나님의 임재가 어떤 것인지 보여주시는 특별한 방법이다.

하나님이 당신에게 "안 된다"고 하셨는가? 화를 내고 돌아서거나 분한 마음을 품고 살지 말고, 조용히 주님 앞에 앉아 주님이 주시는 복을 묵상하라. 하나님은 인간에게 하나님을 알 능력을 주셨고, 그것이 인간을 존엄하게 만들었다. 본질적으로 우리는 죄인이며 하나님의 심판을 받을 수밖에 없는 존재다. 그러나 하나님은 우리를 사랑하신 나머지 아들을 보내사 우리 대신 죽게 하셨다. 우리는 무지하여 영원한 언약의 피를 발로 짓밟았으나 하나님은 예수 그리스도를 우리 마음에 심어주시고, 천국에 합당한 사람으로 만들기 위해 성령을 보내주셨다.

"주 여호와여, 이것이 주께서 사람을 대하시는 방법입니까." 이것은 분명 사람이 사람을 대하는 방법이 아니다. 위대하고 고귀한 사람에게만 영광을 주는 것이 사람의 방법이다. 그러나 하나님은 여기에서 그치지 않으신다. 사무엘상 2장 8절에 기록된 한나의 기도를 기억하는가? "가난한 자를 진토에서 일으키시며 빈궁한 자를 거름더미에서 올리사 귀족들과 함께 앉게 하시며 영광의 자리를 차지하게 하시는도다"(삼상 2:8). 하나님은 자기 백성을 이렇게 대접하신다.

다윗은 양 떼를 몰다가 하나님의 선택을 받았다. 그렇다면 당신이나 나는 어떤 처지에 있다가 하나님의 선택을 받았는가? 흠이 많고 죄가 커서 도저히 하나님의 은총을 회복하지 못할 형편에 있었지만, 하나님이 사랑으로 왕국을 허락하셨다. 다윗은 세상의 적으로부터 보호받았으나 당신이나 나는 하나님의 은혜가 아니면 도저히 맞설 수 없는 영적인 적, 마귀의 권세로부터 보호받는다. 다윗이 그리스도의 조상이 된다는 것은 크나큰 영광임이 틀림없다. 그러나 그보다 더 큰 영광은 우리처럼 주 예수 그리스도와 연합되어 함께 영원히 영광의 상속자가 되는 것이다.

선하고 바람직한 일인데도 하나님의 "안 된다"는 말씀을 듣고 실망해서 하나님을 떠나려고 하는가? 당신은 다윗보다 훨씬 더 부족한 상황에서 구원받았고, 다윗의 왕관보다 더 높은 곳으로 인도되고 있음을 기억하라. 당신은 훨씬 더 큰 위험에서 구원받았으며, 훨씬 더 큰 영광으로 갈 운명임을 잊지 말라.

약속의 말씀

하나님이 "안 된다"고 하시며 과거에 그를 위해 해주신 일들을 열거하자 다윗은 목이 메었다. "주 여호와여 나는 누구이오며 내 집은 무엇이기에 나를 여기까지 이르게 하셨나이까"(삼하 7:18). 다윗이 한 것처럼 주님 앞에 겸손히 앉아 오열하며 감사하는 하나님의 자녀는 많지 않다. 하나님에 대한 우리의 사랑은 미지근한 정도가 아니라 차갑다. 하나님의 선하심을 묵상하며 그 앞에 단 한 시간이라도 앉아본 사람이 얼마나 될까? 더구나 하나님이 "안 된다"고 말씀하셨을 때 하나님 앞에 앉아본 사람이 얼마나 될까? 하나님이 "안 된다"는 말씀과 함께 그 선하심을 생각나게 해주시자 다윗은 할 말을 잃었다.

나는 사무엘하 7장 20절 말씀을 좋아한다. 다윗이 살아 계신 주님 앞에 앉아서 하나님의 부정적 대답이 아닌, 그분의 선하심을 생각하면서 한 말이다. "주 여호와는 주의 종을 아시오니 다윗이 다시 주께 무슨 말씀을 하오리이까"(삼하 7:20). "주 여호와는 주의 종을 아시오니 제가 다시 주께 무슨 말씀을 하오리이까"가 아니었다. "주 여호와는 주의 종을 아시오니 다윗이 다시 주께 무슨 말씀을 하오리이까"였다. 어린아이는 무언가를 진정으로 바랄 때 자신의 이름을 말한다. '나' 나 '저' 라는 대명사를 사용하지 않는다. 이것이 어린아이가 자신을 강조하는 어법이다. "나 이거 먹고 싶어요"가 아니라 "매리 안은 이거 먹고 싶어요" 하는 식이다.

"다윗이 다시 주께 무슨 말씀을 하오리이까." 부정적인 말씀을 듣고도 그는 주님 앞에 앉았다. 그리고 하나님의 선하심을 다시 깨닫고 눈물을 흘리는 가운데 어린아이처럼 되고 말았다. 이것도 하나님이 "안 된다"고 말씀하신 이유 중 하나였으리라. 우리도 하나님이 주신 은혜에 그와 같이 감사할 줄 알아야 한다.

자신의 큰 목적이 거부당했을 때 다윗은 한 가지 중요한 사실을 더 깨달았다. 이제 하나님에게 약속을 지켜달라고 주장할 수 있게 되었다는 점이다. 다윗은 하나님이 약속하신 대로 자기 집에 복을 달라고 기도할 용기가 생겼다. "여호와 하나님이여 이제 주의 종과 종의 집에 대하여 말씀하신 것을 영원히 세우셨사오며 말씀하신 대로 행하사……주의 종 다윗의 집이 주 앞에 견고하게 하옵소서 만군의 여호와 이스라엘의 하나님이여 주의 종의 귀를 여시고 이르시기를 내가 너를 위하여 집을 세우리라 하셨으므로 주의 종이 이 기도로 주께 간구할 마음이 생겼나이다"(삼하 7:25-27).

하나님의 "안 된다"는 말씀을 들은 사람이라면 오로지 한 가지, 하나님의 약속의 말씀이 필요할 뿐이다. 주님을 믿고, 약속한 대로 해달라고 주장하는 길밖에 없다. 지금 당신에게 필요한 것이 무엇인가? 용서인가? 하나님은 "내가 네 허물을 빽빽한 구름같이, 네 죄를 안개같이 없이하였으니"(사 44:22)라고 약속하셨다. 마음의 평안이 필요한가? "평안을 너희에게 끼치노니 곧 나의 평안을 너희에게 주노라 내가 너희에게 주는 것은 세상이 주는 것과 같지 아니하니라 너희는 마음에 근심하지도 말고 두려워하지도 말라"(요 14:27). 가르치심이 필요한가? "내가 네 갈 길을 가르쳐 보이고 너를 주목하여 훈계하리로다"(시 32:8). 경건이 필요한가? "그러므로 하늘에 계신 너희 아버지의 온전하심과 같이 너희도 온전하라"(마 5:48). 언젠가 천국에서 주님과 함께 있는 것이 필요한가? "아버지여 내게 주신 자도 나 있는 곳에 나와 함께 있어 아버지께서 창세전부터 나를 사랑하시므로 내게 주신 나의 영광을 그들로 보게 하시기를 원하옵나이다"(요 17:24).

믿는 사람에게 필요한 모든 것에 대하여 하나님의 약속의 말씀이 다 있다. 하나님은 그것을 하나님의 백성에게 주고 싶어하시는 분이기 때문에 그들의 마음에 약속을 주장할 용기를 심어놓으셨다. 그러므로 하나님이 당신의 소망, 당신이 중요하게 생각하는 것에 대해 "안 된다"고 하실 때에는 하나님의 마음 가까이 당신을 부르셔서 원하는 것은 무엇이나 이미 약속했음을 알려주신다. 하나님은 부정적인 답변을 통해 성경에 있는 하나님의 약속을 당신의 것으로 주기 원하신다. "그러므로 우리는 긍휼하심을 받고 때를 따라 돕는 은혜를 얻기 위하여 은혜의 보좌 앞에 담대히 나아갈 것이니라"(히 4:16).

5

바르게 하라

하나님의 사람은 말씀에 진심으로 순종하는 마음자세를 가진다

삼하 8:1-18

시편 2편 8절에서 하나님은 이렇게 약속하셨다. "내게 구하라 내가 이방 나라를 네 유업으로 주리니 네 소유가 땅끝까지 이르리로다"(시 2:8). 이 약속은 하나님의 아들에게 주신 것이지만 부분적으로는 다윗에게도 이루어졌다.

전 이스라엘을 다스리는 왕으로 등극하여 왕국을 세운 다윗은 하나님의 백성의 적들을 정복하는 공격에 나섰다. 그는 자신과 자신이 다스리는 백성에 대한 하나님의 목적을 이루지 않고는 만족할 수 없었다. 사무엘하 8장과 이 시기에 다윗이 쓴 시편 2편, 60편은 당시의 상황을 잘 설명해 주고 있다. 이 역사적 배경의 예언적 의미가 바로 요한계시록 11장이다. "세상 나라가 우리 주와 그의 그리스도의 나라가 되어 그가 세세토록 왕 노릇 하시리로다"(계 11:15). 또한 로마서 6장과 8장은 오늘의 우리에게 이 말씀이 어떻게 적용되는지를 구체적으로 풀이해 주고 있다.

하나님의 사람, 이것이 우리의 목표다. 성경을 역사적 관점에서 보거나 예언적으로 해석하는 것은 사실 우리가 관심을 가질 분야는 아니다. 그보다 다윗의 경험에서 우리가 무엇을 배워야 하고, 우리 인생에 어떻게 받아들여야 하느냐가 더 중요한 문제다. 이것은 다윗과 같은 하나님의 사람이 되기 위해 어떻게 살아야 하느냐는 문제로 귀결된다. 사도 바울은 하나님의 사람으로 성장하기 위해 하나님의 말씀인 성경이 중요함을 강조했다. "모든 성경은 하나님의 감동으로 된 것으로 교훈과 책망과 바르게 함과 의로 교육하기에 유익하니 이는 하나님의 사람으로 온전하게 하며 모든 선한 일을 행할 능력을 갖추게 하려 함이라"(딤후 3:16-17).

완전한 승리

우리는 무엇보다 다윗의 총체적인 승리에 주목해야 한다. 다윗의 승리는 완벽한 것이었다. 지도상에서 그가 승리한 지역을 짚어보자. 먼저 그는 지중해를 따라 서쪽에 살던 블레셋의 항복을 받았다(삼하 8:1). 이어 사해 동쪽 지역에 거주하던 모압을 쳐서 이겼다(삼하 8:2). 또한 북동쪽에 있던 시리아를 정복하고 주둔군을 두었을 뿐만 아니라 사해의 남쪽과 동쪽에 살던 에돔까지 무찔렀다. 이처럼 동서남북 이스라엘 전 지역에서 혁혁한 승리를 거두었다. 블레셋을 정복하고 모압, 시리아, 에돔 백성을 모두 그의 종으로 만들어버렸다. 다윗은 어디로 가든지 항상 이겼다.

이렇게 해서 이스라엘을 둘러싸고 있던 막강한 나라들을 모두 완전히 굴복시켰다. 이제까지의 역사를 통틀어 볼 때 하나님이 아브라함에게 약속하신 영토를 하나님의 백성이 모두 지배한 것은 이때가 처음이자 마지막이었다. 다윗의 조상 아브라함이 한 치의 땅도 소유하지 못한 때에 하나님이 "내가 이 땅을, 이집트 강에서 큰 강 유프라테스에 이르기까지를 너의 자손에게 준다"(창 15:18, 표준새번역)는 언약을 세우신 대로 이루어졌다.

다윗은 주변의 강대국들을 상대로 완벽한 승리를 거뒀다. 오랫동안 이스라엘 땅에 들어와 하나님의 백성을 괴롭혀오던 블레셋의 경우에는 메덱암마를 공격하여 그들을 쉽게 정복하는 전초기지로 삼았다. 메덱암마는 블레셋의 5대 도시 가운데 하나이며 가드의 다른 이름으로서 블레셋이 점령하고 있었다(삼하 8:1). 이 도시는 이스라엘 백성에게는 중요한 거점이었다.

사해 동쪽에 살았던 모압은 롯의 후손이었다(창 19:37). 그들은 지극히 타락한 자들이었고, 이스라엘에게도 나쁜 영향을 미쳤다. 마귀는 하나님의 백성을 지배할 방법을 찾지 못하자 도덕적 삶을 타락시켜 하나님에게서 멀어지게 했다. 다윗은 모압에 대해 특별히 엄격했다. 도피 생활을 하는 동안 부모를 모압 왕에게 맡겼다가 살해되었기 때문에(삼상 22:3-4) 사적 원한에서 복수했다는 해석도 가능하다. 그러나 실제로는 이스라엘 백성이 다시 타락하는 사태를 방지하기 위해서 잔인하다는 소리를 들을 만큼 냉혹하게 다루었고, 모압 사람 가운데 3분의 2를 죽였다.

다음은 북쪽의 이방 국가 시리아다. 시리아는 소바와 다메섹을 수도로 두 나라로 갈라져 있었는데 다윗에 맞서기 위해 연합했다. 그러나 막강한 다윗을 당하지는 못했다.

시편 60편 8절에서 다윗은 스스로 막강하다고 생각하던 나라들을 비웃었다. "모압은 나의 목욕통이라"(시 60:8). 이스라엘을 더럽히고 타락시킨 모압 족속을 경멸한 나머지 다윗은 이렇게 말하고 싶었을 것이다. "그들로 내 발을 씻기게 하리라. 이스라엘을 더럽힌 저들을 청정제로 만들겠다. 이 땅을 빼앗아 하나님의 영광을 위해 사용하겠다!" 같은 절에서 다윗은 "에돔에는 나의 신발을 던지리라"(시 60:8)고 말했다. 에돔은 육신을 만족케 하기 위해서라면 영적 장자권도 쉽게 포기할 수 있었던 에서의 후손이다. "다른 사람의 머리 위에 신발의 먼지를 턴다"는 말은 동방에서는 자신의 종이라는 의미다. 다윗은 "이 사람들을 내 수하에 부리겠다!"고 선언한 것이다. 이어서 "블레셋아 나로 말미암아 외치라"(시 60:8)라는 말은 비웃음의 표현이다. "블레셋아, 내가 너를 이기리라"라는 뜻이다.

하나님이 기름 부으신 왕 다윗은 하나님이 약속하셨던 땅, 강력한 적들이 차지하고 하나님의 백성을 조롱했던 지역을 포함한 이스라엘 전 영토를 회복했다. 그들이 장악하고 있던 권력을 빼앗아 주님을 섬기는 데 사용했으며, 그들을 완전히 굴복시켜 종으로 삼았다.

시편 2편에서 "이방 나라들이 분노하며 민족들이 헛된 일"(시 2:1)을 꾸미는 것을 보며 다윗은 예언했다. "하늘에 계신 이가 웃으심이여 주께서 그들을 비웃으시리로다"(시 2:4). 하나님은 예수님에게 "내가 네 원수들로 네 발판이 되게 하기까지 너는 내 오른쪽에 앉아 있으라"(시 110:1)고 말씀하셨다. 그 하나님 아버지께서 무력함을 모르는 적의 무모함을 향해 지으시는 무서운 웃음이다. 이는 모든 사람이 주님 앞에 무릎 꿇고 그분이 주님이심을 고백하게 될 위대한 날, 즉 주 예수님이 승리하실 날에 대한 분명한 예언이다. 또한 타락하고 더럽혀진 우리, 우상과 물질을 숭상하고 쾌락을 좇아 육신의 세상에 만족하는 우리, 육신의 만족을 위해 영적 장자권을 쉽게 파는 우리를 성령의 힘을 통하여 승리로 이끄신다는 선언이기도 하다. "이 모든 일에 우리를 사랑하시는 이로 말미암아 우리가 넉넉히 이기느니라"(롬 8:37)라는 말씀처럼 말이다.

우리 대신 싸우시는 하나님

싸움을 주님에게 넘겨드려서 주님이 대신 싸워주실 때의 기쁨을 경험해 보았는가? 당신의 구세주와 함께 공격에 나서서 하나님이 적을 처치하시도록 맡겨보라. 그분에게 복종하는 심령에게 하나님이 못해 주실 일이 없다는 진리를 알게 될 것이다. 주께서 싸움을 맡으시면 마귀는 어쩔 도리가 없다. 우리 가운데 가장 미약한 자라도 그를 조롱할 수 있고, 그 손에서 굴레를 빼앗아 하나님의 영광을 위해 쓸 수 있다. 복음의 빛나는 진리를 그리스도인의 삶에 수용하여 자신의 약함, 부족함, 실패, 죄를 하나님에게 넘겨드린다면 그것은 오히려 축복과 능력의 원천으로 변한다. 하나님은 우리의 연약함 때문에 우리를 파멸로 이끄시지 않는다. 마귀의 손에 잡힌 연약함을 되찾아 하나님의 목적을 위하여 쓰신다.

사도 바울이 회심하기 전, 그는 질투심에 불타서 그리스도인이라면 남김없이 잡아 처형하려고 다메섹으로 갔다. 그러나 가는 도중 예수 그리스도 안에서 하나님을 만났다. 그리고 여러 해가 지난 다음, 고린도교회에 이런 편지를 썼다. "나는, 하나님께서 질투하심과 같이, 여러분을 두고 질투합니다"(고후 11:2, 표준새번역). 하나님은 그의 약함인 질투와 열정을 버리게 하신 것이 아니라 질투와 열정을 쏟을 대상을 바꾸셨다. 결과적으로 그는 그리스도를 위하여 다른 사람들에게 불타는 연민의 마음을 품게 되었다. 그것이 바로 하나님이 우리의 약함을 취하셔서 성령의 능력으로 선하게 변화시키시는 방법이다. 마귀의 궤계를 멸하시고 하나님의 목적에 맞게 바꾸시는 것이다.

주변의 적국들을 모조리 소탕한 다윗의 승리는 대단한 것이었다. 당신은 어떤가? 당신 인생에서 거둔 승리도 다윗의 승리에 견줄 만큼 완벽한가? 그리스도인이라면 그런 승리를 거두려고 걱정할 필요가 없다. 자신의 피로 우리에게 승리를 안겨주신 주님 안에 살며, 우리 인생에서 그 승리를 실현시켜주실 주님의 영에 순종하기만 하면 된다.

시편 2편 8절과 사도행전 1장 8절을 연관 지어 생각해 보기 바란다. 우리에게 내리시는 사명은 "땅끝까지 이르러 내 증인이 되리라"(행 1:8)이며, 우리에게 주신 약속은 "내게 구하라 내가 이방 나라를 네 유업으로 주리니 네 소유가 땅끝까지 이르리로다"(시 2:8)다. 이것이 하나님의 구원 약속이며, 다윗처럼 예수 그리스도 안에서 하나님이 주신 것을 모두 얻을 때까지 하나도 포기하지 말아야 할 근거다. 그러나 싸우지 않고는 승리도 없다. 하나님의 능력을 믿고 주도적으로 공격해야 한다. 우리가 행동에 나설 때 하나님도 약속하신 승리를 안겨주시기 위해 우리 안에서 함께 싸워주신다.

완전한 승리의 전략

그런데 한 가지 눈여겨보아야 할 대목은 다윗이 전차를 끄는 말들의 발 힘줄을 끊은 점이다. 왜 말들을 죽여야 했을까? 말씀에 순종하는 다윗의 승리 전략이었다. "반드시 네 하나님 여호와께서 택하신 자를 네 위에 왕으로 세울 것이며……그는 병마를 많이 두지 말 것이요"(신 17:15-16)라는 하나님의 명령에 복종한 행동이었다. 이 명령의 의도는 하나님의 백성이 주님만 의지하게 하시려는 것이었다. 싸움에서 주님을 의지하는 마음을 흐트러트리는 다른 무기나 장비는 모두 없애버리는 것이 마땅했다. 그 증거는 다윗의 글에도 있다. "어떤 사람은 병거, 어떤 사람은 말을 의지하나 우리는 여호와 우리 하나님의 이름을 자랑하리로다"(시 20:7). 시편 33편에는 좀 더 구체적인 설명이 나온다. "많은 군대로 구원 얻은 왕이 없으며 용사가 힘이 세어도 스스로 구원하지 못하는도다 구원하는 데에 군마는 헛되며 군대가 많다 하여도 능히 구하지 못하는도다"(시 33:16-17).

이처럼 완전한 승리를 얻은 첫 번째 전략은 믿음의 초점을 분산시키는 것들을 모두 없애는 것이다. 두 번째 전략은 얻은 것을 남김없이 하나님 앞에 바치는 것이다. 시리아를 비롯해 정복한 모든 나라에서 다윗은 금과 놋 등 값비싼 물건들을 얻었다. 비록 하나님이 "안 된다"고 하셨지만 다윗은 성전에 대한 꿈을 버리지 못하고 있었다. 그는 원통한 마음을 갖기는커녕 주님에게 바치려고 전리품을 챙겨왔다. 적의 우상은 불살라버리고 적의 금은 하나님에게 바쳤다. 이렇게 해서 솔로몬이 지은 화려한 성전은 하나님의 백성이 적에게서 얻은 물자로 건축되었다.

위대한 승리를 쟁취한 세 번째 전략은 사무엘하 8장 13절에서 찾아볼 수 있다. 다윗이 강국이었던 시리아의 완강한 저항도 일거에 무찌르자 그의 명성은 높아졌다. 하나님의 사람은 유명해졌을 때 조심해야 한다. 그 위험한 시기에 다윗은 "우리가 하나님을 의지하고 용감하게 행하리니 그는 우리의 대적을 밟으실 이심이로다"(시 60:12)라고 고백했다. 자신의 영광을 부인하며 하나님을 찾는 겸손을 보인 것이다. 백성들이 손뼉 치고 환호할 때 다윗은 하나님의 보좌로 영광을 돌렸다. "주님, 주께서 이 모든 일을 하셨습니다!"

그것이 천국이 가르쳐주는 마음가짐이다. 사악한 권세에 한눈팔지 말고 승리의 열매를 하나님에게 드리며, 박수 받기를 거절해야 한다. 요한계시록은 주님의 성전, 즉 새 예루살렘을 강조해서 말한다. 하나님의 성전을 이루고 있는 모든 살아 있는 돌들은 마귀에게 잡혀 있던 영혼들이다. 천국은 그렇게 세워지며, 그러한 사람들이 사는 곳이다. 이 세상에 사는 동안 성령을 마음에 모시고 구세주를 영광되게 하며, 영원토록 주님의 성전을 이루고 있는 사람들이다. 모두가 사탄의 손아귀에서 풀려나 주님을 섬기게 된 영혼들이니, 하나님이 행하시는 역사를 보며 마귀가 얼마나 이를 갈겠는가!

이것은 또한 은혜로 구원받은 영혼을 이끄시는 성령의 인도이기도 하다. 우리의 인생에서 하나님의 뜻에 어긋나는 세상적인 것은 무엇이나 없어져야 하고, 하나님을 영광되게 하는 것들은 남김없이 하나님에게 바쳐져야 한다. 어떻게 해야 그렇게 될 수 있는가? 갈보리로 가야 한다. 성전에 있는 것은 무엇이나 "하나님에게 영광을!"이라고 외쳐야 하기 때문이다. 다윗의 자세는 천국의 가르침과 성령의 인도를 보여주는 그림이다. 그리스도인은 자신을 십자가에 못 박고, 하나님의 뜻에 반대되는 것을 정죄하는 가르침을 받아들여야 한다. 그런 다음 겸손히 예수님에게 나아가야 한다. 인생의 주인이 바뀐 그때, 우리는 비로소 천국의 가르침에 따라 얻은 성령의 승리를 경험하게 되며, 인생의 기쁨을 맛보게 된다.

승리의 마음가짐

승리한 다음에는 무엇이 오는가? 상상하지 못할 더 큰 승리를 얻고 천국으로 가려면 어떤 마음가짐을 가져야 할지를 알게 된다. 사무엘하 8장에는 6절과 14절에 걸쳐 두 번이나 아름다운 말씀이 나온다. "다윗이 어디로 가든지 여호와께서 이기게 하시니라"(삼하 8:6, 14 참조).

엄청난 진리가 밝혀졌다. 다윗이 주님에게 순종하고 천국의 가르치심을 따르자 주께서 그를 최상의 상태로 보호해 주셨다. 하나님이 순종하는 자는 지키시며 복 주시고, 순종하지 않는 자는 질책하시며 징계하신다는 것은 불변의 진리다. "다윗이 왕이 되어서 이렇게 온 이스라엘을 다스릴 때에, 그는 언제나 자기의 백성 모두를 공평하고 의로운 법으로 다스렸다"(삼하 8:15, 표준새번역). 주님에게 의지하여 적국을 정벌한 다음, 다윗은 의롭게 나라를 다스렸다. 이것은 하나님이 다스릴 권능을 부여하셨기 때문에 가능했다. 이로써 다윗은 하나님이 약속하신 모든 것을 누리게 되었다.

처음 다윗의 통치는 하나님을 경외하며 정의롭고 도덕적으로 흠이 없는 바른 원리에 따랐다. 주님의 원리를 지키는 동안 주님이 그와 함께 계셨다. 그러나 얼마 지나지 않아 그는 천국의 원리를 저버렸고 그것은 자신과 가족과 국가에 크나큰 재앙을 불러왔다. "그가 공의로 심판하며 싸우더라"(계 19:11)라고 기록된 요한계시록 19장 11-16절을 명심할 필요가 있다. 역사는 왕 중의 왕이시며, 주 중의 주이신 예수 그리스도께서 다시 오셔서 다스리실 때를 향하여 빠른 속도로 흘러간다. 피로 물든 옷을 입으시고, 죽기까지 순종하신 그분이 세상을 다스리실 것이다.

그것은 오늘날에도 효력이 있는 영원한 진리다. 사도 바울은 우리에게 간곡히 권면한다. "너희 자신을 종으로 내주어 누구에게 순종하든지 그 순종함을 받는 자의 종이 되는 줄을 너희가 알지 못하느냐 혹은 죄의 종으로 사망에 이르고 혹은 순종의 종으로 의에 이르느니라 하나님께 감사하리로다 너희가 본래 죄의 종이더니 너희에게 전하여 준 바 교훈의 본을 마음으로 순종하여 죄로부터 해방되어 의에게 종이 되었느니라"(롬 6:16-18).

　승리한 다음에는 오만을 버리고 의롭고 경건하게 살아야 한다. 승리하는 마음가짐은 하나님의 말씀에 진심으로 순종하는 것이다. 예수님은 마귀 위에 군림하시기 때문에 인생을 구원하실 수 있다. 모든 것이 그분으로부터 비롯되고, 그분은 우리 것이기 때문에 승리는 예수 그리스도를 통해 이루어진다. 하나님은 예수님이 우리를 위해 예비하신 것들을 찾아가라고 말씀하신다. 우리는 싸움에서 이겨야 하며, 이길 수 있다. 주님의 은혜 가운데 주님을 의지하여 강하게 밀어붙여야 한다. 주님의 가르치심에 순종하여 행하면 구세주를 근심하게 하는 모든 것들을 진멸하고, 우리가 가진 하나님의 것을 드리며, 승리를 내 것으로 돌려 하나님의 영광을 훼손하는 짓을 삼가려는 마음이 생긴다. 그때 주님은 우리가 어디를 가든지 이기게 해주시고, 지배당하던 것을 지배하게 해주신다.

6

절제하라

하나님의 사람은 말, 행동, 외양에 있어서 절제된 삶을 산다

삼하 9:1-13

이 시기는 다윗의 인생에서 가장 화려한 정점이었다. 비극과 몰락이 다가오고 있었으나 이 시기의 다윗은 하나님이 약속하신 땅에서 모든 적을 몰아내고 온 이스라엘을 호령하는 당당한 왕이었다. 그런 그가 어느 날 과거를 돌이켜보았다. 목동으로 지내던 어린 시절, 사울의 핍박에 시달렸던 시련과 고통의 시절, 받아주는 곳이 없어 방황하던 암흑의 도피 생활을 회상했다. 그러다가 문득 떠오르는 생각이 있었다. '사울의 집안에 살아남은 자가 없을까? 만약 살아 있는 자가 있다면 내가 은혜를 베풀고 싶다.'

이것은 구약에 나오는 감동적인 이야기 가운데 하나다. 또 이 이야기는 신약의 진리를 생생하게 설명해 주기도 한다. 다윗이 므비보셋을 돌본 것은 주께서 하나님의 백성에게 베푸신 수많은 은혜의 모습 중 하나다. 그러므로 다윗이 므비보셋에게 보인 극진한 대우를 묵상하며 우리를 돌

보시는 하나님의 극진한 은혜를 깨닫기 바란다.

하나님과 멀어진 사람

므비보셋의 이름은 사무엘하 4장 4절에 처음 나온다. 다섯 살 어린아이였던 그에게 사고가 났다. 요나단과 사울 왕이 싸움에서 전사했다는 소식을 들은 므비보셋의 유모는 매우 놀라고 당황해서 아이를 업고 도망쳤다. 그러나 너무 서둘렀던 나머지 아이를 땅에 떨어뜨리고 말았다. 그때 입은 부상으로 므비보셋은 평생 다리를 저는 장애를 가진 채 살아야 했다.

그런데 유모는 왜 그렇게 놀라 도망해야 했을까? 이유는 간단하다. 므비보셋은 요나단의 아들이므로 아버지와 할아버지가 사망하면 당연히 왕위를 계승할 사람이었다. 그러나 하나님이 다윗을 다음 왕으로 선택하셨다는 것은 누구나 다 알고 있는 사실이었다. 따라서 므비보셋은 위험에 빠질 가능성이 있었다. 다윗이 왕이 된다면 먼저 경쟁자인 므비보셋부터 제거하지 않을까 하는 우려에서였다. 게다가 유모는 사울이 다윗을 얼마나 비열하고 잔인하게 대했는지 알고 있었다. 사울 자신이 직접 다윗을 죽이려고 창을 던지기까지 했던 일도 알고 있었다. 그러므로 다윗이 왕이 되면 즉시 사울의 가족에게 복수할 것으로 생각한 것은 당연했다. 그래서 유모는 요나단과 사울의 사망 소식을 듣자 아이를 데리고 황급하게 도주했던 것이다.

다윗에게 들킬까 봐 조심스럽게 피해 다녔던 므비보셋은 이제 장성한 어른이 되었다. 다윗에게 자신의 존재가 알려지면 생명이 위태로울 수 있다는 말을 유모에게서 수없이 들으며 자랐던 그에게 다윗 왕은 공포의 대상이었다. 그는 장성한 후에도 다윗에 대한 두려운 마음이 계속 남아 있었을 것이다. 그리고 다른 한편으로는 자신의 자리가 되어야 했던 왕의 자리에 오른 다윗에 대한 원한도 맺혀 있었을 것이다. 다윗은 은혜를 베풀기 위해 므비보셋을 불렀지만, 므비보셋의 다음은 은혜를 받을 만한 상태가 아니었다. 그는 '거리감', '두려움', '적개심'으로 요약될 수 있는 착잡한 마음으로 살아왔다.

그는 먼저, 다윗에게 '거리감'을 느꼈다. 므비보셋의 마음은 다윗에게서 멀리 떨어져 있었다. 세상에도 하나님에게서 멀리 떨어져 사는 사람들이 있다. 이들은 하나님을 가까이하지 않고 살아야 마음이 편하다는 주위의 말에 현혹되어 하나님과 떨어져 사는 사람들이다. 하나님에게서 멀리 떨어져 있기 때문에 은혜를 받기 어려운 상태다. 이들은 세월이 지나도 여전히 하나님과의 거리가 좁혀지지 않는다.

성경은 "한 사람이 순종하지 아니함으로 많은 사람이 죄인 된 것"(롬 5:19)이라고 말한다. 만약 어려서부터 하나님과 어떤 이유에서든지 거리감을 느껴왔다면 그것은 오래지 않아 '두려움'으로 발전한다. 하나님으로부터 멀어져 있을 뿐만 아니라 하나님을 무서워하게 된다. 하나님이 원하시는 인생을 사는 사람은 없다. 그러므로 절대적으로 완전하고 의로우신 하나님을 마주 대하기가 두려워진다. 그리고 이렇게 생각한다. '만약 하나님이 계신다면 나를 좋게 보실 리가 없어. 그러니 하나님과 거리를 두는 편이 낫지.'

두려움이 쌓이다 보면 '적개심'으로 발전한다. 하나님에게 적대감을 느끼게 되고 마침내는 화가 치민다. "하나님은 왜 세상을 이렇게 엉망으로 만드셨는가! 왜 내게 이런 일이 일어나게 하셨단 말인가! 만약 하나님이 계신다면 가만히 계시지 말고 어떻게 좀 하셔야 하는 게 아닌가!" 어려서부터 어른에 이르기까지, 더 나아가서는 노인이 되어서도 이런 유치한 생각을 하며 영적으로 눈을 뜨지 못한 사람들이 많다. 하나님과의 관계에서 '거리감', '두려움', '적개심' 으로 진단할 수 있는 증상을 가진 사람들이다.

베푸시는 은혜

그러나 마귀의 거짓말 때문에 하나님과 거리를 두고 산 사람들에게도 은혜는 내린다. 하나님은 우리를 적대시하는 분이 아니시다. "우리가 아직 죄인 되었을 때에 그리스도께서 우리를 위하여 죽으심으로 하나님께서 우리에 대한 자기의 사랑을 확증하셨느니라"(롬 5:8). 그분은 우리에 대한 사랑을 의심할 여지가 없도록 증명하셨다. "만일 하나님이 우리를 위하시면 누가 우리를 대적하리요 자기 아들을 아끼지 아니하시고 우리 모든 사람을 위하여 내주신 이가 어찌 그 아들과 함께 모든 것을 우리에게 주시지 아니하겠느냐"(롬 8:31-32).

하나님에게 화가 난다면 그것은 사탄의 속임수로 생긴 두려움 때문이다. 그러므로 하나님이 아닌 당신이 하나님과 화해하는 길을 찾아야 한다. 그러나 죄는 속량되었고 하나님과 사람 사이의 간격은 십자가로 없어졌다. 이 세상 자체는 하나님에게서 멀어진 곳이지만, 예수님이 그 간격을 갈보리에서 메우셨다. "곧 하나님께서 그리스도 안에 계시사 세상을 자기와 화목하게 하시며 그들의 죄를 그들에게 돌리지 아니하시고 화목하게 하는 말씀을 우리에게 부탁하셨느니라"(고후 5:19).

하나님은 세상을 지극히 사랑하시기 때문에 독생자까지 주시며(요 3:16) 돌아오라고 하신다. 그러나 사람들은 마귀의 거짓말에 속아 하나님과 거리를 둔다. 하나님은 우리를 적대시하는 분이 아니시다. 우리를 위하는 분이시다. 하나님과 떨어져 사는 것, 사실은 그것이 예수 그리스도 안에서 하나님의 은혜를 받을 조건이다. 달리 표현하자면 그런 상태에 있는 우리가 바로 하나님의 은혜를 필요로 하는 존재다.

다윗은 승리에 취해 있어도 좋을 만한 그때에 "사울의 집에 아직도 남은 사람이 있느냐"(삼하 9:1)고 물었다. 사울의 집안에 복수하겠다는 것이 아니었다. 사울의 핍박에 대해 앙갚음을 하거나, 왕위를 노릴지도 모를 사울의 후손을 제거하겠다는 것도 아니었다. 오로지 "내가 요나단으로 말미암아 그 사람에게 은총을 베풀리라"(삼하 9:1)라는 마음이었다. 은혜를 베풀어 구원을 얻게 하려는 것이었다. "나를 죽이려고 창을 던진 사람, 나를 죽이려고 산골짜기와 은신처를 끈질기게 찾아다니던 사람의 가족 중에 살아 있는 사람이 있는가? 나를 그토록 못살게 굴던 그 사람의 후손 가운데 살아남은 사람이 있는가? 복수하려는 것이 아니다. 요나단과 한 약속을 지키고자 한다. 자녀들까지 지켜주겠다고 언약을 맺은 내 사랑하는 친구 요나단을 위해 은혜를 베풀려고 찾는 것이다."

마침내 다윗은 사울의 종 시바를 찾았고 므비보셋의 존재를 알아냈다. 즉시 그가 사는 로드발로 사람을 보내 그를 데려왔다. 므비보셋은 다윗 왕의 왕궁으로 오라는 소식을 듣고 크게 두려워했을 것이 틀림없다. 그래서 다윗을 보자마자 땅에 엎드려 존경의 뜻을 나타내며 "주인님!"이라고 불렀을 것이다. 그러나 다윗은 야단치지도 않고 화를 내지도 않았다. "무서워하지 말라 내가 반드시 네 아버지 요나단으로 말미암아 네게 은총을 베풀리라 내가 네 할아버지 사울의 모든 밭을 다 네게 도로 주겠고 또 너는 항상 내 상에서 떡을 먹을지니라"(삼하 9:7).

사무엘하 9장에는 므비보셋이 왕의 상에서 먹는다는 말씀이 7절, 10절, 11절, 그리고 13절, 모두 네 번이나 나온다. 성령께서 같은 말을 네 번이나 되풀이하셨다면 그만큼 중요한 의미가 있기 때문이다. 주님은 우리에게 은혜를 베푸사 구원에 이르게 하신다. 하나님에게서 멀리 떨어져 두려움 가운데 적대감을 느끼는 우리야말로 은혜가 필요한 존재다. 하나님은 언제나 인생에 복을 주시며 먼저 행동하신다. 우리는 주도적으로 움직일 능력이 없기 때문이다. 하나님이 먼저 우리에게 다가오셔서 가련한 우리의 현재 상태에 필요한 하나님의 은혜를 베푸신다.

은혜의 과정

은혜를 받아 구원으로 가는 길도 세 단어로 요약할 수 있다. '수용', '낮춤', '풍성'이다.

먼저 '수용'이다. 하나님은 물으신다. "잃어버린 사람이 있느냐? 인생에서 나를 멀리하는 사람, 나를 부인하는 사람, 나를 거역하는 사람이 있느냐? 내가 예수를 생각해서 은혜를 베풀어줄 사람이 있느냐? 내가 그의 가족을 돌보아주어야 할 영원토록 변하지 않는 언약을 내 아들과 맺었다. 나에게서 가장 멀리 떨어져 있는 사람, 나를 가장 두려워하는 사람, 나에게 가장 적대적인 사람에게까지 효력이 미치는 예수 그리스도의 피로 언약을 맺었다. 예수를 생각해서 내가 은총을 베풀어야 할 처지에 있는 사람이 있느냐?"

그 은총의 대상은 우리다. "우리가 하나님과 원수 됐을 때 하나님의 아들이 죽으심으로 인해 그분과 화목하게 됐으니 화목하게 된 우리는 하나님의 생명으로 인해 확실히 구원을 받을 것입니다"(롬 5:10, 우리말성경). 영원히 의로우시며 거룩하신 하나님이 온 우주에 대한 공의를 지키시고 인간의 필요를 통감하시는 분이라는 것은 경이로운 일이다. 바로 그분이 이렇게 말씀하신다. "그들은 나에게 함부로 대했지만, 그럼에도 불구하고 내가 은총을 베풀 사람이 있느냐?" 이것은 아들이신 예수님으로 가능해진 일이다. 예수님은 갈보리에서 우리의 적대와 반역에 대한 책임을 지셨다. 아버지의 뜻에 절대적으로 순종하셨고, 하나님의 정의에 절대적으로 복종하셨다. 예수님이 피를 흘리셨기 때문에 하나님이 하나님과 멀리 떨어져 있는 사람, 두려워하는 사람, 적대하는 사람을 찾으실 수 있게 되었다. "예수로 말미암아 내가 은혜를 베풀 사람이 있느냐?" 하고 물으실 수 있게 되었다.

자신의 실상을 깨달은 다음에는 '낮춤'이 온다. 므비보셋을 찾으러 사람을 보낸 다윗의 모습은 하나님과 멀어진 사람을 성령으로 부르시는 하나님의 모습이다. 하나님을 적대하며 떨어져 사는 사람의 심정은 어떨까? 므비보셋이 살던 곳의 이름을 생각하면 이해가 간다. 그곳은 로드발이었는데, 그 의미는 불모지, 불만, 좌절이었다. 하나님과 조화를 이루지 못하고 성령으로 태어나지 않은 사람이 겪어야 하는 불가피한 상황이 바로 그것이다.

므비보셋뿐만 아니라 하나님을 떠난 곳에 사는 사람의 인생은 비참하고, 불행하고, 패배할 수밖에 없다. 그러한 곳에 사는 사람을 성령께서 왕이 계신 곳으로 데려가신다. 주님을 뵙는 순간 그는 형언할 수 없는 하나님의 은혜와 사랑을 깨닫는다. 그래서 므비보셋처럼 주님의 발아래 엎드려 "나의 주, 나의 하나님!" 하고 감격으로 부르짖는다. 므비보셋은 마침내 자신을 "죽은 개"(삼하 9:8)라고 부른다. 다윗이 은혜를 베풀자 생명 없이 살아온 무가치하고 비겁한 자신을 깨달은 것이다. 은혜는 항상 그렇게 역사한다. 은혜 앞에서는 오만도 자부심도 사라진다. 십자가는 우리가 아무것도 할 수 없는 잃어버린 자임을 깨닫게 한다. 그래서 주님 앞에 무릎 꿇게 한다.

다메섹 길 위에서 사도 바울이 주님의 얼굴을 대하여 물었던 것처럼 우리도 "주여, 누구십니까?"(행 9:5, 우리말성경) 하고 묻는다. 그러나 그분이 누구신지 알고 난 후에는 "주님, 제가 무엇을 하기 원하십니까?"라고 물어야 한다. 자신을 낮추는 겸손을 모르는 사람에게 은혜는 오지 않는다. 우리 모두가 하나님의 은혜로 겸손을 배우는 경험을 하기 바란다. 단순한 겸손이 아니라 절대자를 만나 자신이 참으로 무가치하고 무력한 존재임을 깨닫는, 땅바닥까지 내려가는 그런 '낮춤' 말이다. 그런 경험을 하지 못했다면 진정 하나님을 만난 것이 아니다. 진정 하나님의 은혜를 받았는지 자문해 보아야 한다.

은혜로 구원에 이르는 첫 번째 핵심 단어가 '수용'이라면, 그리스도 안에서 자신에게 베풀어지는 은혜를 보고 일어나는 '낮춤'이 두 번째 핵심어다. 세 번째 은혜의 속성은 '풍성'이다. "내가 네 할아버지 사울의 모든 밭을 다 네게 도로 주겠고 또 너는 항상 내 상에서 떡을 먹을지니라"(삼하 9:7). 이것이 므비보셋이 다윗 왕에게 들은 말이다.

우리가 받을 것은 '풍성'이다. "찬송하리로다 하나님 곧 우리 주 예수 그리스도의 아버지께서 그리스도 안에서 하늘에 속한 모든 신령한 복을 우리에게 주시되"(엡 1:3). "긍휼이 풍성하신 하나님이 우리를 사랑하신 그 큰 사랑을 인하여 허물로 죽은 우리를 그리스도와 함께 살리셨고 (너희는 은혜로 구원을 받은 것이라) 또 함께 일으키사 그리스도 예수 안에서 함께 하늘에 앉히시니 이는 그리스도 예수 안에서 우리에게 자비하심으로써 그 은혜의 지극히 풍성함을 오는 여러 세대에 나타내려 하심이라"(엡 2:4-7).

그리스도인의 삶을 살아가며 우리는 다윗이 한 말을 명심해야 한다. "너는 항상 내 상에서 떡을 먹을지니라"(삼하 9:7). 하나님의 구원을 받은 삶에는 궁핍이 없다. 조금도 부족함이 없는 지극히 풍성한 구원이다. 그리스도 안에서 우리는 넉넉히 이긴다. 십자가 밑에 엎드려 하염없이 후회하는 사람, 그리스도 안에 사는 사람에게는 생명이 끊임없이 공급된다. 진정한 만족은 오로지 갈보리에서 온다. 그래서 불모지 같은 인생이 풍성한 열매를 얻고, 하나님과 멀리 떨어져 살던 가련한 인생이 예수님의 피로 말미암아 하나님에게 가까이 간다. 그 순간부터 그 인생은 하나님이 부어주시는 복의 목표물이다. 언젠가 하나님의 보좌 앞에 흠 없는 몸으로 설 때까지 천국의 모든 자원이 필요를 채워주고, 험한 세상의 여정을 안전하게 살아내도록 지켜준다.

자격 없이 받은 은혜

다윗의 은혜로 항상 왕의 상에서 떡을 먹게 된 므비보셋의 이야기는 오래 묵상할 가치가 있다. 평생 발을 절며 살아온 그였지만 왕의 상에서 떡을 먹을 때에 그런 것은 아무 문제도 되지 않았다. 비록 하나님이 그의 육신의 장애를 치료해 주시지는 않았지만, 그것은 하나님에게서 도망했던 과거, 하나님을 두려워했던 과거, 하나님을 적대시했던 과거를 표시하는 흔적으로 영원히 남을 것이었다. 성경에는 가끔 하나님이 사람을 고쳐 주시는 것이 아니라 오히려 장애인으로 만드시는 이상한 일이 나온다. 야곱은 비록 '이스라엘'이라는 새로운 이름을 받기는 했지만, 하나님과 만나 씨름한 날 이후로 절뚝거리게 되었다(창 32:31).

므비보셋이 왕의 상에서 떡을 먹을 때 어떤 생각을 했을지 상상해 보자. '나는 왕의 상에서 먹을 자격이 없는 비열한 자다. 과분하다. 내가 얼마나 왕과 거리를 두었고 적대감을 가졌었는지 돌이켜보면 도저히 이런 대우를 받을 수 없다.' 그러다가 또 이런 생각이 들 것이다. '내가 여기 있는 것은 내가 잘해서가 아니다. 아버지 요나단을 생각해서 이런 은혜를 베푸신 것이다.'

불순종과 적대감에서 돌아온 사람, 예수 그리스도 때문에 하나님이 받아들이신 사람, 자기를 위해 있는 구원의 풍성함과 넘치도록 부어주시는 하나님의 은혜를 받은 사람은 결국 눈물을 흘리고 만다. "주님, 저는 받을 자격이 없습니다. 제가 한 일들에 대한 정당한 대가는 지옥입니다. 하나님의 심판을 받고 잃어버린 영원의 세계로 가야 마땅합니다." 스스로 무가치한 존재임을 인정하며 절망할 때 우리는 비로소 우리가 받은 은혜가 내가 잘해서가 아니라 예수님 때문이라는 진리를 깨닫는다. 하나님이 이 세상에서는 물론이고 영원한 세상에서도 보호하고 지켜주신다는 언약, 아들의 소중한 피로 인 치신 언약으로 말미암아 구원의 풍성함을 누리고 왕의 상에 앉는 것이다.

또 한 가지 짚고 넘어가야 할 대목이 있다. 성경은 시바에게 15명의 아들과 20명의 종이 있었다고 기록하고 있는데(삼하 9:10), 무엇 때문에 그런 자질구레한 것까지 말씀하신 것일까? 므비보셋을 시중드는 데 조금도 부족하지 않은, 충분한 인력이 있었다는 점을 지적하시려는 것이다. 이는 하나님의 지극히 풍성하심을 보여주는 한 부분이다. 하나님의 나라와 의를 먼저 구하면 하나님의 뜻 안에서 다른 모든 것을 추가로 주시겠다(마 6:33)는 신약의 진리를 보여주는 구약의 그림이다. 하나님은 우리가 매일 승리하도록 은혜 가운데 필요한 것을 무엇이나 풍성하게 공급해 주신다.

은혜받은 자의 태도

다윗과 므비보셋의 이야기는 후기가 있다. 다윗의 은혜가 훗날 어떤 결과를 가져왔는지 설명하는 사무엘하 19장의 후기가 없다면 두 사람의 아름다운 이야기는 완성되지 않는다. 다윗이 므비보셋에게 은혜를 베푼 지 몇 해가 지나서 다윗의 인생이 파탄에 이르는 변화가 있었다. 다윗은 비록 죄를 고백하여 깨끗함을 입고 용서를 받았으나 죄의 값은 치러야 했다. 수치스러운 행동은 그의 가족과 가정에 큰 상처를 남겼으며 아들 압살롬의 반역으로 이어졌다. 다윗은 왕의 자리에서 쫓겨나 망명 생활까지 해야 했다.

압살롬의 죽음으로 반란이 진압된 후 예루살렘으로 귀환한 다윗은 므비보셋을 다시 만났다. 그동안 므비보셋은 어떻게 지냈을까? "사울의 손자 므비보셋이 내려와 왕을 맞으니 그는 왕이 떠난 날부터 평안히 돌아오는 날까지 그의 발을 맵시 내지 아니하며 그의 수염을 깎지 아니하며 옷을 빨지 아니하였더라"(삼하 19:24). 다윗의 은혜를 입은 그는 다윗이 아들에게 쫓겨나 도피 생활을 하던 기간 내내 충성심을 유지하며 절제된 삶을 살았다. 도망 중인 왕의 슬픔과 고통을 자신의 것으로 생각하는 진실한 마음이었다.

므비보셋을 더욱 괴롭힌 것은 그의 종 시바의 모함이었다. 다윗이 도피 생활 중 므비보셋의 근황을 묻자 시바는 "예루살렘에 있는데 그가 말하기를 이스라엘 족속이 오늘 내 아버지의 나라를 내게 돌리리라 하나이다"(삼하 16:3)라고 음해했다. 물론 거짓말이었다. 그러나 다윗은 그 말을 믿고 시바에게 상을 내렸다. "므비보셋에게 있는 것이 다 네 것이니라"(삼하 16:4). 그러나 다윗이 다시 왕궁으로 돌아와 므비보셋을 만났을 때 그는 괴로움으로 초췌해진 모습이었다. 다윗이 놀라서 물었다. "므비보셋이여 네가 어찌하여 나와 함께 가지 아니하였더냐"(삼하 19:25). 그가 왕에게 사실대로 모든 것을 밝히자 다윗은 자신의 잘못을 깨달았다. "너는 시바와 밭을 나누라"(삼하 19:29). 그러나 므비보셋의 마음은 충성뿐이었다. "내 주 왕께서 평안히 왕궁에 돌아오시게 되었으니 그로 그 전부를 차지하게 하옵소서"(삼하 19:30).

이것이 신자의 삶이다. 하나님과 떨어져 있어도 하나님과 함께 있는 것이 우리가 그리스도의 소유라는 표시다. 또한 그분이 우리의 주이시고 주인이시라는 증거다.

우리가 잊지 말아야 할 또 한 가지는 재물에 욕심내지 않는 므비보셋의 일편단심이다(삼하 19:30). "왕이시여, 그에게 모두 다 주십시오. 저는 땅에 관심이 없습니다. 저는 왕께서 무사히 돌아오신 것을 보는 것만으로 만족합니다. 제가 바라는 것은 왕뿐입니다. 왕이 주시는 복이나 재물이 아니라 오직 왕, 당신뿐입니다."

이것이 은혜에 대한 올바른 반응이다. 은혜가 우리 마음에 진심으로 받아들여졌다면 우리는 그 증거로 절제된 삶을 살게 된다. 그리스도께서 다시 오실 때까지 그분이 당하신 고뇌와 배척을 생각하며 자연히 인격이나 말, 행동, 외양이 달라진다. 외적 변화는 내적 변화의 표출이다. 내적 변화는 실생활에서 밖으로 나타나며, 주 예수님을 바라보며 이런 기도를 하게 한다. "주님, 저는 주님이 주시는 복에 관심이 없습니다. 제가 원하는 것은 주께서 주님의 집에서 평안히 다스리시는 것뿐입니다. 주님, 물질은 모두 저들에게 주십시오. 저는 주님의 소유이며 제 몸은 성령의 전입니다. 저는 주님의 피로 사신 주님의 자녀입니다. 그러므로 저는 오로지 주님의 것일 뿐입니다."

지금 은혜를 받아야 할 처지에 있는가? 그렇다면 은혜가 가져오는 구원이 어떤 것인지 생각해 보라. 하나님은 예수님이 우리를 위해 흘리신 십자가의 보혈 때문에 우리를 받아주신다. 그 진리를 깨닫는다면 어떻게 십자가 아래 자신을 낮추고 엎드리지 않을 수 있겠는가? 그러할 때 하나님이 주시는 구원의 풍성함이 오는 것이다. 은혜로 변화된 인생은 세상에서 절제된 삶을 산다. 예수 그리스도 안에서 다른 것은 다 버리고 하나님만 찾게 된다. 사도 바울의 말 그대로다. "그런데 내게는 우리 주 예수 그리스도의 십자가밖에는, 자랑할 것이 아무것도 없습니다. 그리스도로 말미암아, 내 쪽에서 보면 세상이 죽었고, 세상 쪽에서 보면 내가 죽었습니다"(갈 6:14, 표준새번역).

7

책임지라

하나님의 사람은 죄의 대가로 주어지는
사랑의 채찍을 달게 맞는다

|

삼하 11:1-12:14

우리는 하나님의 말씀을 듣고 깊은 감명을 받았더라도 보통은 돌아서면 잊어버린다. 또 세상적이고 비신앙적인 문화에 쉽게 동화되어 행동이나 말이 달라지기도 한다. 그런가 하면 목사님의 설교를 듣고 "좋은 말씀 감사합니다"라고 하지만 가슴에 와 닿는 말씀도 없고, 성령께서 주시는 깊은 감동도 없는 경우가 많다. 그러나 나는 이제부터 살펴보려는 다윗의 이야기가 당신의 마음에 오래 남을 깊은 감동을 줄 수 있도록 성령께서 도와주시기를 간절히 기도한다.

언제나 자신에게 엄숙히 물어야 할 질문은 "과연 내가 죄를 이길 수 있느냐?"다. 다른 사람의 죄가 아니라 자신의 죄를 바로 보아야 한다. 공산주의의 횡포에 놀라기보다 마귀의 횡포에 놀라야 한다. 십 대들의 타락을 염려하기보다 자신의 타락을 걱정해야 한다. 그렇게 할 때 "당신이 그 사람이라"(삼하 12:7) 하고 엄중하게 질책하시는 성령의 말씀을 듣고 하나님의 자비를 빌게 될 것이다.

　다윗에게 견디기 힘들었던 고통의 날들이 지나가고 승리의 날이 왔다. 다윗은 드디어 왕이라는 영광의 자리에 오르는 기쁨을 누리게 되었다. 그런데 이러한 다윗이 갑자기 밑바닥까지 추락하다니 너무나 어이없지 않은가!

　다윗이 겪은 추락이 우리 시대에 주는 가르침이 무엇인지 잠시 생각해 보자. 오늘날 미국이 쇠퇴하는 이유는 무엇인가? 강력했던 국민성을 저해하는 요소는 무엇인가? 미국의 진정한 위협은 무엇인가? 하나님의 교회에 수치가 되는 것은 무엇인가? 세계 각지에서 일어나는 가슴 아픈 일들의 원인은 무엇인가? 한마디로 다윗이 저질렀던 것과 같은 죄 때문이다.

　자동차나 비행기 사고에서 생기는 사상자 수보다 파탄 난 가정에서 고통받고 인생을 망치는 사람의 수가 훨씬 많다. 믿지 않는 가정뿐 아니라 믿는 가정에서도 마찬가지다. 사탄은 죄를 미화하여 쉽게 거부하지 못하게 만드는 영악한 힘을 가지고 있다. 사탄은 죄를 일반화하는 특별한 능력이 있다. "이건 정말 아무것도 아니야. 다른 사람들도 다 그렇게 하거든." 사탄의 전략이 성공하는 이유는 죄가 가져오는 무서운 결과를 생각하지 않기 때문이다. 몇 가지 예를 들어보자. 목회에 뜻을 두고 정진하던 학생이 어느 날 갑자기 퇴학하고 얼마 후 서둘러 결혼했다는 소식을 듣는다. 학교의 교수 한 분은 어느 날 강의실에 나타나지 않더니 그것으로 학교에서 다시 보지 못한다. 어느 교회에서는 목사님이 갑자기 사라지기도 하고, 교회 집사가 오랫동안 보이지 않아서 수소문해 보지만 연락이 닿지 않는 일이 생긴다.

　다윗의 죄가 드러나자 나단이 찾아와서 무서운 말을 한다. "이 일로 말미암아 여호와의 원수가 크게 비방할 거리를 얻게 하였으니 당신이 낳은 아이가 반드시 죽으리이다"(삼하 12:14). 그러므로 우리는 마음에 있는 어두운 것들을 주님에게 고백하고 자비를 구하지 않으면 안 된다. 우리의 기준이 아니라 하나님의 기준에서 판정하는 죄를 우리가 범했고 실패했음을 인정하지 않으면 하나님의 축복이나 승리를 얻지 못한다.

그러나 죄라는 무서운 주제에 대해 생각할 때, 한편으로는 사도 바울의 말을 잊지 말고 소망을 가져야 한다. "율법은 범죄를 증가시키려고 들어왔습니다. 그러나 죄가 많은 곳에, 은혜가 더욱 넘치게 되었습니다"(롬 5:20, 표준새번역). 다윗과 밧세바의 이야기에서 단지 다윗의 가증스러운 죄만 알고 넘어간다면 잘못 공부하는 것이다. 그러나 하나님의 자비에 대해 배운다면 그것이야말로 소중한 것이다.

추락하는 그리스도인

여기서 우리는 다윗의 성장 과정과 영적 파탄에 이르기 전에 누렸던 영광을 다시 돌아볼 필요가 있다. 다윗은 밖에서는 양을 치는 목동에 지나지 않았으며, 집에서는 가족에게 무시당하는 하찮은 존재였다. 그러나 그는 강인한 육체를 가져 성벽을 뛰어넘고, 적군을 뒤쫓고, 사자와 곰을 죽였다. 또 물매 돌 하나로 골리앗의 이마를 맞혀 넘어뜨리는 물매의 달인이었다. 게다가 그는 수려한 용모를 가졌다. 육신의 건강함과 하나님을 향한 아름다운 믿음은 외모에서 빛이 나게 했다. 또한 그의 영혼에는 시인의 기질이 깃들여 있었다. 다윗은 주님이 자신의 목자라고 노래했으며 그 노래에 어긋나지 않게 주님의 뜻 안에서 자신이 할 일을 다했다.

그러던 어느 날 사무엘이 찾아와서 그를 하나님이 택하신 왕으로 기름 부었다. 어린 시절에는 생명을 주시는 성령을 알았으나 이제는 기름 부으시는 성령을 받게 된 것이다. 이 두 가지는 같은 것이 아니다. 하나님의 구원 능력을 믿는 그리스도인 가운데는 그 삶에 무언가 부족한 면이 있는 사람들이 많다. 현실을 뛰어넘어 살게 하는 성령의 능력이 없다. 비유하자면 전깃줄에 흐르는 전기와 같은 스파크, 힘, 능력이 없는 것이다. 성령께서 그들 안에 계시기는 하지만, 전깃줄에 전기가 아직 연결되지 않은 상태다. 즉 성령의 힘이 그들에게 흐르지 않고 있다.

다윗의 인생에는 성령의 불길이 내리꽂혔다. 다윗이 드리는 제사에 주님이 응답해 주셨다. 하나님의 기름 부으심의 의미와 능력, 그리고 하늘이 주시는 권능이 무엇인지 알았다. 주님이 바위이시고, 구세주이시며, 위대한 목자이심도 알았다. 피곤하면 어디를 가야 푸른 초원이 있는지 알았고, 목이 마르면 어디를 가야 조용한 물이 있는지 알았으며, 당황스러운 일이 생길 때면 하나님이 옆에서 붙잡아주시는 것도 알았다. 다윗이 골리앗을 얼마나 쉽게 이겼는가! 간악한 사울을 얼마나 자비롭게 대했던가! 이 모든 일이 오직 성령께서 임하셨기 때문에 가능했다.

다윗은 하나님이 "내 마음에 맞는 사람"(행 13:22)이라고 부르실 정도로 믿음이 높은 수준에 있던 사람이다. 이스라엘 전체의 왕으로 추대되었으며 주위의 강적들과 싸워 모두 승리를 거두었다. 바랄 수 있는 모든 것을 얻은 인생의 정점에 오른 그였다. 그런 그에게 느닷없이 마귀가 달려들어 넘어뜨리고 말았다.

엄청난 축복을 받은 다윗 같은 사람이 추락하다니, 안타깝고 슬픈 일이다. 다윗과 같은 영적 배경을 가진 사람이 극악한 죄를 범하다니 상상도 하지 못할 일이 일어난 것이다. 하나님의 은혜로 최고의 복과 권능과 영예를 안은 다윗이기에 그의 추락은 더욱 놀랍다. 믿음의 사람은 매일 하나님의 은혜에서 능력을 얻고, 예수님의 피로 깨끗함을 얻어야 한다. 특히 그리스도인으로서 지도자의 위치에 있는 사람들은 마귀의 특별한 공격 목표다. 그러므로 우리는 그들이 마귀의 함정에 빠지지 않고 의롭게 행하도록 기도로 도와야 한다. 뛰어난 배경의 사람이 미끄러져서 마귀와의 싸움에서 지고 능욕당해 밑바닥까지 떨어지는 것은 다윗에게만 일어난 일이 아니라 인간의 한 유형이다. 사도 바울은 그래서 경계했다. "그런즉 선 줄로 생각하는 자는 넘어질까 조심하라"(고전 10:12).

밧세바와의 문제는 그날 갑자기 일어난 일은 아니다. 20여 년간 다윗의 인생을 좀먹고 있던 타락에 종지부를 찍은 정점이라고 보아야 한다. 이와 같은 추락을 예상할 수 있는 일들이 이미 몇 가지 있었다. 대표적 예로, 성경은 "다윗이 헤브론에서 올라온 후에 예루살렘에서 처첩들을 더 두었으므로"(삼하 5:13)라고 기술하여 그가 많은 후궁과 아내를 두었음을 밝히고 있다. 이는 하나님의 계명에 정면으로 위배되는 행동이다. 신명기 17장에는 백성을 다스리는 왕이 하지 말아야 할, 하나님이 정하신 세 가지 규례가 나온다. "병마를 많이 두지 말 것이요"(신 17:16), "아내를 많이 두어 그의 마음이 미혹되게 하지 말 것이며"(신 17:17), "자기를 위하여 은금을 많이 쌓지 말 것이니라"(신 17:17).

전쟁에서 승리한 다윗은 하나님의 이러한 계명에 순종하여 말을 도살했다. 또 금과 은도 자기가 취하지 않고 성전 건축에 사용하도록 하나님에게 드렸다. 그러나 자신을 다스리는 더욱 기본적인 문제였던 여자 문제에 있어서는 하나님의 계명을 어겼다.

하나님이 왕에게 세 가지 특별한 법을 정하신 이유는 무엇일까? 지도자는 치러야 할 대가가 있다는 뜻이다. 지도자는 원하는 것을 모두 갖고 과분하게 살아서는 안 된다는 말씀이다. 지도자가 되고 싶다면 치러야 할 값이 있음을 명심해야 한다. 외로움일 수도 있고, 오해받는 것일 수도 있다. 또 알아주는 사람이 없을 수도 있다. 어떤 것이든 값을 치러야 한다. 이때 무엇보다 중요한 것은 하나님과의 관계에서 바르고 투명해야 한다는 것이다. 이 점에서 다윗은 실패했다.

죄의 발단

다윗은 밧세바를 만나기 전에 이미 탐욕의 씨를 뿌렸으나 성경은 이 사건의 시작을 이렇게 기록하고 있다. 왕들이 싸움에 나가고, 온갖 고난을 함께한 요압 장군은 일선에서 싸우고 있는데 "다윗은 예루살렘에 그대로 있더라"(삼하 11:1). 안일과 나태에 빠져 있던 다윗이 일과를 마치고 혼자 있을 때 한 가지 엉뚱한 생각이 떠올랐다. 나단의 말을 빌리면, "어떤 행인"(삼하 12:4)과 같은 것이었다. 그리고 그것이 욕정으로 발전하여 행동을 취했다. "자기의 양과 소를 아껴 잡지 아니하고 가난한 사람의 양 새끼를 빼앗아다가 자기에게 온 사람을 위하여 잡았나이다"(삼하 12:4).

성경은 이 사건을 다윗의 탓으로 모두 돌리고 밧세바의 잘못은 기록하지 않았다. 왕의 말을 거역할 수 없는 일개 여인의 처지를 고려했기 때문일 것이다. 어찌 되었건 일순간에 이 위대한 사람의 인격은 땅에 떨어졌고, 왕국은 위태로워졌다. 하나님의 이름이 실추되었고, 주님의 적들이 비웃는 상황이 벌어졌다. 발단은 '어떤 행인'이 왔고 그 행인에게 다윗이

졌기 때문이다. 그러나 아마도 다윗은 곧 자신이 저지른 죄의 엄중함을 깨닫고 온몸에 식은땀을 흘렸을 것이다. 그런데 밧세바의 임신 소식을 듣는다.

다윗은 어떻게든 이 일을 은폐하고 싶었다. 일선에 있던 요압에게 전령을 보내어 우리아를 집으로 보내라고 명령했다. 밧세바의 남편은 명령대로 돌아오기는 했지만, 의로운 병사였던 그는 다윗이 한 것처럼 육신의 욕심을 따르지 않았다. 다윗이 취하도록 술을 먹여도 그는 아내 곁으로 가지 않았다. 하는 수 없이 다윗은 "너희가 우리아를 맹렬한 싸움에 앞세워 두고 너희는 뒤로 물러가서 그로 맞아 죽게 하라"(삼하 11:15)라는 비밀 지령을 우리아의 손에 들려 요압에게 돌려보냈다. 우리아는 다윗의 계획대로 죽임을 당했다. 이제 다윗은 태어날 아이를 버리지 못할 처지에 빠지고 말았다.

무고한 사람을 죽이라는 왕의 명령을 받은 요압은 어떤 생각을 했을까? '그토록 아름다운 시를 쓰고 진심으로 하나님을 예배하던 주인이 어떻게 이런 행동을 한단 말인가!' 그러나 요압은 다윗의 명령에 복종했다. 가장 강한 적군이 있는 성벽 가까이에 우리아를 배치하여 죽게 했다. 패배를 자초한 전투였다. 우리아뿐만 아니라 다른 많은 병사도 함께 전사했다. 패전 소식을 듣고 혹시 다윗이 화를 내면 대답하라고 전령에게 가르쳐준 요압의 말을 보라. "어찌하여 성에 가까이 갔더냐 하시거든 네가 말하기를 왕의 종 헷 사람 우리아도 죽었나이다 하라"(삼하 11:21). 이 말을 들은 다윗은 '패전이 무슨 문제인가? 전쟁은 이기기도 하고 지기도 하는 것이다. 우리아가 죽었다는 것이 중요하다. 자, 이제 사건은 은폐되었고 아무도 알 사람이 없을 것이다' 하고 안심했다.

다윗처럼 위대한 사람이 하나님을 잊었다는 사실, 이런 악한 짓을 했다는 사실에 거듭 아연해진다. "다윗이 행한 그 일이 여호와 보시기에 악하였더라"(삼하 11:27). 하나님 앞에 가려질 일이 어디 있겠는가? 우리아의 죽음으로 끝날 일이 아니었다. 참으로 비극이었다. 하나님과 함께 그토록 오래 동행하면서 시편의 감동적인 시들을 쓴 전쟁 영웅이자 왕이며 위대한 영적 지도자가 '어떤 행인' 으로 인해 한순간에 모든 것을 잃다니!

우리는 방종한 생활, 방심하는 순간, 한가한 시간, 해이한 마음, 육신의 절제 없는 자세가 얼마나 위험한지 알아야 한다. 또 마귀의 공격과 나이는 관계가 없다. 이때 다윗의 나이는 50세가 넘었다. 육신은 언제나 절제로 단련해야 한다. 우리가 흠 없이 일생을 마친다면 얼마나 좋을까? "나는 다윗 같은 죄를 진 일이 없다"고 말하겠지만 정말 그런지 다시 생각해 보기 바란다. 정말 없다고 말하기 전에 마태복음 5장 28절을 읽어보라. "음욕을 품고 여자를 보는 자마다 마음에 이미 간음하였느니라"(마 5:28).

하나님의 뜻에 어긋나는 사귐을 시작했거나, 혹은 하나님의 뜻에 맞는 사귐일지라도 옳지 않게 행동한다면 문제의 씨를 심는 것이다. 당장 비극이 일어나지 않는다고 아무도 보장하지 못한다. 젊은이들은 특히 주 예수께 의지해야 유혹에서 구해 주신다는 진리를 명심해야 한다. 유혹을 떨쳐버리지 않고 함께 간다면 무서운 결과가 초래된다. 마귀가 낚아챌 수 있는 곳에 의도적으로 들어가면 하늘은 매서운 교훈을 배울 때까지 도와주지 않으신다. 문제 가까이 가지 않아야 문제가 생기지 않는다. 기독교계에서 책임 있는 자리에 오른 사람, 선교사, 성경 교사, 전도사, 목사가 되었다면 개인적인 생활에서 절대로 긴장을 늦추지 말아야 한다. 언제 어떻게 함정에 빠질지 모른다. 오직 주께서 구원해 주시길 항상 간구해야 한다.

당신이 그 사람이다

다윗은 자신의 중대한 죄를 진정으로 참회했다. 그러나 최소한 12개월은 다윗의 마음이 완악한 채로 잘못을 인정하지 않았던 것으로 보인다. 다윗과 밧세바 사이에서 아이가 태어나고 난 후에야 정신을 차렸기 때문이다. 시편 32편 3-4절에는 그때 다윗의 심정이 기록되어 있다. "내가 죄를 고백하지 않고 온종일 신음할 때 내 뼈들이 다 녹아내렸습니다. 밤낮으로 주의 손이 나를 짓누르시니 한여름 뙤약볕에 있던 것처럼 내 원기가 다 빠져버렸습니다. (셀라)"(시 32:3-4, 우리말성경). 얼마나 딱한 일인가! 다윗이 치러야 할 값이 엄청나지 않은가! 하나님과 함께 걷고, 함께 이야기를 나누던 사람, 성령의 능력과 권능을 알던 사람이 이렇게 추락하고 말았다. 성령의 압박에 지지 않으려고 발버둥 치며 죄를 고백하지 않고 있는 동안 그는 뼈가 녹아내리는 고통을 맛보았다. 한여름 뙤약볕 아래 있듯이 모든 것이 말라 영혼이 황폐해지는 괴로움을 겪어야 했다.

마침내 나단이 찾아와서 같은 마을에 사는 가난한 사람과 부자의 이야기로 다윗의 죄를 지적하기에 이른다. "부자는 가진 것이 많았으나 가난한 사람은 딸처럼 애지중지하는 암양 하나밖에 가진 것이 없었습니다. 어느 날 부자의 집에 어떤 행인이 찾아왔는데 자기가 가지고 있는 많은 양은 놔두고 가난한 사람의 소중한 한 마리 양을 훔쳐왔습니다." 다윗은 나단이 말을 마치기도 전에 분개하여 호통을 쳤다. "그런 자는 죽어 마땅하고 잡은 양을 네 배로 갚아주어야 할 것이다!" 율법에는 양을 훔친 자가 네 배로 갚아야 한다는 조항은 있으나 죽여야 한다는 말은 없었다. 그런데 다윗은 그런 나쁜 짓을 한 사람은 죽여야 한다고 말했다. 왜 이렇게까지 혹독한 모습을 보였을까?

일반적으로 자기가 죄를 짓고 나면 남의 죄에 지나치리만큼 엄격해진다. 떳떳하지 않은 양심이나 죄의식을 감추려는 사람은 다른 사람의 죄에 정도 이상으로 분개한다. 마귀의 꾐에 빠진 같은 그리스도인에게 우리는 매우 냉혹하다. 왜 그럴까? 자신이 매우 경건해서가 아니라 오히려 매우 경건하지 못하기 때문이다. 자신의 죄는 심판하지 않고 남의 죄는 단호하게, 또 신속하게 심판한다. 그러나 주님은 "너희 중에 죄 없는 자가 먼저 돌로 치라"(요 8:7)고 말씀하신다.

다윗의 호통에 선지자는 그를 향하여 하나님의 화살을 날렸다. "당신이 그 사람이라"(삼하 12:7). 하나님은 나단을 통하여 지난날 다윗에게 부족함이 없도록 베풀어주신 선한 일들을 또렷이 상기시켜주셨다(삼하 12:7-9). 다윗이 무슨 말을 하겠는가? 다윗은 하나님 앞에 무너졌다. "제가 주께 죄를 지었습니다." 돌이키지 못할 잘못에 가슴이 찢어지는 듯해서 오열했던 다윗의 참회는 시편 51편에 기록되어 있다.

죄의 결과와 책임

죄를 범한 것을 깨달은 순간의 첫 번째 충동은 하나님에게서 도망가는 것이다. 다윗도 거의 1년이나 하나님을 피했다. 그러나 두 번째로 하나님의 사람에게 드는 생각은 예수 그리스도의 상한 허리로 달려가는 것이다. 베드로가 그랬다. 그는 처음에는 "주여 나를 떠나소서 나는 죄인이로소이다"(눅 5:8)라고 고백했다. 그러던 그가 요한이 "주님이시라"(요 21:7) 하고 부활하신 예수님을 확인하자 즉시 배에서 뛰어내려 예수님에게 달려갔다. 지금 이 순간 예수님에게 달려가야 할 사람은 우리가 아닌가? 하나님은 죄를 깨닫고 가슴이 찢어질 듯하여 참회하는 사람을 용서하신다. 하나님의 기준에서 죄를 죄라고 인정하고 "하나님에게 죄를 지었습니다"라고 자복하는 사람을 회복시키신다. 다윗은 밧세바와 우리아에게만 죄를 지은 것이 아니라 하나님에게 죄를 지은 것이었다.

나단이 다윗에게 하나님의 뜻을 전했다. "여호와께서 왕의 죄를 용서해 주셨으니 왕은 죽지 않을 것입니다"(삼하 12:13, 우리말성경). 다윗의 귀에 들리는 아름다운 음악이었다. 죄는 절망적이고 위험하며 언제나 심판을 불러오는 것이지만, 하나님의 사랑을 막지는 못한다. 다윗이 한 것처럼 우리도 죄를 고백하면 하나님이 용서해 주시고 모든 불의를 씻어주신다. 회개하는 즉시 용서와 하나님과의 관계 회복, 정화가 이루어진다.

그러나 그것으로 끝나는 것은 아니다. 하나님의 위로에 뒤이어 등골이 서늘해지는 채찍이 나온다. "이 일로 말미암아 여호와의 원수가 크게 비방할 거리를 얻게 하였으니 당신이 낳은 아이가 반드시 죽으리이다"(삼하 12:14). 죄는 용서받았으나 결과에 대한 책임은 져야 한다. 하나님은 용서해 주시고 다시 은혜를 베푸시지만 매도 드신다. 그러므로 인생이 전과 같을 수는 없다. 하나님은 회개하는 자식에게 다시 하나님과의 교제를 허락하시지만, 쓴잔을 마시게 하신다. 용서하셨다 하더라도 뿌린 씨는 거두게 하시는 것이다. 말씀대로 아이는 죽었다. 그뿐만 아니라 다윗의 아들 중 한 명이 그의 누이에게 다윗이 밧세바에게 한 것과 같은 죄를 지었다. 또한 압살롬은 살인하고 아버지에게 반역하는 일까지 저지르게 되었다.

암흑 같은 날들이 닥쳤으나 다윗은 그것이 하나님의 심판이 아니라 사랑의 채찍이라는 것을 알고 있었다. "주께서 그 사랑하시는 자를 징계하시고 그가 받아들이시는 아들마다 채찍질하심이라"(히 12:6).

하나님의 채찍은 다윗의 가슴에 큰 아픔을 주었으나 그래도 그는 하나님을 찬양했으며, 하나님은 그 상처를 치유하셨다. 모든 것이 이전의 바른 상태로 돌아가 하나님의 사랑이 그의 길을 비추고 온유하신 음성이 다시 들렸다. 백성들의 충성심도 돌아왔다. 그래서 그는 이렇게 말할 수 있었다. "의인은 고난이 많으나 여호와께서 그의 모든 고난에서 건지시는도다"(시 34:19). 주님은 우리가 지은 죄를 하나하나 열거하시고, 감춘 죄도 일일이 밝히신다. 우리가 경건에 이르고 하나님 앞에 흠 없이 설 수 있게 하시려고 때로 마음이 찢어지는 아픔을 통해 겸손을 알게 하시고, 회개하게 하신다.

8

승복하라

하나님의 사람은 십자가를 바라보며
하나님의 엄한 용서를 받아들인다

|

삼하 12:10-14:33

하나님이 나단을 시켜 다윗에게 전하신 무서운 말씀을 보라. "이제 네가 나를 업신여기고 헷 사람 우리아의 아내를 빼앗아 네 아내로 삼았은즉 칼이 네 집에서 영원토록 떠나지 아니하리라"(삼하 12:10). 그러나 하나님은 한편으로는 다윗의 깊은 참회를 받아주셨다. 그래서 "여호와께서도 당신의 죄를 사하셨나니"(삼하 12:13)라고 화답해 주셨다. 이처럼 죄는 용서받았으나 "칼이 네 집에서 영원토록 떠나지 아니하리라"라는 하나님의 유죄 선고는 지워지지 않았다.

다윗은 죄를 용서받았으나 뿌린 씨는 거두어야 했다. 그의 가정에 위기가 왔다. 그러나 신뢰가 무너진 가장은 적절히 대처할 수 없었다. 맏아들인 암논은 이복 누이인 다말에게 다윗이 밧세바에게 한 것과 똑같은 죄를 범했다. 또한 다윗의 망나니 아들 압살롬은 형인 암논에게 다윗이 우리아에게 한 것과 똑같은 죄를 저질렀다. 가정과 가족이 파탄으로 치닫고 있는 현실을 보면서도 다윗은 자신이 범한 죄 때문에 아무런 조치도 취할 수가 없었다. "다윗 왕이 이 모든 일을 듣고 심히 노하니라"(삼하 13:21). 그뿐이었다. 자신이 밧세바와 저지른 일이 생생한데 누이에게 몹쓸 짓을 한 아들을 어떻게 나무라겠는가! 또한 우리아를 죽인 잘못 때문에 자신의 양심이 찔리고 있는데 형을 죽인 아들에게 뭐라고 꾸짖겠는가! 영적 권위를 잃은 가장은 화를 내는 것 말고는 더 할 일이 없다. 다윗은 자신의 개인적인 잘못으로 가정이 산산조각 나고, 왕국이 붕괴의 위험에 처하는 딱한 처지에 몰렸다. 이 사건 후 다윗의 인생에 행복한 날은 거의 없었다. 태풍이 몰아쳤다. 압살롬을 옳은 방법으로 용서해 주지 못하고 전체적인 상황에 제대로 대처하지 못하자 반역이 일어났다. 다윗은 다시 도망하는 신세가 되고 말았다. "사람이 무엇으로 심든지 그대로 거두리라"(갈 6:7).

"이것이 하나님이 용서하시는 방식이란 말인가? 용서하셨으면 다 잊어버리셔야 하지 않는가? 예수 그리스도의 피로 깨끗함을 입었다면 죄가 사라지고 그 결과에 대한 책임도 사라져야 하는 것이 아닌가?" 이렇게 말하고 싶은가? 그렇지 않다. 죄에 따른 결과는 둘 중 하나다. 하나님에게 용서받지 못한 죄 때문에 심판을 받거나, 아니면 하나님이 용서하신 죄 때문에 자비로우신 하나님에게 사랑의 매를 맞는 것이다. 그것이 성경의 말씀이다. 다윗의 집안에 일어난 불행한 일들은 하나님이 용서하셨음에도 불구하고 일어난 일들이 아니라, 하나님이 용서하셨기 때문에 일어난 일들이다. 하나님이 용서한 사람도 자신이 판 우물의 물을 깊이 들이마셔야 하는 일이 생긴다. 값싼 용서를 바라는 사람들에게는 실망스러운 이야기가 되겠지만, 사랑의 매와 심판의 손은 구별할 줄 알아야 한다.

그릇된 자식 사랑

전체적인 상황을 제대로 이해하기 위해서는 사무엘하 14장에 기록된 압살롬에 대한 다윗의 잘못된 용서부터 살펴보아야 한다. 압살롬은 이복형 암논이 자기 누이에게 행한 죄악에 분개해서 그를 살해할 기회를 노리고 있었다. 그는 마침내 범행을 저지르고 아버지의 심판을 피해 도망갔다. 압살롬은 그의 성격 탓도 있겠지만, 아버지의 지나친 사랑으로 그릇된 인격이 형성되었다. 그는 자신의 긴 머리를 자랑하다가 그 머리 때문에 생명을 잃을 정도로 한심한 사람이었다. 현명한 사람이라면 문제가 일어날 일은 시작하지 않는 법이다. 그러나 압살롬은 커다란 문제가 일어날 일을 저지르고 도망하기까지 했다. 다윗은 그러한 압살롬에게 단호하지 못했다. 자기가 저지른 잘못 때문이었다. 또한 감상적으로 압살롬을 잊지 못했다(삼하 14:1). 왕으로서 죄를 범한 아들을 벌해야 마땅했지만, 아버지의 심정을 못 이겨 그를 곁에 두고 싶어했다.

충성스러운 요압이 보다 못해 도우려고 나섰다. 드고아에 사는 현명한 어느 여인을 불러 다윗을 위해 연극을 해달라고 부탁했다. 왕의 앞에 나아간 여인은 요압이 가르쳐준 대로 말했다. "저는 남편이 죽어서, 가련한 과부가 되었습니다. 이 여종에게 두 아들이 있는데, 들에서 서로 싸우다가, 말리는 사람이 없으므로, 아들 하나가 다른 아들을 죽였습니다. 그런데 이제는 온 집안이 들고 일어나서, 이 종에게, 형제를 때려죽인 그 아들을 내놓으라고 합니다. 죽은 형제의 원수를 갚고, 살인자를 죽여서, 상속자마저 없애버리겠다고 합니다"(삼하 14:5-7, 표준새번역). 그렇게 되면 자신에게 자식이 하나도 남지 않는다는 말을 여인은 "그들은 저에게 남아 있는 불씨마저도 꺼버려서"(삼하 14:7, 표준새번역)라고 애절하게 표현했다.

여기까지 들은 다윗은 감정을 주체하지 못하고 덜컥 약속해 버렸다. "이 문제를 두고서는, 내가 직접 명령을 내리겠으니, 집으로 돌아가거라"·(삼하 14:8, 표준새번역). 그리고 여인의 간청에 따라 하나님의 이름으로 맹세했다. "주께서 확실히 살아 계심을 두고 맹세하지만, 네 아들의 머리카락 하나도 땅에 떨어지지 않게 하겠다"(삼하 14:11, 표준새번역). 다윗은 지켜야 할 정의를 버리고 여인의 아들에 대한 안전을 보장해 주었다. 여인은 그 기회를 놓치지 않고 다윗에게 되물었다. 요컨대 여인의 아들에게 보인 온정을 왜 스스로에게는 베풀지 않느냐, 압살롬을 추방하지 말고 받아들여야 하지 않느냐, 하나님은 추방당한 자라도 버리시지 않고 살길을 도모해 주시지 않느냐, 그러니 왕의 아들을 불러들이라는 말이었다(삼하 14:12-17).

여인의 이야기에 감동한 다윗은 압살롬을 회복시켜주기로 마음먹었다. 그러나 막상 요압이 압살롬을 데리고 오자 다윗은 그를 보려고 하지 않았다(삼하 14:21-24). 어떤 형태로든 벌을 주어야 한다는 다윗의 생각은 기본적으로 옳았다. 그래서 압살롬은 2년이나 아버지 얼굴을 보지 못한 채 지내야 했다. 그러나 압살롬은 밭에 불을 지르기까지 하는 등 요압에게 왕을 만나게 해달라고 억지를 부렸다. 이에 질린 요압의 간청에 못 이겨 결국 다윗은 아들을 만났다. 그러나 유감스럽게도 아들은 죄에 대한 회개나, 잘못으로 고통스러워하는 기색이 전혀 없었다. 이것은 결국 비극적 결과를 초래하고 말았다.

내쫓긴 자

죄의식으로 칩거하던 다윗이 미처 알아채지 못하는 사이에 압살롬은 잔꾀를 부려 민심을 사로잡아갔다. 왕에게는 불신의 씨를 심고 자신의 장점을 위장하여 인기몰이를 했다. 밖으로 나갈 때에는 50명의 호위병을 앞세운 마차를 타고 위세를 부렸다. 상황이 이렇게 돌아가다 보니 백성들의 왕에 대한 충성심이 점차 약해져 갔다. 마침내 압살롬이 반란을 일으켰고, 다윗은 생명을 부지하기 위해 도망쳐야 하는 신세가 되고 말았다.

다윗에게 고통스러웠던 일 중의 하나는 아마도 가까운 참모였던 아히도벨이 압살롬에게 간 일이었을 것이다. "내가 신뢰하여 내 떡을 나눠 먹던 나의 가까운 친구도 나를 대적하여 그의 발꿈치를 들었나이다"(시 41:9). 왕은 그를 믿을 만한 사람이라고 생각했었다. 그런데 다윗은 밧세바에게 그런 죄를 짓고도 어떻게 그녀의 할아버지인 아히도벨(삼하 11:3, 23:34)을 믿었는지 이해가 가지 않는다. 어떻든 아히도벨은 왕에게 반란을 일으킨 압살롬 편에 즉시 합류했다.

다윗이 아들 압살롬에게 한 용서는 반역의 씨를 뿌린 것에 지나지 않았다. 왕이 용서하고 다시 만나준 그 아들은 아버지에게 칼을 빼 들었다. 압살롬은 회개하지도 않았고, 괴로워하거나 가슴 아파하지도 않았던 것이다. 다윗과 같은 그러한 방식의 용서는 옳지 않다. 그러한 용서는 사실 우리가 하나님에게 구하는 것이지만, 하나님은 그런 용서는 하시지 않는다. "하나님, 용서해 주십시오. 그렇지만 살던 식으로 살게 해주십시오. 회개하라고 하지 마십시오. 가슴 아프게 만들지도 마십시오. 죄에서 떠나라고 하지도 마십시오. 하나님, 용서해 주십시오. 저는 용서를 받아야 합니다. 그러나 제발 새롭게 변화된 사람이 되라고 하지는 마십시오." 하나님은 그런 말을 듣지 않으신다. 정의를 버리고 용서를 택하시지 않는다.

그러나 유감스럽게 다윗은 그렇게 하지 않았다. 감정이 앞서 정의를 무시한 채 용서했다. 그는 정의를 세우려고 하지 않았다. 압살롬을 용서한 다윗의 방법은 매우 부적절한 것이었다. 이는 하나님이 사람을 용서하시는 방법과 크게 달랐다. 이와 관련해 드고아 여인의 말을 다시 생각해 볼 필요가 있다. "하나님은 생명을 빼앗지 아니하시고 방책을 베푸사 내쫓긴 자가 하나님께 버린 자가 되지 아니하게 하시나이다"(삼하 14:14). 이 말은 구약에 나오는 복음 가운데 가장 아름다운 말일 것이다.

하나님의 '내쫓긴 자'란 누구일까? 그 여인이 이 말의 의미를 잘 알고 사용했는지 모르겠지만, 그 '내쫓긴 자'란 바로 우리다. 죄 때문에 내쫓긴 당신과 나다. 그러나 단순히 내쫓긴 것이 아니다. 압살롬이 다윗에게서 도망한 것처럼 우리도 거룩하시며 의로우신 하나님 앞에서 정죄당하고 도망했다. 그러니 교회에 다닌다고 해도 사실상 신앙이 없는 상태에 사는 것이다. 우리 생각 안에 하나님이 계시지도 않고, 일상의 삶이 하나님의 눈에 바르지도 않다. 살아 계신 하나님을 찾지 않고 감성의 자극에 매달릴 뿐이다. 내쫓기고 도망간 삶을 사는 것이 자유이고 행복이라고 상상하는 것은 수치스러운 일이다. "하나님에게 너무 가까이 가지 마라. 내 맘대로 하는 자유를 지키지 않으면 인생이 힘들고 괴로워진다"라는 상상 말이다.

그러나 내쫓기고 도망간 자들을 하나님은 사랑하신다. 하나님에게서 아무리 멀리 떨어져 있다고 해도 우리는 하나님의 소유물이다. 왕 중의 왕께 "주님, 저는 주님과 가까이 있기 싫습니다" 하고 돌아선다 해도 우리는 하나님의 것이다. 하나님이 창조하셨고 값을 치르고 사셨기 때문이다. 누구도 부인하지 못할 관계다. 설사 쫓겨났다고 하더라도 우리는 하나님의 소유물이며 하나님은 우리가 돌아오기를 바라신다. 하나님은 다윗이 압살롬을 그리워한 것보다 훨씬 더 '내쫓긴 자'가 돌아오기를 기다리신다. 다만 하나님은 거룩하시고 의로우시므로 우리가 넘어야 할 벽이 있다.

용서의 조건

죄의 결과도 제거하고 하나님의 은총도 회복하는 용서란 불가능하다. 사람들은 하나님은 사랑이시니까 그런 용서가 가능하고, 그런 용서를 하셔야 한다고 믿는다. 그러나 바른 용서에는 두 가지 조건이 필요하다. 첫째는 죄와 의가 본질적으로 다르다는 것을 인정하는 것이다. 하나님의 거룩하심과 의로우심을 훼손하는 어떤 시도나, 인간 영혼의 타락을 최소화하려는 어떤 시도, 어떤 타협도 용납되지 않는다. 죄는 죄이고 의는 의다. 이러한 신학적 이론은 오늘의 문화에서 인기가 없다. 오늘날은 의의 기준을 낮추고 죄를 가볍게 생각하는 경향이 있다. 그러나 하나님에게는 당치도 않은 이야기다.

하나님은 용서하신다. 그분은 자비로우시며, 무엇보다 우리를 사랑하시기 때문에 용서하시지 않을 수 없다. 그러나 진리가 흔들리지 않는 엄격한 용서다. 만약 하나님이 자신의 의의 기준을 완화하시고 어느 정도 악을 수용하는 관대한 기준으로 용서하신다면 하나님의 주권은 근본부터 흔들린다. 하나님의 절대적 권위와 신성도 무너지고 만다. 하나님이 용서하시는 것은 두말할 필요가 없지만, 그것이 의의 기초를 훼손하는 것이어서는 안 된다. "그런 짓을 했기로서니 뭐가 그리 큰 문제란 말입니까?"라는 식으로 말하는 사람을 용서할 수는 없다. 죄를 인정하는 용서를 원한다면 하나님이 아닌 마귀에게 가야 한다. 하나님은 그런 용서는 하시지 않는다. 죄를 눈감아주시는 하나님, 악행에 관용을 베푸시는 하나님을 기대하는 것은 어리석은 짓이다. 하나님의 용서에서 첫 번째 기준은 의는 의이고 죄는 죄라는 진리다. 의와 죄는 결코 섞일 수 없다.

둘째, 하나님은 용서받은 후 과거의 어두운 욕정에서 벗어나 순결한 인생을 갈망하는 사람을 용서하신다. 그렇지 않다면 용서가 오히려 죄를 조장할 뿐이다. 죄를 증오하게 되지 않는다면 계속 죄를 짓게 된다. 그런 사람은 5분이 멀다 하고 용서받으려고 하나님 앞으로 기어가야 할 것이다. 죄에 대한 피상적인 인식은 피상적인 용서로 만족한다. 그러나 자신의 진정한 실체를 깨달은 사람은 더러운 진흙탕 물에서 허우적거리며 강가의 작은 나뭇가지라도 붙잡고 싶은 심정이 된다. 무언가 잡을 수 있는 단단한 것, 추락을 피해 의지할 것을 찾게 된다. 그때가 "주님, 살려주십시오!" 하고 부르짖게 되는 순간이다.

사악과 부도덕으로 물든 이 추악한 세상에서 "죄를 용서받고 천국에 가십시오"라고 복음 아닌 복음을 전하는 쉬운 용서는 결코 해서는 안 된다. 이 더럽고 지저분한 세상에 "여행은 지금 하세요. 돈이야 나중에 내면 되지요"라는 광고 같은 복음, 쉽고 헤픈 용서를 전할 수는 없다. 회개를 요구하지 않고 용서할 수는 없다. 하나님은 "방책"(삼하 14:14)을 베푸시지만 무조건 용서하시지는 않는다. 하나님은 무너진 사람을 아무 기준 없이 즉흥적으로 용서하시지 않는다. 하나님의 본성이 금하고, 하나님의 법이 금하며, 우리의 양심이 금하는 일이다. 그래서 다른 방법을 찾으시는 것이다.

하나님의 영이 정죄하실 때 우리는 인간을 구원하기 위해 예수님이 달리셨던 십자가를 바라보아야 한다. 십자가뿐이다. 십자가만이 하나님의 필요조건을 충족한다. 갈보리의 은혜로운 기적으로 거룩하신 하나님과 죄 있는 인간 사이의 간격이 메워졌다.

죄와 의로움 사이에 존재하는 큰 간격을 생각해 보라. 죄의 값이 사망이라는 진리를 십자가보다 더 선명하게 보여주는 증거는 없다. 하나님의 법이 거룩하고 순결하다는 진리를 우리 구세주께서 전적으로 순종하신 것보다 더 확실하게 증명할 수는 없다. 죄의 극악함과 하나님의 분노를 하나님의 사랑하는 아들이 배척당하고 조롱당하며 십자가에 달리신 것보다 더 잘 보여주는 것은 없다. 하나님에게서 쫓겨난 인생의 고통을 "나의 하나님, 나의 하나님, 어찌하여 나를 버리셨나이까"(마 27:46) 하는 예수님의 부르짖음보다 더 분명하게 깨우쳐주는 것은 없다. 용서받은 사람은 오로지 십자가 밑에서 하나님과 멀어지게 한 죄를 증오하게 된다. 그러므로 진정한 용서는 죄를 지은 인생과 거룩하신 하나님이, 예수님이 치르신 값을 아는 믿음으로 합쳐졌을 때에야 가능하다.

압살롬에 대한 다윗의 용서는 또 다른 죄를 짓게 하는 지극히 불완전한 용서였다. 그러나 인간에 대한 하나님의 용서는 다른 죄를 짓지 않게 하는 완전한 용서다.

사랑의 매

하나님이 용서하셨을 때 다윗이 어떤 자세를 취했는지 살펴보자. 다윗은 압살롬 반군의 공세에 밀려 예루살렘을 떠났다. 머리는 가린 채 맨발로 계속 울면서 감람산으로 올라갔다(삼하 15:30). 하나님의 정죄가 아니라 사랑의 채찍을 맞아 고통스러웠다.

다윗은 왜 울었을까? 왕국에서 쫓겨나서 울었을까? 왕좌를 잃어서 울었을까? 아니다. 그는 자신의 자녀와 왕국에 나타난 자기 죄의 증거를 보았기 때문에 가슴이 찢어졌다. 모든 것이 산산조각 나는 죄의 결과를 보며 죄의식과 수치심에서 울었던 것이다.

사무엘하 16장 5-8절에는 다윗이 이전에 경험하지 못했던 황당한 상황이 기록되어 있다. 사울의 친척인 시므이라는 자가 다윗에게 저주를 퍼부은 것이었다. 그는 다윗을 따라와서 돌을 던지며 계속 행패를 부렸다. 아비새와 모든 신하들은 왕을 모욕한 시므이를 처단하자고 주장했다. 그러나 다윗은 "내 몸에서 난 아들도 내 생명을 해하려 하거든 하물며 이 베냐민 사람이랴 여호와께서 그에게 명령하신 것이니 그가 저주하게 버려두라"(삼하 16:11)고 말했다. 시므이뿐만 아니라 적국도 다윗을 저주했으나 그는 하나님의 징계로 생각하며 달게 받아들였다. "혹시 여호와께서 나의 원통함을 감찰하시리니 오늘 그 저주 때문에 여호와께서 선으로 내게 갚아주시리라"(삼하 16:12). 다윗은 원수 갚을 마음이 없었다. 그가 당하는 저주와 행패를 자신의 회복을 위해 하나님이 허락하신 훈련으로 여겼다.

이것이 예수님의 피 값으로 하나님이 주시는 용서다. 그러므로 죄를 범한 사람은 그 죄를 십자가로 가져가지 않고서 거룩하신 하나님이 내리시는 심판을 받든지, 아니면 십자가로 가져가서 자비로우신 하늘 아버지의 사랑의 매를 맞든지 둘 중 하나를 선택해야 한다. "주께서 그 사랑하시는 자를 징계하시고 그가 받아들이시는 아들마다 채찍질하심이라"(히 12:6).

많은 실패에도 불구하고 다윗은 하나님의 채찍에 바르게 반응함으로써 그가 하나님의 마음에 맞는 자임을 다시 증명했다. 하나님의 말씀에 순종하는 마음이 있더라도 채찍에 반항하여 마음이 완악해질 수도 있었다. 하지만 다윗은 그렇지 않았다. 당신도 주님에게 이렇게 말할 수 있어야 한다. "주님, 저에게 채찍의 손을 거두지 말아주십시오. 제가 범한 죄의 고통을 사는 날까지 짊어지고 살게 해주십시오. 제 인생은 하나님의 뜻 안에서 죽은 것으로 만들어주십시오. 제가 당하는 모든 일이 옹기장이의 손에서 버려진 진흙을 다른 그릇으로 만드시는 하나님의 계획이라고 믿게 해주십시오."

시편 3편에는 이때 다윗이 겪었던 심정이 나타나 있다. 하나님의 매를 달게 맞으며 주 안에서 안식하는 모습이다. 그는 돕는 분이신 주께 의지하여 밤이면 편안하게 잠들고, 아침이면 밝은 마음으로 일어났다. "내가 누워 자고 깨었으니 여호와께서 나를 붙드심이로다"(시 3:5).

하나님의 용서란 쉽고 값싼 것이 아니다. 비싼 대가를 치러야 하는 용서다. 그러므로 우리의 죄에 대한 하늘 아버지의 채찍에 승복하는 것은 예수님의 형상을 닮아가는 소중한 일이다.

9

순종하라

하나님의 사람은 자발적인 헌신과 사랑으로
주님을 기꺼이 따른다

|

삼하 15:1-37

 지금까지 우리는 다윗이 거쳐 간, 하나님의 사람에 이르는 과정을 살펴보았다. 이제 우리가 배워야 할 또 하나의 과제는 '그리스도의 자녀로 살아가는 인생은 쫓겨난 왕을 따라야 한다'는 매우 중요한 원리다. 만약 이 원리가 지켜지지 않는다면 우리 인생은 불은 꺼지고 연기만 나는 잿더미와 다를 바 없다. 쫓겨난 왕을 따른다는 것이 이상하게 들리겠지만, 그렇게 살 때 우리 마음에 불꽃이 일어난다. 쫓겨난 신세인 다윗 왕에게 잇대가 한 것처럼 우리도 주 예수께 충성을 맹세해야 한다.
 아들 압살롬에게 쫓겨 도망치는 다윗의 모습은 그의 인생에서 가장 비참했다. 아마도 성경에 나오는 가장 가슴 아픈 이야기가 아닐까 생각한다. 다윗은 그것이 자기가 저지른 죄에 대해 하늘에 계신 사랑의 아버지께서 내리시는 채찍이라는 것을 알고 있었다. 자신이 그런 벌을 받아 마땅하다고 마음 깊이 회개하고 있었다. 다윗은 자신의 죄 때문에 사랑의 하나님이 내리신 시련을 통과해야만 했다. 참회로 괴로워하는 다윗의 마음은 하나님에게 영광 돌리는 자세였다(시 62편). 다윗 왕은 백성들에게 배척당하여 외롭게 떠나야 했다. "호산나, 우리 왕이 되어주소서!" 하고 찬미하던 많은 친척과 친구들, 그리고 자기 아들이 반역을 일으킨 참담한 상황에서 다윗은 하나님만 의지했다. "나의 영혼아 잠잠히 하나님만 바라라 무릇 나의 소망이 그로부터 나오는도다 오직 그만이 나의 반석이시요 나의 구원이시요 나의 요새이시니 내가 흔들리지 아니하리로다"(시 62:5-6).

쫓겨난 왕을 따르다

도망 길에 오른 다윗은 예루살렘을 벗어날 때 만감이 서려 잠시 도성을 뒤돌아보다가 문득 도망가는 자신을 따르는 사람들을 보았다. 얼마 되지 않았다. 예루살렘 시민의 대다수가 반역에 가담했기 때문에 다윗을 따르는 사람은 많지 않았다. 이방인인 가드 사람 잇대가 이끄는 600명의 사납고 거친 블레셋 군사가 고작이었다. 그들이 어떻게 다윗과 함께 행동했을까? 대관식 때 그토록 열광하고 헌신하던 사람들이 모두 등을 돌린 지금, 그들은 왜 왕에게 충성했을까? 왜 이 거친 병사들이 도망가는 왕을 따라가기로 결심했을까?

이유는 간단하다. 그들은 다윗이 왕이 되기 전에 겪었던 고난을 옆에서 본 사람들이다. 다윗은 비록 하나님의 기름 부으심을 받았으나 사울의 박해 때문에 도망해서 가드에 머물렀다. 그때 다윗이 하는 생각과 행동을 옆에서 보며 존경과 사랑의 마음을 품었던 자들이 바로 그들이다. 다윗과 함께 행동하고 이야기하며 녹았던 그들의 마음이 이제 다시 고난당하는 다윗을 보며 충성심으로 솟아올랐다. 그래서 "내 주 왕께서 어느 곳에 계시든지 사나 죽으나 종도 그곳에 있겠나이다"(삼하 15:21)라고 울부짖은 것이다. 그들은 다윗의 운명이 어떻게 바뀌더라도 함께할 각오가 되어 있었다. 다윗이 궁지에 몰리고 백성들이 반역을 일으켜 쫓아냈다 하더라도 그들은 다윗을 떠나지 않았다. 다윗을 따르는 일은 위험했고, 생명까지 위태로울 수 있는 상황이었다. 그러나 그들의 마음은 확고했다. "사나 죽으나 종도 그곳에 있겠나이다."

이 보잘것없는 블레셋 사람의 말이 얼마나 감동적인가! 총애하던 신하들은 모두 반역에 가담해서 돌아섰고 이제 이 이방인들만 겨우 남아 다윗에게 충성을 약속하고 있다. 그런데 이 600명의 하찮은 블레셋 병사들이 다윗에게 했던 충성 맹세는 사실 오늘의 우리가 배척당하신 예수님께 드려야 할 서약이다. "내 주 왕께서 사시는 곳이라면 그곳이 어떤 곳이든지, 살든지 죽든지 당신의 종도 거기 있겠습니다." 블레셋 병사들은 왕의 뜻에 전적으로 따르겠다는 일편단심이었다. 노예의 속박이 아니라 행복과 기쁨에서 나오는 자유의 순종이었다. 강요된 것이 아니라 부드러운 마음에서 우러나온 자발적인 순종이었다. 나약한 지지자들은 일시적으로 승리하는 쪽을 선택했으나 강인한 전사인 그들은 왕의 편에 서서 도성을 떠나는 왕을 목숨 걸고 따랐다.

자발적인 순종

예수님은 당신의 뜻과 예수님의 뜻이 일치할 때 비로소 당신의 왕이 되신다. 그분의 뜻과 당신의 뜻이 일치할 때 비로소 하나님에게서 오는 강한 생명의 힘을 얻는다. 그렇지 않을 때에는 나약할 뿐이다. 그리스도의 뜻과 나의 뜻이 하나가 되는 것이야말로 그리스도인이 가져야 할 절대적 조건이다. 그렇지 않다면 아무리 자기 입으로 그리스도인이라고 떠들어도 진정한 그리스도인이라고 보기 어렵다.

'그리스도인'(Christian)은 '그리스도의 사람'(Christ's man)이라는 뜻이다. 그분의 뜻과 다른 뜻을 갖는다면 그 순간부터 그리스도의 사람이 아니다. 그분이 생각하시는 것을 생각하고, 그분이 사랑하시는 것을 사랑하며, 그분이 원하시는 것을 원할 때 그분에게 속한다. 그분의 계명을 삶의 기준으로 받아들이고, 그분이 보여주신 모범을 따르는 것이다. 좋게 보이든 나쁘게 보이든 그분의 섭리를 감사한 마음으로 받아들일 때, 그때 비로소 당신은 그분의 사람인 것이다. 이것은 노예가 된다는 말은 아니다. 누구를 진정으로 사랑한다면 어떤 희생이든 있기 마련이다. 아내와 남편, 어머니와 자식, 친구 사이 같은 친밀한 관계에서도 사랑과 희생은 항상 함께 있다. 인간관계에도 존재하는 헌신이 넘치는 사랑으로 자신을 버리기까지 하신 하나님과의 관계에서 빠져 있다면 그야말로 비극적인 일이다.

한번은 예수님이 동전 하나를 손에 드신 채 "이 형상과 이 글이 누구의 것이냐"(마 22:20) 하고 물으셨다. 그것은 로마 황제의 것이었다. 예수님은 비판자들에게 대답하셨다. "가이사의 것은 가이사에게, 하나님의 것은 하나님께 바치라"(마 22:21). 우리는 과연 누구의 것인가? 동전에 새겨진 로마 황제의 모습처럼 그리스도의 모습이 인생에 뚜렷하게 찍힌 사람은 하나님에게 속한 사람이다. 그런 사람의 마음은 완전한 사랑, 절대적인 뜻,

완전한 거룩함 안에서 평안을 누린다. 그러나 하나님의 뜻에 순종하지 않고 다른 사람에게 순종한다면 거기서 오는 불가피한 결과는 좌절뿐이다.

다윗은 "나의 구원과 영광이 하나님께 있음이여 내 힘의 반석과 피난처도 하나님께 있도다"(시 62:7)라고 찬양했다. 갈보리에서 오직 우리를 위해 자신을 죽이신 예수 그리스도를 통해 우리 인생에 들어오신 하나님이 하나님의 뜻에 전적으로 순종하라고 말씀하신다. "제 목숨을 얻으려는 사람은 목숨을 잃을 것이요, 나를 위하여 제 목숨을 잃는 사람은 목숨을 얻을 것이다"(마 10:39, 표준새번역).

우리는 남편이나 아내, 부모, 자식, 애인, 친구를 향한 따듯한 마음과 주님을 향한 차가운 마음을 비교하고 반성해야 한다. 사람을 위해 희생할 때의 흔쾌한 마음과 주님을 위해 희생할 때의 마지못한 마음을 비교하고 반성해야 한다. 또한 사랑하던 사람이 떠났을 때의 버려진 느낌과 주 예수의 부재에 대한 무관심을 비교하고 반성해야 한다. 우리가 진정으로 하나님의 소유라면 증거를 보여야 하지 않겠는가? 사람을 사랑하는 이상으로 주님을 사랑해야 하고, 사람을 위해 순종하고 희생하기보다 주님에게 더 순종하고 희생해야 한다. 우리에게는 마음을 다해 주님을 사랑해야 할 의무가 있다. 개인적인 헌신과 사랑이 있는 항복이야말로 왕께 드려야 할 진정한 항복이다.

다윗과 함께 있을 때 따듯함을 느꼈던 사람들, 고난의 시기에 그의 인내를 본 사람들, 도피 생활 중에 그와 함께 행동한 사람들, 다윗과 항상 가까이에 살던 사람들, 이러한 이방인들은 다윗을 사랑했다. 가까이 살았기 때문에 그들은 다윗의 위대함을 알게 되었고, 다윗의 사랑이 그들의 굳었던 마음을 녹였다. 다윗이 힘이 있을 때 따르던 좋은 날의 친구들은 위기가 닥치자 모두 다윗을 버렸으나, 그들은 다윗을 따랐고 기꺼이 고난에 동참했다.

당신도 그리스도께 좋은 날의 제자에 불과하지 않은가? 지금 이 세상은 인류 역사를 통틀어 예수님이 가장 배척당하시는 때이며, 하나님의 일에 등을 돌리는 사람이 가장 많은 때다. 그분을 따르는 확고한 마음이 지금보다 더 필요한 시기는 없었다. 그러나 그분을 섬기는 일은 율법주의로 하거나 노예처럼 속박당해서 하는 것이 아니다. 사랑하는 마음에서 우러나와서 그분과 같은 길을 걸으며 대화를 나누는 것이다. 왕의 뜻에 순종하는 것은 강요가 아니라 마음에서 우러나온 기쁜 헌신이어야 한다.

왕의 목적을 위한 자기희생

이 거친 병사들의 결심이 우리에게 시사하는 또 하나의 깨우침은 왕의 목적에 따르는 자기희생이다. 그들의 충성 서약은 다윗이 영웅으로 추앙받을 때 많은 사람이 했던 가벼운 약속이 아니었다. 모든 일이 잘되고, 모든 사람이 열광할 때 하는 흔한 맹세가 아니라 모든 일이 잘 안되는 어려운 때 하는 서약이다. 다윗의 왕좌가 뒤집히고 권위가 땅에 떨어진 반역의 때에 선포한 결의다. 이러한 시기에 그들은 다윗을 위해 생명을 내놓았다. 압살롬이 아니라 다윗과 같이 있는 것이 옳다고 믿었으며, 왕을 따르는 소수와 함께 가는 것이 왕을 배신한 다수를 따르는 것보다 선하다고 믿었다.

이것이 바로 그리스도께서 지금 원하시는 순종이다. 당신은 과연 어느 편에 서 있는가? 세상 사람들이 좋아하는 것을 따라가겠는가? 자신의 인생이 편안하기만 하면 그것으로 감사하며 살겠는가? 그렇다면 느헤미야 선지자의 말을 기억하기 바란다. "그러나 나는 하나님을 경외하였으므로 그런 짓을 하지 않았습니다"(느 5:15, 우리말성경).

'왕의 목적을 위한 자기희생'이란 다른 주장에 귀 기울이지 않고 하나님의 뜻과 하나님의 길을 내 뜻과 내 길로 생각한다는 의미다. 다윗이 하나님의 명령을 받기 위하여 "나의 영혼아 잠잠히 하나님만 바라라 무릇 나의 소망이 그로부터 나오는도다"(시 62:5)라고 말한 때와 같은 변화가 거친 블레셋 병사들에게도 일어났다. 완악한 우리 마음도 그렇게 녹아야 한다. 천문학자들은 잘 보이지도 않던 작은 별이 어느 날 갑자기 불이 붙어 찬란한 빛을 발하는 경우가 있다고 말한다. 블레셋 병사들의 마음에 일어난 것과 같은 불이 우리 마음에 일어날 때 신자의 인생은 불붙기 시작한다. 인생에서 가장 중요한 것은 오직 하나님 편에 서는 것임을 깨달을 때, 하나님의 목적을 위한 자기희생의 원리를 깨달을 때, 하나님을 향한 사랑으로 말씀에 순종할 때, 바로 그때다.

어떤 분한테 들은 이야기다. "구원받은 지 여러 해가 지났어도 제 인생은 그대로였답니다. 달라진 게 없었어요. 용서도 받았지요. 제가 왕의 자녀라는 것도 알았습니다. 그러나 그런 것은 다 이론일 뿐 현실이 아니었지요. 그러다가 갑자기 승리하는 인생이 간단하다는 것을 깨달았습니다. 그것은 하나님의 뜻에 전적으로 순종하는 것, 왕의 목적에 모든 것을 바치는 것이었습니다." 이때가 바로 불붙기 시작한 때다. 그리스도인으로 오래 산 사람도 그러한 진리를 알지 못하는 경우가 많다. 그런 사람들에게 순종은 이론일 뿐 현실이 아니다. 그들이 심판의 날에 어떤 판정을 받을지 안타깝다. 그들은 불이 붙어본 적도 없고 마음이 녹아본 적도 없다.

난폭한 성품이 전혀 달라지지 않는다. 그들은 자신을 '그리스도의 사람'이라고 하지만 그렇게 불러도 되는지 의문이다.

답은 간단하다. 신학적 지식이나 성경의 이론, 또는 진리의 깨우침이 더 필요한 것이 아니다. 몸과 마음과 영혼 모두를 전적으로 하나님에게 바치며 무릎 꿇게 하는 것은 바로 영적인 갈급함이다. 이러한 경지에 도달한 사람은 많지 않다. 그러나 불길이 타오르기 시작하고 주님이 맹세를 받으신 것을 아는 사람은 다시 옛날로 돌아가지 않는다. '왕의 목적을 위한 자기희생'은 블레셋 병사들이 구약에서 가르쳐주는 훌륭한 교훈이다.

완전한 만족

여기서 한 가지 더 배울 것은 왕과 같이 있을 때 느끼는 완전한 만족이다. 우리는 순종의 대상이 잘못되었거나 예수 그리스도께서 받으실 영광을 인간에게 돌리려는 사람을 종종 본다. 주님에게 찌꺼기를 드리되 그마저도 조금 드리는 사람이 있고, 가정이나 물질, 또는 인간적인 사랑을 하나님과의 관계보다 우선하는 사람도 있다. 나는 그런 사람들을 볼 때 서글퍼진다. 다니엘 5장을 보면 벨사살 왕이 1,000명이나 되는 귀족을 초청해서 연회를 베풀고 술을 마셨다. 그 자리에서 바벨론 왕과 귀족, 왕비와 후궁들은 예루살렘 성전에서 노략해 온 금 그릇으로 그들의 신을 위해 건배했다. 우리가 인식하든지 안 하든지 우리 마음에는 그리스도의 소유라는 표식이 찍혀 있다. 그런데 이러한 우리의 마음이 다른 신을 섬기는 잘못된 사랑으로 가득 차 있는 경우가 많이 있다. 하나님의 자녀라고 말하는 사람들이 전혀 가치 없는 것에 순종과 희생을 바친다.

다윗은 시편 119편 165절에서 "주의 법을 사랑하는 자에게는 큰 평안이 있으니"라고 말했다. 이는 양심의 평안이고, 자신을 바친 데서 오는 평안이며, 모든 짐을 하나님의 어깨에 지워드리고 난 후에 오는 평안이다. 우리의 책임은 하나님이 택하신 길을 걷는 것뿐이다. 하나님 앞에 자신의 뜻을 내려놓는 것은 예수 그리스도와 함께 있으면서 안식과 만족을 찾는 길이다. 그분에게 항복하고, 그분의 뜻에 순종하면 인생은 평온하고, 강하고, 확실하다. 이것이 평안을 찾는 비결이다. 선하고, 완전하고, 합당한 하나님의 뜻에 전적으로 따랐기 때문에 안식을 누리며 마음의 만족을 얻는 것이다. 이 세상의 삶에서 얻을 수 있는 진정한 평안이나 만족은 오직 예수 그리스도의 임재와 권능, 실존에서만 온다. 그 외에는 어디서도 구하지 못한다.

어느 날 쫓겨나신 왕께서 돌아오시면 그분의 고난에 동참한 사람, 쫓겨나 계신 동안 그분과 같은 삶을 산 사람, 길이 험했음에도 불구하고 그분을 따라 산 사람들이 그분과 함께 영원히 다스릴 것이다. "여호와의 살아 계심과 내 주 왕의 살아 계심으로 맹세하옵나니 진실로 내 주 왕께서 어느 곳에 계시든지 사나 죽으나 종도 그곳에 있겠나이다"(삼하 15:21). 다윗이 왕궁에서 쫓겨나던 날, 예상할 수 없는 어두운 앞날이었음에도 불구하고 다윗 앞에서 충성스럽게 행진하던 그 사람들, 완악하던 마음이 녹아서 왕을 위한 헌신만 가득했던 그 사람들에게서 무엇이 연상되는가? 하나님의 뜻을 따르는 전적인 순종, 하나님의 목적을 위한 희생, 그리스도의 임재 가운데 만족하는 인생이다. 이것이야말로 그리스도인이 살아가며 마음의 중심에 두어야 할 간단하고 기본적인 가치다.

우리가 항복하고 그분에게 가면 우리의 마음에 불꽃이 타오르기 시작한다. 그분의 능력과 권위가 우리를 천국으로 더 가깝게 인도하며, 그리스도께서 우리의 영혼에 소중한 존재로 자리 잡으신다. 그러나 우리가 기계처럼 일에 짓눌려 바쁜 일정에 쫓기며 짜증과 좌절 가운데 평안함 없이 진실을 외면하고 산다면 얼마나 무의미하고 위험한 삶이겠는가! 우리를 사랑하시고 우리를 위해 죽으신 주 예수님에게 "주님, 주님이 사시는 곳, 진실로 내 주 왕께서 계신 곳이라면 어디든지 종도 그곳에 있겠나이다"라고 말할 수 있는가? 그렇다면 하나님의 영과 그리스도의 임재에서 쏟아져나오는 빛나는 광채가 우리에게 피어날 것이며, 영원토록 구별된 인생을 살게 될 것이다.

10

고대하라

하나님의 사람은 그날이 오기를 기다리며 순종한다

삼하 19:1-43

압살롬에게는 한때 다윗의 참모였던 아히도벨이란 뛰어난 지략가가 가담해 있었다. 다윗은 그의 전략을 알아내기 위해 친구 후새를 압살롬에게 위장 투항하게 했다. 압살롬은 어리석게도 아히도벨의 계략을 물리치고 후새의 의견을 채택했고, 후새는 그 내용을 자세하게 다윗에게 알렸다. 그리하여 싸움은 다윗 편으로 기울었다. 손녀 밧세바에게 몹쓸 짓을 한 다윗에게 복수를 계획했던 아히도벨은 자기가 낸 계략이 거부당하자 자살하고 말았다. 요압은 다윗의 애틋한 부탁을 듣지 않고 가차 없이 압살롬을 살해했으며, 반역은 완전히 진압되었다(삼하 16-18장).

이제 다윗에게는 예루살렘으로 돌아가 다시 왕국을 찾을 길이 활짝 열렸다. 그러나 그는 잃었던 권위를 회복하기 위해 자기가 먼저 움직이지 않았다(삼하 19장). 반역했던 백성들이 패하여 도망하는 혼란 가운데 예루살렘으로 입성해서 승리의 종지부를 찍을 수 있는 황금의 기회였다. 그러나 다윗은 나서지 않고 기다렸다. 무력으로 제압하며 입성해서 반군을 소탕하는 극적인 탈환이 아니라 가까운 친족들의 자발적 항복과 절대적 순종으로 왕좌에 다시 오르는 길을 택했다. 다윗의 의지는 확고했다. 귀환해서 백성들을 통치할 수 있는 위치에 있었던 왕이 자신의 골육이요, 지파의 전폭적인 지지가 없이는 돌아가지 않겠다고 선언했다(삼하 19:12). 그들이 추대하지 않으면, 다시 말해 그들의 항복과 순종이 없이는 다시 왕의 자리에 나가지 않겠다고 고집한 것이다. 왜 그래야 했을까? 왜 즉시 예루살렘으로 쳐들어가 왕의 위엄을 되찾고 혼란을 끝내지 않았을까?

간단하다. 다윗의 정통성은 유다 백성에 근거하고 있었다(시 60:7). 야곱이 그의 자녀들을 축복할 때도 "규가 유다를 떠나지 아니하며 통치자의 지팡이가 그 발 사이에서 떠나지 아니하기를 실로가 오시기까지 이르리니 그에게 모든 백성이 복종하리로다"(창 49:10)라고 약속한 바 있다. 그러므로 다윗의 권위는 유다를 통해 효력을 나타내는 것이었다. 유다 지파는 특권과 함께 책임이 따르는 막중한 위치에 있었다. 그러므로 유다는 다윗의 백성이었지만, 그들이 진심으로 항복하고 기쁘게 복종하지 않는다면 그의 통치는 성립될 수 없었다. 다윗은 그들이 이 문제를 충분히 협의할 때까지 기다렸다. 그 결과는 사무엘하 19장 14-15절에 다음과 같이 기록되어 있다. "모든 유다 사람들의 마음을 하나같이 기울게 하매 그들이 왕께 전갈을 보내어 이르되 당신께서는 모든 부하들과 더불어 돌아오소서 한지라 왕이 돌아와 요단에 이르매 유다 족속이 왕을 맞아 요단을 건너가게 하려고 길갈로 오니라"(삼하 19:14-15).

구약의 이 이야기에 감동하는 이유는 신약의 진리가 담겨 있기 때문이다. 그리스도인인 우리는 주님의 재림이 임박했음을 믿는다. 우리 주 예수 그리스도께서 권능으로 직접 이 세상을 다스리시려고 오실 날이 머지 않았다. 예수 그리스도의 통치로 세상 모든 사람이 평안과 행복을 알게 될 날이 다가왔다.

오늘날 많은 사람이 "이대로는 안 돼. 그리스도께서 곧 오시지 않으면 안 돼!"라고 말한다. 그러나 주께서 오실 수 있도록 우리가 이루어야 할 일이 있고, 우리에게 개인적인 책임이 있다는 생각은 하지 않는다. 주께서 오늘 오실 수도 있다는 일반적인 말을 내가 믿지 않는다고 한다면 충격적인가? 이제 성경 말씀으로 그 말을 입증하고, 이 구약의 이야기에서 신약의 진리를 이끌어내기 위해 세 가지 주제를 놓고 생각해 보고자 한다.

세상의 고통과 왕의 귀환

첫 번째 주제는 세상의 고통이 왕의 귀환을 재촉하고 있다는 사실이다. 사무엘하 19장 9-10절을 보면 왕이 쫓겨나고 없을 때 세상이 어떤 상황에 빠지는지 짐작할 수 있다. "온 이스라엘 지파들은 서로 의견들을 내며 말했습니다. '왕은 우리를 원수들의 손에서 구해 내셨고 블레셋 사람들의 손에서도 구해 내셨다. 그런데 지금은 압살롬 때문에 이 나라에서 도망치셨다. 그리고 우리가 기름 부어 우리를 다스리도록 세운 압살롬은 싸움터에서 죽어버렸다. 그러니 왕을 다시 모셔와야 할 텐데 왜 아무도 말이 없는가?'"(삼하 19:9-10, 우리말성경).

다윗이 없자 이스라엘 백성들은 의견이 갈리고 어찌할 바를 몰랐다. 어리석게도 압살롬에게 충성을 바친 결과, 세상은 고통과 혼란에 빠지고 말았다. 그들은 진정한 왕을 버리고 그릇된 편에 섰기 때문에 평안이 없는 상황 가운데 살아야 했다.

주 예수 그리스도, 유일하고 진정한 평화의 왕께서 계시지 않자(물론 예수님은 인격체로 계시지 않을 뿐 그의 몸인 교회에 성령으로 계신다) 세상 형편이 어떻게 되고 있는가? 고통과 불안만 증폭되고 있지 않은가? 그리스도께서 계시지 않은 기간이 길어짐에 따라 고통이 더욱 커져 거의 폭발 직전까지 온 것이 현실이다. 이것은 세계 곳곳에서 일어나고 있는 안타까운 일들이 증명할 뿐만 아니라 예수님도 직접 말씀하셨다. "난리와 난리 소문을 듣겠으나 너희는 삼가 두려워하지 말라 이런 일이 있어야 하되 아직 끝은 아니니라 민족이 민족을, 나라가 나라를 대적하여 일어나겠고 곳곳에 기근과 지진이 있으리니 이 모든 것은 재난의 시작이니라 그때에 사람들이 너희를 환난에 넘겨주겠으며 너희를 죽이리니 너희가 내 이름 때문에 모든 민족에게 미움을 받으리라"(마 24:6-9).

또 사도 바울은 디모데에게 마지막 날의 현상에 대해 설명하고 바른 처신을 당부했다. "너는 이것을 알라 말세에 고통하는 때가 이르러 사람들이 자기를 사랑하며 돈을 사랑하며 자랑하며 교만하며 비방하며 부모를 거역하며 감사하지 아니하며 거룩하지 아니하며 무정하며 원통함을 풀지 아니하며 모함하며 절제하지 못하며 사나우며 선한 것을 좋아하지 아니하며 배신하며 조급하며 자만하며 쾌락을 사랑하기를 하나님 사랑하는 것보다 더하며 경건의 모양은 있으나 경건의 능력은 부인하니 이 같은 자들에게서 네가 돌아서라"(딤후 3:1-5).

성경이 말하는 말세의 징조는 지금도 많이 일어나고 있다. 폭정에 시달리며 자유를 갈망하는 국민들의 절규, 걷잡을 수 없는 범죄의 증가 등은 작은 예에 불과하다. 불쌍한 이 세상에 절대적으로 필요한 것은 평화와 자유, 정의와 구원이다. 이는 오로지 의로우신 왕의 통치 아래서만 누릴 수 있는 일들이다. 왕의 재림은 이 세상의 고통을 해결하기 위해 절대적으로 필요한 것이다. 인간의 고통에 찬 신음은 이 고통을 완전히 끝낼 권능을 가지신 유일한 분의 귀환을 재촉하고 있다.

주의 재림이 늦어지는 이유

그런데 그분은 왜 오시지 않는 것인가? 우리가 생각해야 할 두 번째 주제는 우리의 죄 때문에 왕의 재림이 늦어지고 있다는 점이다. 다윗은 이렇게 말했다. "그들은 나의 형제요 나의 골육지친인데, 어찌하여 왕을 다시 모셔오는 일에 맨 나중이 되려고 하는지, 물어보기 바라오"(삼하 19:12, 표준새번역). 복음서에 나오는 주님의 말씀을 상기하기 바란다. "이 천국 복음이 모든 민족에게 증언되기 위하여 온 세상에 전파되리니 그제야 끝이 오리라"(마 24:14). "또 복음이 먼저 만국에 전파되어야 할 것이니라"(막 13:10). 이것은 주님이 직접 하신 말씀이다. 물론 주님이 능력과 영광 가운데 오셔서 통치하실 것은 틀림없다. 예수 그리스도께서 오셔서 시온에서 천 년을 다스리실 것이다. 하나님이 그렇게 말씀하셨다. 그런데 세상의 고통으로 사람들의 비명은 높아가는데 그분은 왜 오시지 않는단 말인가!

우리가 그분의 명령에 따르지 않기 때문이다. 베드로의 가르침을 보라. "이렇게 모든 것이 녹아버릴 터인데, 여러분은 어떠한 사람이 되어야 하겠습니까? 여러분은 거룩한 행실과 경건한 생활 가운데서, 하나님의 날이 오기를 기다리고, 그날을 앞당기도록 해야 하지 않겠습니까? 그날에 하늘은 불타서 없어지고, 원소들은 타서 녹아버릴 것입니다"(벧후 3:11-12, 표준새번역). 그렇다면 우리가 예수님의 오실 날을 앞당길 수 있다는 이야기가 아닌가? 그렇다. 가능하다. 그렇다면 우리가 예수님의 오실 날을 늦출 수도 있다는 말인가? 그렇다. 우리가 하는 일에 따라 늦춰질 수도 있다.

천 년 동안 예수님의 위엄은 그분에게 헌신하고, 순종하고, 그분과 함께 이 세상에서 살며 다스릴 사람들을 통해 증명될 것이다. 사도 바울은 "하나님께서는 이제 교회를 시켜 하늘에 있는 통치자들과 권세자들에게 하나님의 갖가지 지혜를 알게 하려고 하시는 것입니다"(엡 3:10, 표준새번역)라고 말했다. 하나님은 예수 그리스도의 모든 명령에 순종하는 교회를 통해 온 세상에 그분의 법을 세우려고 하신다. 그러나 교회의 불순종이 하나님의 계획이 성취되는 것을 지연시키고 있다.

하나님의 말씀이 번역되지 않은 언어가 아직도 수천 개에 달한다. 이를 생각할 때 참으로 실망스럽기 그지없다. "주님은 죽임을 당하시고, 주님의 피로 모든 종족과 언어와 백성과 민족 가운데서 사람들을 사셔서 하나님께 드리셨습니다"(계 5:9, 표준새번역). 우리가 천국에 갔을 때 어떤 종족이나 어떤 언어, 어떤 민족이 전혀 없는 상황이 벌어져서는 안 된다. 모든 종족, 모든 언어, 모든 민족이 있어야 한다. 예수님의 피로 구원받은 인간은 예외 없이 모두 천국에 가야 한다. 그러나 예수 그리스도의 복음에 대해 한마디도 들어보지 못한 종족, 민족이 너무나 많다. 이 세상의 고통이 심해지고, 평화, 자유, 정의를 갈망하는 부르짖음이 커지고 있지만, 그들은 왕의 귀환이라는 우리가 알고 있는 해답을 듣지 못한다. 우리는 하나님 앞에 섰을 때 이 세상 끝까지 복음의 메시지를 전하지 않은 잘못,

즉 하나님의 지상명령을 어긴 잘못에 대해 어떤 핑계를 댈 것인가? 이것이 예수 그리스도께서 지금 당장 오실 수 없는 이유다.

에스겔 선지자를 통하여 이스라엘 백성에게 전해진 하나님의 말씀은 오늘날 우리에게 큰 가르침이 된다. "너 사람아, 내가 너를 이스라엘 족속의 파수꾼으로 세웠다. 그러므로 너는 내가 하는 말을 듣고, 나를 대신하여 그들에게 경고하여라. 내가 악인에게 말하기를 '너는 반드시 죽을 것이다' 하였는데도, 네가 그 악인에게 말하여 그가 악한 길을 버리고 떠나도록 경고하지 않으면, 그 악인은 자신의 죄가 있어서 죽을 것이지만, 그 사람이 죽은 책임은 내가 너에게 묻겠다. 네가 악인에게, 그의 길에서 떠나서 거기에서 돌이키도록 경고하였는데도, 그가 자신의 길에서 돌이키지 않으면, 그는 자신의 죄 때문에 죽지만, 너는 목숨을 보존할 것이다. 그러므로 너 사람아, 너는 이스라엘 족속에게 전하여라. 그들이 말하기를 '우리의 온갖 허물과 우리의 모든 죄악이 우리를 짓눌러서, 우리가 그 속에서 기진하여 죽어가고 있는데, 어떻게 우리가 살 수 있겠는가?' 하였다. 너는 그들에게 전하여라. '나 주 하나님의 말이다. 내가 내 삶을 두고 맹세한다. 나는, 악인이 죽는 것을 기뻐하지 않고, 오히려 악인이 그의 길에서 돌이켜 떠나 사는 것을 기뻐한다. 너희는 돌이켜라. 너희는 그 악한 길에서 돌이켜 떠나거라. 이스라엘 족속아, 너희는 왜 죽으려고 하느냐?' 하여라"(겔 33:7-11, 표준새번역).

문제의 심각성을 알겠는가? 우리는 주 예수의 재림을 학수고대하고, 고통스러운 이 세상의 오직 한 가지 희망이 그분이 돌아오시는 것임을 안다. 그러나 이 세상 모든 사람에게 복음을 전하라는 하나님의 명령을 따르지 않았기 때문에 주님의 재림이 늦어지고, 고통이 더욱 심해지고 있다. 이 같은 사실이 언젠가 우리가 하나님의 심판대에 섰을 때 어떤 판정을 받을지 상상해 보기 바란다.

교회의 순종

세 번째 묵상의 주제는 순종이다. 하나님의 계명에 우리가 얼마나 순종하느냐에 왕의 귀환이 달려 있다. 다윗을 예루살렘으로 돌아오게 한 것은 백성들의 마음이었다. "다윗 왕은 온 유다 사람들의 마음을 되돌려 한마음이 되게 했습니다. 그들은 왕께 말을 전했습니다. '왕과 왕의 모든 신하들은 돌아오십시오.' 다윗 왕은 돌아와 요단 강에 이르렀습니다. 그때 유다 사람들은 왕을 맞아 요단 강을 건너게 하려고 이미 길갈에 와 있었습니다"(삼하 19:14-15, 우리말성경).

다윗은 "너희는 내 형제들이요 내 친족이다. 그런데 어떻게 너희가 왕을 다시 모시는 데 나중이 되겠느냐?"(삼하 19:12, 우리말성경)고 하며 유대인들의 마음에 호소했다. 다윗의 호소는 그들의 마음을 격동시켜 마음을 하나로 만들었고, 그들은 왕이 돌아와서 통치하기를 간절히 소망하게 되었다. 순종하는 백성들을 통해 다윗은 다시 왕으로 돌아왔고, 하나님이 주신 권능과 축복을 보일 수 있었다. 다윗을 돌아오게 한 것은 하나님이 세우신 목적을 위해 한마음이 된 하나님의 백성들의 순종이었다. 그것이 다윗이 돌아오는 길을 활짝 열었다.

그렇다면 예수님을 다시 오시게 할 길은 무엇인가? 다윗을 돌아오게 한 것과 똑같다. 우리의 항복과 순종이 늦어지면 늦어질수록 심판의 결과는 무거워진다. 주께서 주님의 백성인 우리를 내려다보며 말씀하신다.

"너희는 내 형제들이요 내 친족이다. 내 몸이다. 그런데 어떻게 너희가 왕을 다시 모시는 데 나중이 되겠느냐?" 왕의 재림은 우리의 항복, 우리의 순종에 달려 있다. 그런데 이 순종은 우리 주위에서부터 시작해야 한다. 주위에 있는 사람들에게 복음을 전하는 일을 소홀히 하고 있지는 않은가? 외국에 파견되는 선교사에게 흔히 인용하는 "누구든지 주의 이름을 부르는 자는 구원을 받으리라 그런즉 그들이 믿지 아니하는 이를 어찌 부르리요 듣지도 못한 이를 어찌 믿으리요 전파하는 자가 없이 어찌 들으리요 보내심을 받지 아니하였으면 어찌 전파하리요"(롬 10:13-15)라는 말씀은 우리의 이웃들을 대할 때에도 명심해야 하는 말씀이다.

자신의 삶이 하나님의 목적과 일치하는지 자문해 보라. 하나님이 내려다보시고 "왜 네가 왕을 다시 모시는 일에 나중이 되고 있느냐?" 하고 묻지 않으시는가? 자신의 삶이 그리스도의 재림을 앞당기고 있는가, 아니면 오히려 늦추고 있는가? 최근에 주님의 재림을 앞당길 수 있는 말을 믿지 않는 사람에게 한 적이 있는가?

우리가 인생을 살아갈 때 표어로 삼아야 할 말씀은 '순종'이다. 하나님에게 완전히 항복하고 기쁨으로 순종할 때 예수님이 다시 오셔서 순종의 사람들을 통해 위대한 천년왕국을 통치하실 것이다. 주의 권능으로 이 땅의 고통, 불행, 괴로움을 끝내실 것이다. 그런데 교회가 사명을 다하지 못해 그 위대한 날이 지연되고 있다.

"제가 무엇을 해야 한단 말입니까?" 하고 묻고 싶은가? 지금 당장 진심으로 왕께서 돌아오시기를 바라라. 그분을 찾으라. 왕께서 당신의 인생에 들어오셔서 다스리시기를 영혼 깊이 간구하라. 그런 다음 이웃이나 친구, 가족에게 왕께서 그들의 인생의 중심에 들어오시는 의로운 일이 일어나도록 복음을 전해야 한다. 가까운 곳에서부터 지금 당장 시작하라. 세상의 모든 종족, 모든 민족에게 복음을 전파하는 주님의 일에 헌신적으로 노력하라. 세상 끝까지 복음을 전하는 일보다 더 시급하고 중요한 일은 없다.

11

싸우라

하나님의 사람은 각자의 영적 싸움에서
강인한 정신으로 승리를 쟁취한다

삼하 23:1-39

성경은 믿는 사람들에게 하나님의 전신 갑주를 입으라고 명령한다. "그러므로 하나님의 전신 갑주를 취하라 이는 악한 날에 너희가 능히 대적하고 모든 일을 행한 후에 서기 위함이라"(엡 6:13).

세계 각지에 나가 있는 선교사들이 문제와 고난을 겪고 있다는 소식이 자주 들린다. 선교사가 파견된 현장은 긴장과 혼란이 고조된 곳이다. 따라서 왕의 귀환을 앞당기기 위해 복음의 메시지를 땅끝까지 전파하기는커녕 현상 유지조차 어려운 실정이다. 게다가 개인적인 문제도 많이 일어난다. 건강이 나빠지고, 현지 실정에 적응하기 어려우며, 물자도 부족하고, 영적 갈등도 생긴다.

세계 각지에 흩어진 선교 현장의 고통을 우리의 삶이나 교회 활동과 관계없는 일로 생각하는 것은 옳지 않다. 선고란 외국에서 하는 것이고, 우리와는 상관없다는 무관심을 버려야 한다. 선교 대상은 온 세상이고,

오늘날에는 그야말로 하나의 세계가 되었다. 그렇다면 교회가 해결해야 할 선교 현장의 문제에 대한 해답은 무엇인가? 그것은 돈이나 장비나 선교사의 수로 해결할 수 있는 문제가 아니다. 그보다 더 깊은 영적 자세에 답이 있다.

그리스도인은 어떤 곳, 어떤 환경에 있든지 한 사람 한 사람이 천국의 이름으로 마귀의 세력에 맞서 싸우는 요새다. 교회가 완전해지고 예수님이 오셔서 교회를 이끄시면 마귀는 사라진다. 그러나 오늘날의 그리스도인은 어디서든지 적에게 대항하는 선봉에 주님의 이름으로 서야 한다. 혼자 싸우는 것이 아니다. 비록 세계 여러 곳에 떨어져 살고 있지만 하나님의 생명을 함께 나누고 주님의 보혈로 구원받은, 위대한 하나님의 군대의 일원으로 싸우는 것이다. 교회의 승리는 그리스도인 각자의 개별적 승리에 따라 좌우된다. 우리 각자의 승리, 생명, 개인적 증언이 하나님의 일에 결정적인 역할을 한다. 뉴기니나 아마존 정글, 혹은 콩고에서 일어난 일들이 우리 각자가 가지고 있는 하나님과의 관계나 어둠의 세력과의 싸움과 전혀 관계가 없다고 생각하기 쉽지만, 그렇지 않다. 교회가 세계 곳곳에서 벌이고 있는 영적 전쟁에서 승리하느냐, 패배하느냐는 그리스도인 각자의 승리 여부에 달려 있다.

거듭 말하지만, 돈이나 장비, 또는 사람이 해답이 아니다. 하나님에게 얼마나 헌신하느냐, 얼마나 충성하느냐, 얼마나 자신을 의탁하느냐가 더 중요한 문제다. 여기에는 다윗의 병사 가운데 가장 용맹스러웠던 세 사람의 용사가 좋은 모범이 된다.

영적 싸움의 용사들

한때 아들의 반역으로 도망 다녀야 했던 다윗 왕이 이제는 돌아와 왕국을 다스리고 있었다. 사무엘하 23장에는 그 당시에 다윗을 위한 충성심 하나로 불가능을 뚫고 싸움터에 나갔던 용사들, 생명을 걸고 다윗을 따랐던 부하들의 이름이 자랑스럽게 기록되어 있다. 첫째, 아디노. 그는 혼자 800명의 적을 죽였다(삼하 23:8). 둘째, 엘르아살이다. 그는 이스라엘군이 도망친 가운데서도 죽을힘을 다해 블레셋군과 싸워 나중에는 칼을 잡은 손을 펴지 못할 정도였다(삼하 23:9-10). 셋째, 삼마다. 그는 블레셋군을 막아 들판 한가운데 홀로 서서 용감하게 싸워 마침내 이겼다(삼하 23:11-12).

세 용사의 승리에는 공통점이 있다. 도저히 이길 수 없는 여건이었음에도 승리했고, 탈진해서 쓰러질 때까지 싸워 승리했으며, 하나님의 백성들이 겁에 질려 도망했음에도 불구하고 혼자 남아 승리했다. 무엇보다 중요한 것은 주님의 힘 안에서 승리했다는 점이다. 성경을 보면 "주께서 그 날 그에게 큰 승리를 안겨주셨으므로"(삼하 23:10, 표준새번역), "주께서 그에게 큰 승리를 안겨주셨다"(삼하 23:12, 표준새번역)라는 표현이 반복해서 나온다.

예레미야는 "내 마음속이 아프고 내 마음이 답답하여 잠잠할 수 없으니 이는 나의 심령이 나팔 소리와 전쟁의 경보를 들음이로다"(렘 4:19)라고 하며 탄식했다. 오늘날 우리의 선교도 마찬가지다. 구약에 나오는 세 용사와 같은 용맹이 몇몇 선교사의 삶뿐만 아니라 속량된 모든 영혼의 삶에서 발휘되지 않으면 결실을 보지 못한다. 그러므로 에베소서 6장 13절에서 사도 바울은 "하나님의 전신 갑주를 취하라 이는 악한 날에 너희가 능히 대적하고 모든 일을 행한 후에 서기 위함이라"고 말했다.

세 용사는 승리할 가능성이 거의 없는 역경에서도, 하나님의 백성들이 공포에 질려 퇴각한 상황에서도, 그리고 육체적, 정신적, 영적으로 흔들릴 수 있는 상태에서도 굳건했다. 이러한 세 용사와 같은 굳은 헌신의 마음이 있어야 한다. 모든 고난에도 불구하고 굳게 서서 현장의 승리자로 남아야 한다. 그래서 "주께서 그에게 큰 승리를 안겨주셨다"고 말할 수 있어야 한다. 그리스도인 한 사람 한 사람이 각자의 영적 싸움에서 용사들과 같은 강인한 정신으로 승리를 쟁취해야 한다.

뉴기니의 한 선교사는 온갖 어려움을 극복해 가며 성경을 원주민어로 번역하는 일에 애쓰고 있다. 동남아시아에 파견된 어느 선교사 부부는 여러 번 심한 병을 앓았으나 좌절하지 않고 성경을 번역했다. 어느 노년의 선교사는 사랑하는 사람들을 잃었지만, 은퇴를 마다하고 생의 마지막을 선교 현장에서 보내고 있다. 또 다른 선교사 부부는 아프리카에서 선교 활동을 계속하고 있다. 그들은 천국에 가기 전에는 은퇴하지 않겠다고 결연히 말한다. 선교 현장에서 겪는 난관을 호소하는 소식도 많이 들린다. 몸과 마음이 탈진되는 고난 가운데서 싸우고 있는 분들을 생각하며 나도 그런 수준의 희생을 감내하고 있는지 반성해 보자. 선교 전선에서의 승리는 오늘 당신과 내가 있는 장소에서 승리하느냐, 패배하느냐에 달려 있다.

사도 바울은 당시의 성도들에게 그리스도인으로서 살아갈 삶의 자세를 가르쳤다. "모든 일을 행한 후에 서기 위함이라"(엡 6:13). 이것은 주어진 상황과 하나님의 뜻 안에서 자신의 주장을 굽히지 않고 바로 서야 한다는 뜻이다. 이 목적을 위하여 주 예수 그리스도께서 우리 편에 서서 싸워주신다. 우리 힘만으로 싸운다면 어쩔 수 없이 패배한다. 그러나 지금서 있는 은혜의 자리에서는 그리스도께서 우리와 함께 싸워주신다. "우리가 믿음으로 의롭다 하심을 받았으니 우리 주 예수 그리스도로 말미암아 하나님과 화평을 누리자 또한 그로 말미암아 우리가 믿음으로 서 있는 이 은혜에 들어감을 얻었으며 하나님의 영광을 바라고 즐거워하느니라"(롬 5:1-2).

십자가의 능력은 인간에게 힘을 주어 이 악한 날에 일어설 수 있게 만든다. 하나님의 구원 없이는 무력하게 패배할 수밖에 없는 인간을 주님이 일으키사 바위 위에 세우신다. 하나님의 뜻을 전적으로 따르는 하나님의 사람은 영적 싸움에서 움츠러들지 말고 우리 주 예수 그리스도 안에서 굳건히 서서 대항해야 한다. 과연 당신은 그런 자세를 취하고 있는가? 영혼의 적에 대항하여 굳게 서 있는가? 삼마가 좋은 예다. 블레셋군이 쳐들어왔을 때 하나님의 백성들은 무서워 황급히 도망했으나 그는 굳게 버티고 서서 많은 적을 도륙하고 승리했다.

하나님의 전신 갑주

에베소서 6장은 굳게 서 있으라고만 말하지 않는다. 싸워야 한다고 말한다. "우리의 씨름은 혈과 육을 상대하는 것이 아니요 통치자들과 권세들과 이 어둠의 세상 주관자들과 하늘에 있는 악의 영들을 상대함이라"(엡 6:12). 하나님의 사람은 누구나 영혼 깊은 곳에서 영적 싸움을 벌인다. 자기가 가진 모든 수단을 다 동원해서 수동적으로 굳게 서려고 할 뿐만 아니라 바울이 강조한 대로 능동적으로 대항해서 싸운다. 주님의 이름으로 영혼의 적과 정면으로 맞서서 끝까지 싸워야 하는 각자의 싸움이다.

그러나 하나님을 믿는 사람도 싸움의 절박한 긴장감을 잃고 안일에 빠져 살기 쉽다. 그래서 아모스 선지자는 "너희는 망한다! 시온이 안전하다고 생각하고 거기에서 사는 자들아"(암 6:1, 표준새번역) 하고 경계했다. 치열하게 죄와 싸워야 할 사람들이 물질과 세상일에 몰두해서 언제 그런 싸움을 했는지 기억조차 없다. 어둠의 세력에 정면으로 맞서 싸우고 굴복하지 않게 해달라고 기도한 때가 언제였는가? 생각해 보라. 지난 일주일간 매일은 고사하고 하루에 다만 30분이라도 하나님 앞에 조용히 앉아 간절한 기도를 한 날이 몇 번이나 있었는가? 기도 생활이나 영적 활동이 우선순위에서 밀려서 기계적이고 습관적으로 변하면 활기와 긴장을 잃게 되는 경우가 생긴다. 그러나 전쟁에서 승리하려면 주 예수의 이름 안에서 바른 자세를 유지해야 한다. 그래야 대적이 불화살을 날릴 때 굳게 서서 하나님의 은혜로 싸우고 굴복하지 않을 수 있다.

영적 전쟁을 잘하고 있는지, 설 자리에 굳게 서 있는지 스스로 점검해 보라. 가정생활이나 하나님과 함께 걷는 걸음에서 굳게 서 있는가? 기도 생활이나 사무실의 동료와 가족들에게 하는 간증과 증언에서는 어떤가? 하나님이 세워주신 지금의 자리에서 잘 대항하고 있는가, 아니면 후퇴하고 있는가? 선교 사역에서는 어떤가? '선교를 돕기로 약속했으니 그것으로 내 할 일은 다한 것 아닌가? 가끔 격려 편지를 쓰는 정도가 내가 할 일이 아닌가? 선교 사역이 내 영적 싸움이라고? 나하고는 관계없는 일이지 않아? 그런 일이야 하는 분들이 따로 있지' 하는 생각을 하는가? 그러나 절대 그렇지 않다. 믿는 사람 모두가 영적 싸움에 대한 바른 자세를 가져야 한다.

바울은 굳게 서기 위해 무엇을 해야 하는지 에베소서 6장 10절 이하에서 자세히 가르쳐준다. "그러므로 하나님의 전신 갑주를 취하라"(엡 6:13). 예수 그리스도 안에서 하나님의 자녀가 바로 설 수 있도록 예비하신 전신 갑주란 무엇인가? 한마디로 마귀를 대적할 능력이다.

사도 바울은 먼저 진리의 허리띠를 단단히 동여매라고 가르친다(엡 6:14). 이것은 사람의 힘이 경건하고 진실한 품성에서 나온다는 뜻이다. 다음으로는 하나님과 사람 앞에 죄가 없는 순결한 양심을 가리키는 의의 호심경을 붙이라고 한다(엡 6:14). 이는 정의로운 삶과 행실로 나타난다. 그리고 신발 채비를 단단히 하라고 한다(엡 6:15). 왕의 심부름을 할 일이 있으면 즉시 출발하고, 주인이 인도하시는 곳이라면 어디든지 달려가야 하기 때문이다. 하나님의 명령에 따라 가까운 곳이든 먼 곳이든 어디든지 가리지 않고 가서 복음의 메시지를 전파할 태세를 갖추고 있으라고 말한다.

믿음의 방패를 가지라고 하면서 사도 바울은 "모든 것 위에"(엡 6:16)라는 말을 덧붙여 강조했다. 바울은 자신이 갇혀 있는 감옥을 지키는 로마 병사들의 방패를 보며 이 글을 썼던 것 같다. 그 병사들이 가지고 있던 방패는 목부터 발까지 덮어서 온몸을 보호할 수 있는 큰 방패였다. 여기에 더하여 결정적 보호 장비인 구원의 투구를 쓰고, 하나님의 능력인 성령의 검을 차야 한다(엡 6:17). 바울은 그리스도인이 이러한 전신 갑주를 입으면 주 예수 그리스도의 능력 안에서 대적을 이길 수 있다는 완전한 믿음을 가졌다.

그런데 여기서 놓치지 말아야 할 중요한 사실이 있다. 이 전신 갑주에는 등 뒤를 보호하는 보호 장비가 없다는 점이다. 도망가는 그리스도인의 등을 보호해 줄 장비는 아무것도 없다. 왜일까? 이 땅 위에 굳게 서서 싸우는 하나님의 자녀에게 후퇴란 상상할 수 없기 때문이다. 따라서 몸의 전면과 머리를 위한 장비만 있을 뿐이다.

믿는 사람이 구비해야 할 무장 가운데 공격용 무기는 성령의 검뿐이다. 다른 무장은 대적의 공격을 막아내는 방어와 보호를 위한 것이다. 적을 굴복시키기 위해 그리스도인에게 주어진 무기는 오직 하나 성령의 검, 즉 하나님의 말씀뿐이다. 성령의 검을 만드신 분은 주 예수 그리스도이시다. 그것이 그분이 오신 이유이고, 그것이 그분이 오늘 우리를 위해 중보 기도 하며 사시는 이유다. 그분이 예루살렘에 입성하신 것은 "보아라, 네 임금이 네게로 오신다"(마 21:5, 표준새번역)라는 말씀을 이루시려는 것이었다. 베들레헴과 유대에서, 갈릴리와 갈보리에서, 그리고 열린 무덤 입구에서 그분은 백성에게 필요한 무기를 만드셨다. 성경은 말한다. "우리의 싸우는 무기는 육신에 속한 것이 아니요 오직 어떤 견고한 진도 무너뜨리는 하나님의 능력이라"(고후 10:4).

예수님의 성품

그리스도인이 겪는 영적 위험은 단순히 하나님이 주신 전신 갑주를 벗어버리고 영적 싸움에서 도망가고 싶어하는 것만이 아니다. 물론 그것도 문제이기는 하지만, 더 큰 문제는 하나님의 무기를 우리가 생각하는 세상의 것으로 대체할 수 있다고 착각하는 데 있다.

사도 바울이 설명한 여러 무기를 한마디로 요약하면 성품이다. 하나님의 어린양 예수님의 성품은 고결함과 의로움, 순결함과 거룩함, 그리고 믿음과 구원이다. 이러한 성품이 곧 하나님이 주시는 무기다. 그러나 오늘날의 교회는 이러한 성품 대신에 설비나 전략, 돈이나 온갖 세상의 것을 사용하여 영향을 미치려고 한다. 믿는 사람이 가져야 할 무기는 육신의 것이 아니라 영적인 것임을 잊은 것이다. 그리스도인이 사용해야 할 무기는 사탄의 견고한 요새도 무너뜨리는 하나님의 전능한 능력이다.

하나님은 예수 그리스도 안에서 우리가 지금 있는 곳과 상황에서 똑바로 설 수 있도록 예비해 놓으셨다. 전신 갑주는 어떤 설비나 돈과 같은 외적인 것이 아니다. 예수 그리스도를 위해 성령의 검을 휘두를 수 있도록 마음에 심어주신 경건하고, 의롭고, 사랑과 온유와 자비가 넘치는 성품이다. 예수님의 성품을 마음에 품지 않으면 누구라도 성경을 능력 있게 사용할 수 없다. 성경이 하나의 교과서에 지나지 않는다면, 설교하고 가르치며 증거할 때 성경의 하나님을 제대로 전하지 못하게 된다. 자신의 생명 안에 예수님의 생명이 가득 찬 사람이 아니면 전하지 못한다. 공격 무기는 방어 무장을 모두 갖추었을 때 사용할 수 있다. 공격하는 힘은 사탄의 공격에 방어할 장비를 모두 갖추었을 때, 즉 주 예수님의 성품을 그대로 갖추었을 때 최대한 발휘된다. 이 악한 날에 바른 자세를 굳게 유지하고, 끝까지 싸워서 현장의 승리자로 남고 싶다면 하나님이 마련해 주신 전투 장비를 완전히 착용해야 한다. 그럴 때 하나님의 능력 안에서 성령의 검을 휘두를 수 있다.

이것은 오로지 천국이 믿는 사람들을 위해 예비한 것이다. "이는 힘으로 되지 아니하며 능력으로 되지 아니하고 오직 나의 영으로 되느니라" (슥 4:6). 예수님은 거룩한 성품인 완전한 전투 장비를 우리에게 만들어주시기 위해 왕좌에서 십자가까지 내려오셨다. 우리는 여기서 인생에서 승리하는 비결은 한 인격체를 만나야 한다는 가장 중요한 진리를 깨닫게 된다. 주 예수께서 전신 갑주를 주셨다는 것은 주님 자신을 주셨다는 의미다. 다른 무엇을 주셨다는 말이 아니다. 믿는 사람에게 그리스도를 주셨다는 뜻이다. 단순히 그분의 축복, 의, 진리, 믿음, 구원, 성령의 검을 주셨다는 뜻이 아니다. 그리스도를 떠난 전신 갑주란 없다. 사도 바울이 "오직 주 예수 그리스도로 옷 입고 정욕을 위하여 육신의 일을 도모하지 말라"(롬 13:14)고 한 말도 바로 그런 맥락이다.

사탄은 믿음의 사람이 가진 구세주의 모든 부를 빼앗으려고 한다. 또한 하나님과의 소중한 동행, 영적 전쟁의 승리에서 우리를 끌어내리려고 한다. 이 모든 것이 살아 계신 주님 안에 있는 믿음의 사람을 격파하기 위해 사탄이 부리는 온갖 술책이다. 당신은 사탄의 이런 공격을 받을 정도로 예수 그리스도 안에서 진정 하나님을 만났는가? 심각한 물음이다. 선교의 부르심에 몸 바치지 못하고, 주님의 이름 안에 굳게 서서 승리하지 못하는 원인은 예수 그리스도 안에서 하나님을 진정으로 만나지 못한 데 있다.

성령의 도우심

하나님의 백성을 데리고 요단 강을 건넌 여호수아는 전략적 요충지인 여리고를 쳐야 했다. 그는 공격에 앞서 정탐하러 나섰다. 막강한 성벽을 둘러보며 전투 구상을 하고 있는데, 느닷없이 칼을 빼 든 사람이 나타났다. 여호수아가 다그쳐 물었다. "너는 우리를 위하느냐 우리의 적들을 위하느냐"(수 5:13).

구약에서 흔히 이런 식으로 나타나시는 분은 주 예수 그리스도이시다.

"나는 여호와의 군대 대장으로 지금 왔느니라"(수 5:14). 여호수아는 즉시 땅에 엎드려 절하고 "내 주여 종에게 무슨 말씀을 하려 하시나이까"(수 5:14) 하고 물었다. 살아 계신 하나님이신 신비한 군대 대장은 명령하셨다. "네 발에서 신을 벗으라 네가 선 곳은 거룩하니라"(수 5:15). 그날 여호수아는 예수 그리스도 안에서 하나님을 만나는 새로운 믿음의 경지를 경험했다. 여호수아는 손에 칼을 뽑아 든 그분을 보았다. 그분이 계신 곳은 거룩한 땅이었다.

칼 잡은 손을 뗄 수 없을 만큼 기진맥진할 때까지 블레셋군과 싸운 엘르아살의 이야기에서 연상되는 것이 없는가? 여리고 성 옆에서 손에 칼을 들고 서 계시던 분, 갈보리에서 우리를 대신해서 싸워 이기시고도 결단코 싸움에서 손을 떼지 않으시는 분이 생각나지 않는가? 그분이 여호수아에게 권능을 주셨다. 새로운 믿음의 경지에서 하나님을 만나고, 싸움은 하나님의 책임임을 깨달은 여호수아에게 말이다. 여호수아가 전투를 위해 준비한 무기나 장비, 전략, 군사의 수는 아무런 문제도 아니었다. 어떠한 적도 무찌를 수 있는, 보이지 않는 군대 대장이 사태를 장악하고 있었다. 여호수아는 흔쾌히 싸움을 그분에게 넘겨드렸다.

모세가 들었던 "네가 선 곳은 거룩한 땅"(출 3:5)이라는 말씀이 여호수아에게도 들렸다. 실제로 여호수아는 땅에 엎드려 경배하고 항복했다. 하나님 앞에 엎드리는 자는 언제나 대적에 대항해 싸울 수 있는 자다. 십자가 위에서 심장이 찢어지신 그리스도 안에서 하나님을 만나 엎드린 자만이 대적과 싸워 이길 수 있다. 자기가 옳다는 생각, 자기 힘으로 할 수 있다는 자신감, 자기가 모든 것을 안다는 오만에 빠져 혼자 힘으로 인생의 승리가 가능하다고 믿는다면 언제나 마귀 앞에 넘어진다. 반면 하나님 앞에 무릎 꿇으면 마귀 앞에 설 수 있다.

　오늘날 세계 각지에 나가 있는 선교사들은 온갖 어려움과 고통과 시련을 당하고 있다. 인력과 물자와 자금이 턱없이 부족하다. 고국에 있는 그리스도인들이 예수 그리스도 안에서 하나님을 만나지 못했기 때문에 벌어지는 일이다. 그러나 하나님의 부르심은 단순히 더 많은 자금과 더 큰 응답, 더 많은 인원에만 국한되는 것이 아니다. 하나님은 대적 앞에 서기 위해 우리가 하나님 앞에서 항복하고 엎드리기를 원하신다.

12

구하라

하나님의 사람은 언제나 성령 충만을 간구한다

대상 21:1-30

하늘에서 내려오는 불이란 우리의 마음에서 우러나오는 부르짖음에 대한 하나님의 대답이다. 이것은 또한 우리의 완전한 항복에 대한 하나님의 적극적 응답이다. 역대상 21장에 나오는 이야기는 어떻게 해야 이러한 일이 일어나는지 가르쳐준다.

역대상 21장 1절은 불길한 일을 예고하고 있는 도입부다. "사탄이 이스라엘을 치려고 일어나서, 다윗을 부추겨, 이스라엘의 인구를 조사하게 하였다"(대상 21:1, 표준새번역). 사탄의 목표는 하나님의 백성 전체였다. 그러나 그 칼날을 맞은 사람은 다윗이었다. 사탄이 싫어하고 공격하는 대상은 구원받은 하나님의 백성 안에 사시는 성령이시다. 그런데 그 공격의 칼날을 받는 사람은 대부분 지도자의 위치에 있는 사람들이다. 사탄은 성도의 인생 주변을 맴돌지 않고 곧바로 심장부를 공격한다. 선교사, 기독교계 지도자, 목사, 하나님의 일의 선봉에 선 사람, 하나님을 위한 싸움에 앞장

선 사람이 대적의 가장 큰 공격 대상이다.

다윗의 인구조사는 상식적으로 보면 별 문제가 아니지만, 성령의 눈으로 보면 죄였다. 그 밑바닥에 인간의 원죄인 자만심이 도사리고 있었기 때문이다. 어떤 상황에서도 주님만 믿고 의지해야 하는 하나님의 사람이 육신에 의지하려고 한 것이다. 다윗이 범한 이 죄는 우리가 매일 짓고 또 짓는 죄이기도 하다. 하나님은 하나님의 영광을 다른 사람에게 주시지 않는다. 그러므로 영광을 받으려면 주님 안에서 받아야 한다.

죄의 무서운 결과

사탄은 이스라엘 백성의 지도자인 다윗이 자신이 가진 자산을 의지하도록 유혹하는 데 성공했다. 이 일 때문에 다윗은 죄에 대한 기본적인 교훈 두 가지를 다시 배우게 되었다. 첫째는 역대상 21장 9-12절에 기록된 것같이 죄에는 반드시 벌이 따른다는 교훈이다. 다윗은 3년간의 기근, 3개월 동안의 도피 생활, 3일간의 하나님의 채찍, 곧 전염병이라는 세 가지 벌 가운데 하나를 선택해야 했다. 죄의 결과는 영원의 관점에서는 고백과 회개에 대한 응답으로 용서받는다. 그러나 현세적 관점에서는 죄에 대한 책임이 따른다.

다윗은 현명한 선택을 했다. "여호와께서는 긍휼이 심히 크시니 내가 그의 손에 빠지고 사람의 손에 빠지지 아니하기를 원하나이다"(대상 21:13). 우리 입에서도 "아멘"이 나오는 선택이다. 그리스도인 지도자가 대적에게 패배하여 죄가 알려지면 주님의 손을 제외하고는 어디에서도 자비를 찾지 못한다. 주님의 손이 유일하게 편안한 곳이다.

둘째로, 다윗은 죄의 값은 혼자 치르는 것이 아님을 알게 되었다. 그는 심판을 가져온 천사를 보았으며, 하나님의 채찍으로 이스라엘 백성 7만 명이 죽는 것을 보아야 했다. 괴로움 가운데 다윗은 하나님에게 눈물로 호소했다. "명령하여 백성을 계수하게 한 자가 내가 아니니이까 범죄하고 악을 행한 자는 곧 나이니이다 이 양 떼는 무엇을 행하였나이까 청하건대 나의 하나님 여호와여 주의 손으로 나와 내 아버지의 집을 치시고 주의 백성에게 재앙을 내리지 마옵소서"(대상 21:17).

우리의 경험을 보더라도 사실이다. 죗값을 혼자 치르는 일은 없다. 그리고 죄에 대한 벌은 흔히 죄인이 가장 아끼는 사람에게 내려진다. 전도사나 목사라면 계획하고 추진해 온 일이 실패로 끝나거나, 기도 모임이 좌절되는 것을 보게 되기도 한다. 또 성도 가운데 하나님의 채찍을 맞는 사람을 보게 되기도 한다. 다윗의 경우와 마찬가지로, 죄를 범한 사람은 나 자신인데 죄에 대한 심판이 주위의 가까운 사람에게 내리는 것을 보는 일은 너무나 큰 고통이다. 요단 강을 건너 약속의 땅에 이른 하나님의 백성은 하늘의 심판을 받아 아이 성에서 패배했다. 책임져야 할 사람은 아간이었으나 벌은 이스라엘 백성 전부가 받았다(수 7:11, 20). 오늘날에도 지도자 한 사람의 잘못 때문에 교회가 얼마나 많은 축복을 잃고 있는지 모른다.

다윗이 굴복한 압박에 대해 생각해 보자. 다윗은 여부스 사람 오르난의 타작마당 옆에서 심판의 칼을 겨눈 천사를 보았다. "여호와의 천사가 천지 사이에 섰고 칼을 빼어 손에 들고 예루살렘 하늘을 향하여 편지라"(대상 21:16). 하나님이 베들레헴과 갈보리, 성령 강림과 같은 일들을 계획하신 예루살렘 도성 안에서 다윗은 범죄했다. 그의 죄 때문에 천국과의 갈등 관계는 계속되었고, 그가 져야 하는 압박은 감당하기 어려운 것이었다. 마침내 다윗은 자신의 죄를 인정하고 하나님에게 무릎 꿇었다. 자신의 죄 때문에 그의 백성이 벌 받는 것을 보며 "장로들과 더불어 굵은 베를 입고 얼굴을 땅에 대고 엎드려"(대상 21:16) 하나님에게 백성들을 살려 달라고 애원했다.

하나님이 우리의 마음에 말씀하실 때 전에는 보지 못했던 사악한 죄를 보게 된다. 그러나 주님의 영원한 자비는 그 큰 죄를 감싸 안고도 남는다. 계획하신 우리 각자의 갈보리, 각자의 성령 강림을 이루시기 위해 하나님은 온갖 압박을 가하신다. 또한 다윗처럼 우리가 하나님 앞에 굵은 베옷을 입고 엎드릴 때까지 축복을 일시적으로 유보하시기도 한다. 그리스도인은 인생에서 두 가지 압박을 받는다. 하나는 마귀에게서 오는 것이고, 또 하나는 천국에서 오는 것이다. 어둠의 세력으로부터 오는 압박은 무엇이든 하나님의 은혜를 무기로 얼마든지 맞서 싸울 수 있다. 그러나 성령을 근심하시게 하면 우리가 회개할 때까지 하나님의 손이 우리를 매섭게 짓누른다. 주님은 다윗처럼 우리도 항복하지 않고는 견디지 못하게 하신다.

근본적인 문제의 해결

다윗은 무거운 죗값을 치렀을 뿐만 아니라 하나님을 위한 단을 쌓아야 했다. "여호와의 천사가 갓에게 명령하여 다윗에게 이르시기를 다윗은 올라가서 여부스 사람 오르난의 타작마당에서 여호와를 위하여 제단을 쌓으라 하신지라"(대상 21:18). 하나님의 징벌을 보고 놀란 오르난은 제단을 지을 땅과 번제물로 사용할 소의 값을 받지 않고 내놓겠다고 제의했다. 그러나 다윗은 거절했다. "내가 반드시 상당한 값으로 사리라 내가 여호와께 드리려고 네 물건을 빼앗지 아니하겠고 값없이는 번제를 드리지도 아니하리라"(대상 21:24).

그런데 흥미로운 것은 이 일련의 사건들이 모두 모리아 산에서 일어났다는 점이다(대하 3:1). 구약에서 모리아 산은 제사와 연관된 중요한 의미를 갖는다. 아브라함이 이삭을 제물로 바치려고 했던 장소가 모리아 산이었으며, 다윗이 하나님에게 번제를 드린 곳이기도 하다. 또한 후에 솔로몬이 성전을 지은 터이기도 하며, 사탄이 예수님을 데리고 성전 꼭대기로 올라가 하나님의 능력을 세상에 보이라고 설득한 장소도 이곳이다. 성경에서 모리아 산은 언제나 하나님에게 치러야 할 값을 치르는 장소로 나타난다.

모리아 산에 올라가 보았는가? 갈보리 산에는 올라가 보았을 것이다. 거기서 죄인을 위해 흘리신 보혈로 용서받고 깨끗함을 입었을 것이다. 헤르몬 산에도 올라가 보았을 것이다. 다시 사신 주님의 영광과 변화하신 주님의 얼굴을 보았을 것이다. 그러나 그리스도인으로 살기 위해서는 먼저 해결해야 하는 문제가 있다. 이것을 주 예수께 말씀드리기 위해 모리아 산에 혼자 올라가 본 적이 있는가?

우리 주위에는 항상 쉬운 길을 가자고 유혹하는 사람들이 있다. 사탄은 우리 마음 깊은 곳에 감춰진 근본적인 문제를 눈감고 넘어가도록 유혹한다. 사탄은 사소한 문제, 이차적인 문제, 말초적인 문제에 매달리게 한다. 근본적인 문제를 해결하는 제사를 드리던 십자가에 못 박힌 그에게 성령께서 쏟아져 내리실 것이기 때문이다. 그래서 사탄은 무슨 방법을 써서라도 막으려고 한다.

　기회가 있었으나 이러한 근본적인 문제를 해결하지 못한 사람 가운데 헤롯 왕이 있다. 그는 예수님이 십자가에 달리시기 몇 시간 전에 예수님을 만났다. 헤롯은 예수님에게 여러 가지 질문을 했다. 그러나 예수님은 아무 대답도 하시지 않았다. 주님이 한마디만 하셨더라면 헤롯의 인생에 변화가 일어났을지도 모른다. 하지만 주님은 그에게 아무 말씀도 하시지 않았다. 그 일이 있기 3년 전에 헤롯은 주님이 여인에게서 난 가장 위대한 선지자라고 칭찬하셨던 세례 요한을 만났다. 대담한 하나님의 종이었던 요한은 헤롯에게 동생의 아내인 헤로디아와 사는 것이 잘못이라고 지적했다. 헤롯은 세례 요한이 의롭고 거룩한 사람이라는 것을 알고 그의 말을 많이 들었다(막 6:20). 말하자면 담배도 덜 피우고, 술도 덜 마시고, 욕도 덜 했다는 말이다. 그러나 그는 세례 요한이 여러 번 지적했음에도 불구하고 자기 인생을 망친 그 여자만큼은 단념하지 못했다. 그것이 그의 근본 문제였다. 예수님은 그의 이러한 불의함 때문에 그에게 한마디도 하시지 않았다.

　인간은 누구나 치열한 영적 싸움을 벌여야 할 문제를 안고 산다. 그러한 문제를 덮어두기만 하지 말고 모리아 산에 올라가 값을 치러야 한다. 사탄의 농간에 빠져 근본적인 문제는 숨겨둔 채 다른 일에 몰두한다면 결과적으로 인생에서 많은 것을 잃게 된다. 믿음을 훼방하고 성령의 역사를 불가능하게 만드는 것에 매달리는 어리석은 짓을 하지 말아야 한다.

　구약 시대에는 번제물이 골고루 잘 타게 하려고 제사장이 갈고리를 사용했다. 하나님도 우리에게 그렇게 하신다. 우리의 자아가 먼지나 재가 될 때까지 불 위에 올려놓고 갈고리로 잘 타도록 뒤집기도 하시고 옮겨

놓기도 하신다. '이기적인 나'가 깨지고, 완전히 타서 재로 변할 때, 그때가 주님이 영광을 드러내실 수 있는 때다.

성령의 불

제단을 쌓고 번제와 화목제를 드리며 회개하는 다윗에게 무슨 일이 일어났을까? 다윗은 능력을 받았다. "다윗은 그곳에서 여호와께 제단을 쌓고 번제와 화목제를 드렸습니다. 그는 여호와께 부르짖었고 여호와께서는 그에게 하늘에서부터 번제단에 불을 내림으로써 대답하셨습니다"(대상 21:26, 우리말성경). 주께서는 하늘로부터 번제단 위에 불을 내려 응답해 주셨다. 우리 주님은 응답하시는 분이다. 다윗의 완전한 항복에 하늘은 즉각적으로 대답하셨다. 그것은 지금도 마찬가지다. 하나님은 언제나 순종하는 사람에게 충만한 성령을 내려주신다.

세례 요한은 이렇게 선포했다. "나보다 더 능력이 있는 분이 오십니다. ……그는 여러분에게 성령과 불로 세례를 주실 것입니다"(눅 3:16, 표준새번역). 우리 영혼에 있는 죄를 태워 없애고, 하나님의 생명과 능력을 우리 영혼에 불러들이는 소중하고 경건한 불을 구해야 한다. 우리는 하나님의 사랑의 불과 마음의 열정이 삶의 제단에서 끊임없이 타오르기를 바라야 한다. 그것은 단순히 일어나기를 바라는 일이 아니라 반드시 일어나야 할 일이다. 또한 하나님이 하실 수 있는 일이 아니라 반드시 하시는 일이다. 갈보리에 보내시는 하늘의 응답은 언제나 성령 강림이다. 주 예수 그리스도의 소중한 피로 맺어진 영원한 언약을 인 치시는 것이다.

모리아 산에 올라가 값을 치르는 것은 믿는 사람의 몫이며 특권이다.

모리아 산에 올라갔다가 내려온 후에는 우리 주 예수 그리스도의 보혈로 담대하게 하나님의 보좌에 나아갈 수 있다. 그리고 성령의 기업 가운데 우리 몫을 주장할 수 있다. 그것이 진정한 구원이다. 또한 어둠의 세력에 맞서 싸우기 위해 오늘날의 교회에 필요한 것이기도 하다.

역대상 21장 27절은 이 이야기의 후기인데 참으로 아름다운 말씀이다. "여호와께서 천사를 명령하시매 그가 칼을 칼집에 꽂았더라"(대상 21:27). 이것은 다윗이 주님에게 받은 평화다. 하나님이 심판의 칼을 멈추셨다. 할렐루야! 심판은 끝나고 이제 다윗의 마음에 평화가 자리 잡았다. 지금 우리에게도 다윗과 같은 일이 일어난다면 얼마나 좋겠는가! 하늘과의 갈등이 끝나고, 우리를 향했던 심판의 칼이 도로 칼집에 꽂히며, 하나님의 평화를 누리는 것 말이다. 주님의 이름 안에서 우리가 싸워야 할 싸움도 심판의 칼이 칼집에 있기만 하다면 틀림없이 우리가 승리한다. 지금까지는 하나님의 칼이 우리를 겨누고 있었기 때문에 마귀와의 싸움에서 진 것이다. 하나님과의 다툼을 끝내고, 예수 그리스도를 통해 우리의 지식을 초월하는 하나님의 무한한 평화를 아는 것보다 더 아름다운 일이 어디 있겠는가!

13

이해하라

하나님의 사람은 하나님의 세월을
받아들이고 할 일을 다한다

|

대상 28:1-21

　인간에게는 누구나 시간의 차이는 있을지라도 반드시 마지막 순간이 온다. 다윗의 일생도 끝나고 있었다. 그가 살아온 섬김의 길, 지도자의 길이 이제 막바지에 와 있었다. 하나님이 다윗의 일생을 통해 빚어내신 '하나님의 사람', 이 위대한 믿음의 사람은 우리에게 무슨 교훈을 남겨주었는가?

　다윗이 솔로몬에게 넘겨준 성전 건축에서는 다윗을 다윗 되게 한 결정적인 요소, 우리를 하나님이 원하시는 사람으로 만드는 결정적 단서를 찾을 수 있다. 이것은 좌절한 소원에 대한 축복이다. "나는 우리 하나님의 발판이라 할 수 있는 주의 언약궤를 모실 성전을 지으려고 준비를 하여 왔습니다. 그러나 하나님께서는 나에게 '너는 군인으로서 많은 피를 흘렸으므로, 나의 이름을 위하여 성전을 건축할 수 없다' 하고 말씀하셨습니다"(대상 28:2-3, 표준새번역). 성전을 건축하고 싶은 다윗의 소원은 하나님의 "안 된다"는 대답을 받았다. 그의 꿈은 좌절되었다.

다윗은 하나님의 뜻에 따라 평생의 소원을 접어야 했다. 그러나 그는 현명하게 대처했다. 하나님을 향해 분통을 터뜨리지도 않았고, 단념하지도 않았다. 하나님의 일에 이제는 나 몰라라 하는 섭섭한 마음을 갖지도 않았다. 오히려 그 반대였다. 그는 하나님의 뜻 안에서 더욱 성실하게 주님을 섬겼다.

먼저 다윗은 성전을 지을 장소를 정했다. "바로 이곳이 주 하나님의 성전이요, 이곳이 이스라엘의 번제단이다"(대상 22:1, 표준새번역). 그리고 그 땅을 제값을 다 주고 샀다(대상 21:24). 그곳은 하나님이 제사를 드리라고 명령하신 장소요, 하나님이 불로 번제물을 태워 다윗을 만나주신 곳이었다. 정화의 장소, 용서의 장소, 구원의 장소, 능력의 장소였다. 이처럼 성전 터를 잡은 것 말고도 다윗은 성전을 위한 많은 준비를 했다. "내가 환난 중에 여호와의 성전을 위하여 금 십만 달란트와 은 백만 달란트와 놋과 철을 그 무게를 달 수 없을 만큼 심히 많이 준비하였고 또 재목과 돌을 준비하였으나"(대상 22:14). 또 다윗은 솔로몬에게 성전 건축에 대한 당부와 격려를 잊지 않았다. "너는 강하고 담대하게 이 일을 행하라 두려워하지 말며 놀라지 말라 네가 여호와의 성전 공사의 모든 일을 마치기까지 여호와 하나님 나의 하나님이 너와 함께 계시사 네게서 떠나지 아니하시고 너를 버리지 아니하시리라"(대상 28:20).

좌절된 꿈의 축복

성전을 건축하고 싶어한 다윗의 소원은 진실한 믿음의 사람이라면 누구라도 갖는 마음이다. 평생에 주님을 위해 무언가 큰일을 하고 싶어하는 마음과 같다. 유명한 인도 선교사였던 윌리엄 캐리는 "하나님에게서 올 위대한 일을 바라고, 하나님을 위해 위대한 일을 하자"라는 신조로 살았다. 이는 비단 어느 한 사람만의 바람이 아니다. 예수 그리스도를 주님과 구세주로 아는 사람이라면 누구나 주님의 왕국의 확장을 위해 가치 있는 일을 하고 싶다는 소망을 가진다.

구약에서 성전을 짓는 일은 신약으로 보면 교회를 세우는 것이다. 베드로는 이렇게 말했다. "너희도 산 돌같이 신령한 집으로 세워지고 예수 그리스도로 말미암아 하나님이 기쁘게 받으실 신령한 제사를 드릴 거룩한 제사장이 될지니라"(벧전 2:5). 그러나 어떤 이유에서든지 하나님의 대답이 "안 된다"일 경우가 있다. 병상에 누워 장기간 요양하게 된다거나 다른 영역에서 일하게 되는 등 "안 된다"고 말씀하실 수 있다. 하나님이 거절하신 좌절된 꿈을 안고 어떻게 살아야 할까? 하나님을 위한 일에 하나님의 부정적인 대답을 들었을 때 우리는 실망하여 예배를 소홀히 할 수도 있지만, 반대로 예수 그리스도의 교회를 세우는 일에 더욱 성심을 다할 수도 있다.

돌이켜보면 인생을 살아오며 내가 개인적으로 힘들었던 시기는 나 자신의 소중한 꿈을 버려야 할 때였다. 이것은 한 번으로 그치지 않았고 여러 번 계속된 어려운 시간이었다. 인생에서 자신의 소원을 버리고 하나님의 뜻을 따라야 한다는 것은 어려운 일이다. 인간의 자아는 항상 무언가를 하려고 한다. 그러나 하나님의 생각은 다르다. "나는 네가 어떤 일도 먼저 시작하기를 바라지 않는다. 내가 하고자 하는 모든 일에서 네가 그 통로가 되기 바란다. 너를 온 세상 사람들이 다 바라볼 수 있는 높은 곳에 세우려는 것이 아니다. 아무도 알아보지 못하는 지하방에 두려고 한다. 그것이 내 생각이다."

간단한 질문을 하겠다. 당신은 누구의 영광을 위해 일하는가? 당신의 영광인가, 하나님의 영광인가? 세상에 알려지고 싶은가, 무명으로 있어도 좋은가? 성공이 아니라 실패의 장소에 버려져도 괜찮은가? 하나님을 위해서 하고 싶었던 큰 소원이 거절당하면 뭐라고 말하겠는가? 주님의 일을 다시는 하지 않겠는가, 아니면 다윗처럼 하나님의 일에 참여할 수 있다는 것만으로도 감사하며 할 수 있는 일에 최선을 기울이겠는가? 사도 바울의 말을 기억하기 바란다. "나는 심었고 아볼로는 물을 주었으되 오직 하나님께서 자라나게 하셨나니 그런즉 심는 이나 물 주는 이는 아무것도 아니로되 오직 자라게 하시는 이는 하나님뿐이니라 심는 이와 물 주는 이는 한가지이나 각각 자기가 일한 대로 자기의 상을 받으리라 우리는 하나님의 동역자들이요 너희는 하나님의 밭이요 하나님의 집이니라"(고전 3:6-9).

좌절된 소원의 축복을 받았는가? 그래서 안타깝게도 주님의 성전을 건축하는 일에 나서지 않는 사람들이 많다. 돕기는커녕 반대로 세운 돌을 넘어뜨리고 던져버리기도 한다. 위대한 건축가이신 주 예수님이 쓰시려고 해도 보잘것없는 재능을 감추려고 든다. 추수를 못 하더라도 씨를 뿌릴 수는 있고, 물을 주지 않더라도 심을 수는 있다. 성전 터를 닦을 수도 있고, 전쟁에서 승리하여 성전 건축에 필요한 자재를 모아 올 수도 있다.

다윗이 "내가 환난 중에 여호와의 성전을 위하여 금 십만 달란트와 은 백만 달란트와 놋과 철을 그 무게를 달 수 없을 만큼 심히 많이 준비하였고 또 재목과 돌을 준비"(대상 22:14)했다고 말했듯이 우리도 하나님의 교회에서 할 수 있는 몫을 다하고 있는지 항상 자문해야 한다. 특히 다윗이 '환난 중에' 그런 선한 일을 한 점에 주목해야 한다. 상황이 여의치 않은 때도 있었을 것이고, 주위의 반대로 어려움을 겪기도 했을 것이다. 그러나 다윗은 그 환난 때문에 하나님을 위한 일을 멈추지는 않았다.

환난을 겪고 있다고 해서 하나님의 일에서 돌아서거나, 하나님의 "안 된다"는 말씀에 포기하지 않기를 바란다. 하나님의 교회의 주춧돌을 놓기 위해 주 예수님이 당하셨던 고난을 기억해야 한다. "너는 강하고 담대하게 이 일을 행하라 두려워하지 말며 놀라지 말라"(대상 28:20). 좌절된 소원에서 축복받는 길을 배우라. 또 하나님의 계획에 들어 있는 우리 몫을 기쁨으로 담당하라.

하늘의 계시

하나님의 "안 된다"는 거절에 불평 한마디 하지 않고, 조금이라도 위축되거나 원통해하는 마음 없이 오히려 전적인 헌신으로 대응한다면 어떻게 될까? 그러한 인생에는 어떤 복이 내리는지 생각해 보자.

하나님의 뜻을 흔쾌하게 수용하고 자기 몫을 다한 다윗이 받은 상은 실로 엄청났다. 성전 건축이라는 특별한 목조을 가지고 많은 금과 은을 바친 다윗은 이렇게 말했다. "여호와의 손이 내게 임하여 이 모든 일의 설계를 그려 나에게 알려주셨느니라"(대상 28:19). 그래서 하나님의 성전을 세세한 부분까지 하나님의 생각과 뜻에 따라 짓게 되었다. 하나님에게 받은 그 설계는 다윗의 마음에 하나님이 직접 새겨주신 것이었다. 실망을 헌신으로 응답한 다윗이 받은 상은 바로 하늘의 계시였다. 하나님의 영광으로 채우실 성전의 설계를 다른 사람을 통하여 받은 것이 아니라 다윗 자신이 직접 주님에게 받은 것이다.

우리도 다윗이 보인 이러한 교훈대로 한다면 어떠한 상을 받을까? 소원을 거절하시는 하나님의 뜻을 기쁨으로 받아들이고, 하나님의 교회를 세우는 일에서 할 수 있는 것들을 기쁘게 한다면 말이다. 만약 그렇다면 하나님의 보좌 앞에 나아가는 날에 하나님의 영광스러운 성전인 우리 몸에 대한 계획을 알려주실 것이다. 다윗은 하나님의 생각을 이해하는 사람이 되었다. 하나님이 그의 마음에 손으로 직접 써주셨기 때문이다. 하나님이 오늘도 그런 일을 하실까 하는 의문이 들겠지만, 대답은 "그렇다"다. 우리 각자의 인생, 하나님의 교회에 대한 계획이 모두 성경 안에 있다. 성경에 기록된 것 말고 인간이 더 알아야 할 것은 없다. 성경은 하나님이 쓰신 것이다. 그러나 영적인 것은 지식으로 이해되는 것이 아니기에 알기 어려운 부분도 있다.

그래서 성경의 일부분에만 관심을 갖는 사람들이 있다. 요한복음 3장을 좋아하기도 하고, 요한일서나 사도 바울의 서신, 또는 복음서의 어느 부분만을 좋아하기도 한다. 그러나 그렇게 해서는 성경이 녹아든 삶을 바랄 수 없다. 또한 성경을 공부하고 연구해서 학위를 따기도 하지만, 그것은 말씀을 이해하는 것과는 다른 차원이다. 많은 사람이 자기 인생에 하나님이 직접 써주시는 말씀의 손길을 알지 못한 채 살아간다. 하나님의 손길의 무게를 느낄 때 우리는 비로소 성경에 기록된 하나님의 말씀을 이해하게 된다. 어떤 때는 그 무게가 너무 무거워서 이것이 끝이 아닌가 하고 생각될 때가 있다. 우리 마음에 하나님이 말씀을 쓰실 때 사용하시는 것보다 더 뜨겁고 날카로운 펜이 또 어디 있겠는가? 하나님은 우리 영혼을 깊이 찌르시고, 이기적인 야심을 버리게 하신 후 그곳에 하나님의 뜻을 쓰신다. "이것이 내 뜻이다." 하나님은 다윗에게 그렇게 하셨고, 지금 우리에게도 그렇게 하고 계신다.

하나님의 시간

하나님이 어떻게 우리 마음에 하나님의 뜻을 새기실까? 역대상에 다윗의 치세를 요약하는 결론적인 말씀이 나온다. "그의 왕 된 일과 그의 권세와 그와 이스라엘과 온 세상 모든 나라의 지난날의 역사가 다 기록되어 있느니라"(대상 29:30). 그의 역사는 바로 하나님이 쓰신 것이다. 하나님이 말씀을 사람의 마음에 어떻게 쓰시는지, 그리고 하나님의 책이 인생에 어떻게 살아 있게 하시는지 알려주는 대목이다.

그렇다면 하나님은 어떻게 사람의 마음에 있는 강철처럼 단단한 자기 의지를 꺾으시는가? 그래서 하나님의 뜻이라면 무엇이라도 순종하도록 어떻게 부드럽게 만드시는가? 돌처럼 굳은 완고하고 이기적인 사람의 마음을 어떻게 바꾸시는가?

다윗의 경우에는 '지난날의 역사', 즉 그가 지내온 세월이 하나님이 그의 마음을 바꾸시는 방법이었다. 다윗이 어떤 세월을 살았는가? 목동, 용사, 무법자, 왕, 도망자, 죄인, 성자, 시인으로 살았다. 그가 "주의 모든 파도와 물결이 나를 휩쓸었나이다"(시 42:7)라고 말한 것처럼 주님은 그의 인생을 휘몰아치셨다. 그러나 또한 그가 "나의 앞날이 주의 손에 있사오니"(시 31:15)라고 고백했듯이 그의 인생은 주의 손에 있었다. 그가 겪은 모든 일은 하나님이 그의 인생에 기록하신 대로 '하나님의 마음을 닮은 사람'

을 만드시는 과정이었다. 다윗이 지낸 그 세월은 하나님의 시간이었다. 따라서 파도도 그를 삼킬 수 없었고, 허리케인도 그를 뿌리 뽑을 수 없었으며, 홍수에 떠내려가지도 않았다. 하나님은 그 세월을 통해 다윗의 영혼에 하나님의 뜻과 목적의 설계를 써넣으셨다. 이것이 거부당한 소원을 받아들인 다윗에게 주신 하늘의 상이었다. 받아들이기 어려운 것을 기쁨으로 받아들이고 할 일을 다한 그에게 내려주신 하나님의 상이다.

이런 말을 하면 많은 사람이 "우리는 너무 바쁩니다. 결과를 만들어 내야 하거든요. 그러니 제발 상관 마세요. 자, 움직입시다" 하는 반응을 보인다. 하나님과 깊은 교제를 나누지 않는 것이 요즈음의 세태다. 그러나 하나님은 그분이 원하시는 교제를 이루시기 위해 우리가 지내는 세월에 파도로 압박을 가하신다.

역대상 12장 32절의 기록에 따르면, 잇사갈 사람들은 때를 잘 알았다. 이것은 훌륭한 일이다. 상황이 어떻게 돌아가더라도 보좌에 계신 분은 주님이시므로 세상을 분간하는 능력을 갖춰야 한다. 무엇보다도 인생에서 하나님의 세월, 즉 사별의 때, 유혹의 때, 이제 견딜 수 없다고 느낄 정도의 험한 물결로 몰아치실 때를 이해할 줄 알아야 한다. 그래야 고통, 고난, 외로움, 오해, 핍박, 기쁨, 축복, 승리를 당해도 "주 예수님, 이 시간도 당신의 손안에 있습니다"라고 말할 수 있다. 그 모든 하나님의 때가 우리의 세월이다.

하나님의 손에서 오는 세월이니 누가 막을 수 있으랴! 그러나 분명한 것은 우리의 때가 하나님의 손안에 있기 때문에 파도가 아무리 험해도 삼키지 못하고, 허리케인이 아무리 사나워도 넘어뜨리지 못하며, 홍수가 아무리 거세게 몰아쳐도 휩쓸지 못한다는 진실이다. 우리가 좌절된 소원의 축복을 하나님의 보좌 앞에서 알게 될 때, 자신의 이기적 욕망을 포기할 때, 우리 마음에 하나님의 뜻을 새겨넣으시게 할 때, 하나님이 우리의 완고함과 오만, 편협함을 부서뜨리실 때 우리는 비로소 하나님의 세월을 이해하게 된다.

지금 보내고 있는 당신의 때는 어떤 때인가? 흔히 우리는 좋았던 지난날을 돌아보고 장래가 그보다 더 좋기를 기대한다. 그러나 기대만 할 뿐 현재에는 아무런 노력도 하지 않는다. 지금이 당신의 인생에서 하나님의 때라면 어떤가? 고통과 괴로움인가? 그래서 "빨리 내일이 오면 얼마나 좋을까?", 혹은 "10년 전으로 돌아갈 수 있으면 얼마나 좋을까?" 하고 탄식만 하고 있는가? 탄식만 하고 있지 말라. 지금은 하나님이 주신 세월 가운데 하나님의 때다. 당신은 무엇을 배우고 있는가? 당신이 지금 좌절 가운데 살아간다 하더라도 이것은 하나님의 때다. 하나님이 그 사실을 깨닫게 해주시길 기도한다.

하나님의 인생 설계도

이제 마지막 이별의 축도를 해야 할 시간이다. 다윗은 아들 솔로몬에게 성전 건축의 책임과 왕위를 넘겨주면서 "하나님을 네 아버지로 알고 온 마음을 드리며 기꺼이 그분을 섬겨라"(대상 28:9, 우리말성경) 하고 당부했다. 다윗이 "아브라함, 이삭, 야곱의 하나님"이라고 말하지 않고 "네 아버지"라고 부른 의미를 놓치지 말기 바란다. 언젠가 우리도 자식들에게 마지막으로 작별할 시간을 맞이할 것이다. 그때 "애들아, 인생에서 가장 중요한 것은 너의 아버지이신 하나님, 곧 나의 하나님을 아는 것이란다" 하고 당당히 말할 수 있도록 하나님의 뜻 안에서 살아야 한다.

그렇다. 다윗에게 가장 문제가 되었던 것은 바로 하나님을 아는 것이었다. 온갖 비바람의 소용돌이를 거치면서 그는 하나님을 알게 되었고, 하나님의 때와 방법을 배웠다. 역대상 28장 11절에 기록된 내용을 보면 다윗이 하나님과 얼마나 가까운 관계를 유지해 왔는지 짐작이 간다. "다윗이 현관과 건물과 곳간과 다락방과 내실과 속죄판 등의 설계도를 그의 아들 솔로몬에게 주었다"(대상 28:11, 표준새번역).

우리도 누군가에게 자리를 넘겨주어야 할 때가 얼마 남지 않았다. 그때 "하나님의 집의 현관 설계에 대해 다 말해 주겠네. 들어가는 방법도 내가 가르쳐주겠네. 문을 두드려야 하네. 두드리면 열어주실 것이네"라고 자신 있게 말할 수 있도록 하나님의 뜻 안에서 살아야 한다. 공허한 인생에 꼭 필요한 주 예수님을 누구에게 설명한 적이 있는가? 천국에 들어갈 자격을 얻는 방법은 하나님에게 자비를 구하는 길밖에 없다는 것을 친구에게 이야기해 준 적이 있는가?

성전 현관의 구조를 배워 다른 사람들에게 분명하게 가르쳐준 적이 있는가? 주님과 함께 살아온 기쁨의 장소인 '건물'에 대해 말해 줄 것이 있는가? 그곳은 하나님의 임재와 그분의 위로가 있는 곳, 우리가 살고 누릴 천국 이전의 아름다운 집이다. 성전에 있는 '곳간', 즉 하나님의 길에 놓여 있는 부에 대해 남겨줄 말이 있는가? 그곳은 넘치고도 남는 하나님의 은혜, 우리 마음과 인생에 충만한 성령의 능력, 매일 우리에게 내려 주시는 거대한 복의 저장소다. 이 '곳간'에 가득한 보화를 조금이라도 아는가?

다음으로 '다락방'에는 가 보았는가? 주님의 성전 위층에 올라가 보았는가? 영적으로 당장에라도 천국에 들어갈 자격이 있다고 느껴본 적이 있는가? 이어서 우리는 '내실'로 가야 한다. 이곳은 하나님이 사랑하시는 사람 이외에는 아무도 알지 못하는 비밀스러운 기쁨이 있는 곳이며, 하나님과의 교제와 성찬식이 일어나는 장소다. 마지막으로 '속죄소'가 있다. 이곳은 휘장 안, 언약궤 위, 그룹의 날개 아래 하나님이 모세를 만나주셨던 장소다. 우리는 영혼의 '속죄소'에서 매일 하나님을 만나야 한다.

우리가 후대에 남겨줄 것은 무엇인가? 그리스도의 일꾼으로 살아서 그들에게 전해 줄 것이 있는가, 아니면 단지 세상일로 바쁘게 세월을 보내고 만 것인가? 우리에게 남아 있는 시간 동안 우리는 우리 인생과 품성에 하나님의 집을 짓는 일에 우리 몫을 다해야 한다. 또한 하나님의 성전이며 하나님의 몸인 교회를 높이는 데 할 일을 다해야 한다.

하나님의 사람으로 산 다윗의 일생을 성경은 이렇게 마무리한다. "그가 나이 많아 늙도록 부하고 존귀를 누리다가 죽으매 그의 아들 솔로몬이 대신하여 왕이 되니라"(대상 29:28).

사명선언문

너희가 흠이 없고 순전하여……세상에서 그들 가운데 빛들로
나타내며 생명의 말씀을 밝혀 _ 빌 2:15-16

1. 생명을 담겠습니다
만드는 책에 주님 주신 생명을 담겠습니다.
그 책으로 복음을 선포하겠습니다.

2. 말씀을 밝히겠습니다
생명의 근본은 말씀입니다.
말씀을 밝혀 성도와 교회의 성장을 돕겠습니다.

3. 빛이 되겠습니다
시대와 영혼의 어두움을 밝혀 주님 앞으로 이끄는
빛이 되는 책을 만들겠습니다.

4. 순전히 행하겠습니다
책을 만들고 전하는 일과 경영하는 일에 부끄러움이 없는
정직함으로 행하겠습니다.

5. 끝까지 전파하겠습니다
모든 사람에게, 땅 끝까지, 주님 오시는 그날까지
복음을 전하는 사명을 다하겠습니다.

서점 안내

광화문점 서울시 종로구 새문안로 69 구세군회관 1층
02)737-2288(T) 02)737-4623(F)

강남점 서울시 서초구 신반포로 177 반포쇼핑타운 3동 2층
02)595-1211(T) 02)595-3549(F)

구로점 서울시 구로구 시흥대로 577 3층
02)858-8744(T) 02)838-0653(F)

노원점 서울시 노원구 동일로 1366 삼봉빌딩 지하 1층
02)938-7979(T) 02)3391-6169(F)

분당점 경기도 성남시 분당구 황새울로 315 대현빌딩 3층
031)707-5566(T) 031)707-4999(F)

신촌점 서울시 마포구 서강로 144 동인빌딩 8층
02)702-1411(T) 02)702-1131(F)

일산점 경기도 고양시 일산서구 중앙로 1391 레이크타운 지하 1층
031)916-8787(T) 031)916-8788(F)

의정부점 경기도 의정부시 청사로47번길 12 성산타워 3층
031)845-0600(T) 031) 852-6930(F)

인터넷서점 www.lifebook.co.kr